高等职业教育财经商贸类专业系列教材
浙江省高职院校"十四五"重点立项建设教材

统计基础与实务

第3版

主　编　姚建锋　王亚芬　叶林良

副主编　朱冰心　王　茜　王嘉佳

参　编　章　莹　余茜茜　林　铭　吴沈娟

机械工业出版社

本书是在新经济形势下，为了适应高等职业教育的发展而编写的统计教材。全书除了完整讲述统计调查、统计整理和统计分析等一系列统计研究方法外，还着重介绍了统计调查的方式与方法、问卷调查方法的运用和技巧、数据分析的技能等，目的是使学习本书的读者掌握市场调查和统计分析的基本能力；另外，本书介绍了一系列统计指标，旨在帮助读者掌握解读各种经济指标的能力。语言简练、通俗易懂、强化实训、就业导向、案例新颖是本书的主要特点。

　　本书适合各类高等职业院校财经商贸类专业学生使用，特别适合作为财会、金融、市场营销等专业学生的统计学方面的教材，也可作为统计专业技术资格考试的参考教材。

　　本书是国家在线精品课程配套教材、浙江省高职院校"十四五"重点立项建设教材。浙江省高等学校在线开放课程共享平台（www.zjooc.cn）上建有本书配套的数字课程，提供微课、动画、案例、题库等丰富的数字资源，并择取优质资源以二维码形式嵌入书中，扫码可观看微课视频，PPT、教案、习题答案、实训及案例等配套教学资源的具体获取方式详见前言。

图书在版编目（CIP）数据

统计基础与实务 / 姚建锋，王亚芬，叶林良主编. —— 3版. —— 北京：机械工业出版社，2025.1. —— （高等职业教育财经商贸类专业系列教材）. —— ISBN 978-7-111-77305-4

Ⅰ. C8

中国国家版本馆CIP数据核字第2025H9V903号

机械工业出版社（北京市百万庄大街22号　邮政编码100037）
策划编辑：孔文梅　　　　　　责任编辑：孔文梅　董宇佳
责任校对：蔡健伟　张昕妍　　封面设计：鞠　杨
责任印制：单爱军
北京虎彩文化传播有限公司印刷
2025年2月第3版第1次印刷
184mm×260mm・16印张・401千字
标准书号：ISBN 978-7-111-77305-4
定价：49.00元

电话服务　　　　　　　　　网络服务
客服电话：010-88361066　　机　工　官　网：www.cmpbook.com
　　　　　010-88379833　　机　工　官　博：weibo.com/cmp1952
　　　　　010-68326294　　金　书　网：www.golden-book.com
封底无防伪标均为盗版　　机工教育服务网：www.cmpedu.com

前　言

本书第1版自2011年8月出版以来，承蒙各个方面的厚爱，社会反响良好。使用过程中，很多学生和老师提出了很好的建议和意见。如今，无论是统计理论还是统计工作实践都发生了很大变化，新时代背景下对统计的发展提出了更高的要求，其中，完善教材的建设和推动教材的改革对促进基础统计教学工作的发展至关重要。本书无论在内容上还是形式上，均实现了一定的突破与创新，较好地适应了高职教育的发展要求，有利于学生职业素养的形成。

在本书编写过程中，我们力求做到以下三个方面：

第一，体系完整，内容规范，涵盖统计学的基本范畴与基本研究方法、统计资料的收集整理与显示方法、变量分布各种特征的描述、时间数列分析方法、统计指数分析方法、抽样推断的基本理论与方法、相关与回归分析方法等主要内容。

课程介绍

课程实施

第二，针对性强，适用对象明确。本书主要适用于高职院校财经商贸类专业教学，同时也适用于统计从业人员在职培训和统计工作者自学参考。

第三，以应用为目标，精心选取典型的实际统计分析案例和数据，在全面介绍统计基础理论和方法的同时，特别注重加强统计技能尤其是Excel软件的统计操作技能训练，有利于学以致用。

同时，本书在编写方法上，尽量避免冗长的公式推导和证明过程，突出实用性和操作性。

本次修订工作由姚建锋组织完成。修订的主要内容有：对书中的一些相关联的概念和专业术语进行了衔接统一，对各章的相关公式、符号做了更进一步的梳理与规范。同时，引用了一些最新的经济统计数据编制例题和习题，使学生在学习和解题的过程中，不仅能够更熟练地掌握统计学的理论与方法，而且能够更深入地了解社会经济发展动态。

本书作为浙江省高职院校"十四五"首批重点教材建设立项项目、国家在线精品课程——浙江省高等学校在线开放课程共享平台"统计调查与分析实务"课程建设与改革的成果之一，按照"一体化设计、结构化课程、颗粒化资源"原则，配套丰富的数字化资源，实现混合式教学，适合广大高校、培训机构作为课程教材使用，同时也适合社会各界读者了解和学习统计基础与实务，并为更进一步的学习研究打下良好基础。

在本书编写过程中，我们参考了国内外相关教材和数据，在此一并向有关专家学者表示深深的谢意。本书从初版直至现在的修订工作能够顺利进行和如期推出，一直得到机械工业出版社相关领导和编辑的大力支持，在此我们表示衷心的感谢。

为提高本书的质量，编者尽了最大的努力，但限于水平与经验，书中难免有缺憾之处，敬请同行专家和读者不吝赐教，以使本书日臻完善。

为方便教学，本书配有线上教学资源包，内含多媒体课件、试题库、参考答案、案例库及教学基本文件资料等，选用本书作为教材的教师可登录浙江省高等学校在线开放课程共享平台（www.zjooc.cn），下载和使用这些线上教学资源；或登录机械工业出版社教育服务网www.cmpedu.com免费下载。如有问题请致电010-88379375，或加入QQ群：726174087。

编　者

二维码索引

序号	微课名称	二维码	页码	序号	微课名称	二维码	页码
1	统计的含义及其研究对象		002	10	调查表和调查问卷		028
2	统计数据的类型		003	11	问卷结构和问卷设计		031
3	总体、总体单位和样本		006	12	问题设计的类型		033
4	标志与统计指标		007	13	敏感性问题分析		035
5	统计的职能与组织管理		011	14	量表		037
6	普查		023	15	统计调查报告的撰写		040
7	抽样调查		024	16	统计资料的整理		049
8	重点调查和典型调查		025	17	统计分组		051
9	统计调查方案的设计		027	18	如何划分三产		052

（续）

序号	微课名称	二维码	页码	序号	微课名称	二维码	页码
19	数量标志分组法		057	29	相对指标的种类与计算方法		080
20	分配数列		061	30	平均指标的种类与计算方法		089
21	频数		062	31	算术平均值		089
22	洛伦兹曲线		064	32	调和平均值		092
23	统计表和统计图		067	33	几何平均值		095
24	单式直条图		068	34	众数		097
25	复式直条图		068	35	中位数		099
26	箱形图		069	36	变异指标		102
27	线图		069	37	标准差		104
28	统计分析之综合指标法		076	38	方差		104

（续）

序号	微课名称	二维码	页码	序号	微课名称	二维码	页码
39	变异系数		106	49	指数平滑法		130
40	时间数列的意义和种类		116	50	季节变动的测定与预测		132
41	存量与流量		117	51	指数的概念和作用		142
42	时间数列的水平指标		119	52	综合指数的编制方法		144
43	时间数列水平分析		119	53	平均指数的编制方法		149
44	时间数列的速度指标		123	54	居民消费价格指数		152
45	时间数列速度分析		123	55	股票价格指数		155
46	时间数列的构成因素和组合模型		126	56	总量指标的两因素分析法		159
47	长期趋势的测定与预测		128	57	抽样推断		174
48	简单移动平均法		128	58	抽样误差		179

（续）

序号	微课名称	二维码	页码	序号	微课名称	二维码	页码
59	抽样推断的方法		184	65	相关系数		202
60	必要样本单位数的确定		187	66	回归方程		204
61	抽样调查的组织形式		188	67	使用函数进行一元回归方程预测		205
62	相关的意义和种类		196	68	使用数学分析工具进行一元回归方程预测		205
63	简单线性相关分析		200	69	绘图进行一元回归方程预测		205
64	散点图		201	70	描述统计工具		220

目　录

前言
二维码索引

项目一　统计基础知识

子项目 1-1	统计的含义及其研究对象	/002
子项目 1-2	统计学的基本范畴	/006
子项目 1-3	统计的职能与组织管理	/011
本项目小结		/012
思考与训练		/013

项目二　统计资料的收集

子项目 2-1	统计资料认知	/016
子项目 2-2	统计资料收集的方式与方法	/017
子项目 2-3	统计调查方案的设计	/026
子项目 2-4	统计调查工具的选择	/028
子项目 2-5	统计调查报告的撰写	/040
本项目小结		/042
思考与训练		/043

项目三　统计资料的整理

子项目 3-1	统计资料整理认知	/048
子项目 3-2	统计分组	/051
子项目 3-3	分配数列	/060
子项目 3-4	统计表和统计图	/066
本项目小结		/070
思考与训练		/070

项目四　统计分析之综合指标法

子项目 4-1	总量指标	/076
子项目 4-2	相对指标	/078
子项目 4-3	平均指标	/088
子项目 4-4	变异指标	/102
本项目小结		/108
思考与训练		/108

项目五　统计分析之时间数列法

子项目 5-1	时间数列认知	/116
子项目 5-2	时间数列的水平指标	/119
子项目 5-3	时间数列的速度指标	/123
子项目 5-4	时间数列变动的趋势分析	/126
本项目小结		/135
思考与训练		/135

项目六 统计分析之指数分析法

子项目 6-1	统计指数认知	/142
子项目 6-2	综合指数和平均指数的编制	/144
子项目 6-3	常见经济指数的编制及应用	/152
子项目 6-4	指数体系与因素分析	/157
本项目小结		/165
思考与训练		/166

项目七 统计分析之抽样推断法

子项目 7-1	抽样推断认知	/174
子项目 7-2	抽样误差	/178
子项目 7-3	抽样推断的方法	/184
子项目 7-4	必要样本单位数的确定	/187
子项目 7-5	抽样调查的组织形式	/188
本项目小结		/190
思考与训练		/191

项目八 统计分析之相关分析法

子项目 8-1	相关关系认知	/196
子项目 8-2	简单线性相关分析	/199
子项目 8-3	回归分析	/204
本项目小结		/208
思考与训练		/209

项目九 Excel 在统计中的应用

子项目 9-1	Excel 在统计资料收集和整理中的应用	/214
子项目 9-2	Excel 在综合指标分析中的应用	/220
子项目 9-3	Excel 在时间数列分析中的应用	/227
子项目 9-4	Excel 在指数分析中的应用	/230
子项目 9-5	Excel 在抽样推断中的应用	/233
子项目 9-6	Excel 在相关与回归分析中的应用	/234
本项目小结		/236
思考与训练		/237

附录 标准正态分布表 /241

参考文献 /243

project 1

项目一
统计基础知识

学习目标

知识目标

- 掌握统计学的含义、研究对象和特点。
- 掌握统计数据的类型。
- 了解统计学的研究方法。
- 掌握统计学的基本范畴。
- 了解统计的职能与组织。

技能目标

- 能够对"统计调查与分析"学科有一个全面的了解。
- 能够运用统计思维方法理解日常生活中的相关经济信息资料。

素质目标

- 培养统计先导意识。
- 培养爱岗、敬业、奉献、诚信、细致、全面的基本职业素养。

引导案例

妙趣横生的统计学

科幻小说家 H. G. 威尔斯说过:"对于追求效率的公民而言,统计思维总有一天会和读写能力一样必要。"如今统计学已经成为日常生活中重要的组成部分,无论是创业,还是编制财务预算,或者只是观看电视新闻,都不可避免地会遇到统计问题。例如,统计学中的一个热门话题是手机及其他令人分心的事物如何影响司机的反应能力,以及这些令人分心的事物是否会导致更多的车祸事故。又例如,统计学中有以下结论:吸烟会增加患心脏病的风险;食用人造黄油会增加患心脏病的风险;每天喝一杯红酒可以保护心脏,但增加了患乳腺癌的概率;怕老婆的丈夫患心脏病的概率较大;薯片和含糖碳酸饮料最易增肥等。这些结论是正确的吗?你相信这些结论吗?要确认并理解这些信息,就需要具备一定的统计学知识。

因此,学好统计学、理解统计学、应用统计学于生活方面,对于每个人都很重要。

本项目将介绍统计学的一些基本问题,包括统计学的含义、统计数据及其分类、统计中常用的一些基本概念等。

子项目 1-1 统计的含义及其研究对象

一、统计的含义

统计的含义及其研究对象

人们在许多场合下都接触过统计,例如:某企业某年销售收入多少万元、创利多少万元;证券市场上,投资者预测某个股票价格指数的走势;某地区某月居民消费价格指数温和上涨,等等。这些都和"统计"有关。

那么什么是统计?根据理解的角度不同,"统计"一词有三种含义,即统计工作、统计资料和统计学。

1. 统计工作

统计工作即统计的实践活动,是对各种统计数据资料进行收集、整理、分析和推断的活动过程,通常被划分为统计设计、统计调查、统计整理和统计分析四个阶段。

2. 统计资料

统计资料是指统计实践活动过程中所取得的各项数字资料和文字资料,以及与之相关的其他实际资料的总称,包括原始的初级资料和经过加工整理的次级资料。

3. 统计学

统计学是人们认识客观世界总体现象数量变动关系和变动规律的方法论科学,是指导统计工作的理论和方法,是关于统计数据资料收集、整理和分析的科学。

统计的三种含义之间的关系是:统计工作是统计的实践活动;统计资料是统计工作的成果;统计学是统计实践经验的理论概括和深化,统计学形成后,又反过来指导统计工作实践,它们相辅相成、互相依存。

由于任何统计活动都有一定的针对性，所以不难发现，统计就是要围绕研究目的和任务，运用科学的统计方法，去获取真实客观的有关统计数据，并对其做出必要的统计分析，以认识和了解事物的真相。因此，统计的本质就是关于为何统计、统计什么和如何统计的思想。

二、统计数据的类型

1. 按数据的计量尺度分类

统计数据是对客观现象进行计量的结果，根据对研究对象计量的不同精确程度，可将统计数据按计量尺度由低到高、由粗略到精确分为两大层次：定性数据和定量数据。

统计数据的类型

（1）定性数据。定性数据是指只能用文字或数字代码来表现事物的品质特性或属性特征的数据，具体分为定类数据和定序数据。定类数据亦称列名数据，是对事物进行分类的结果，表现为类别。例如，人的性别分为男、女，则可用"1"表示男性，用"0"表示女性。需要注意的是，这时的数字仅作为各类的代码，不反映各类的优劣、量的大小或顺序。定序数据亦称顺序数据，是对事物按照一定的排序进行分类的结果，表现为有顺序的类别，比定类数据的计量尺度更高一级。定序数据不仅可以将研究对象分成不同的类别，而且还可以反映各类的优劣、量的大小或顺序。例如，学生成绩可以分为优、良、中、及格和不及格五类，在这里，定序数据虽然无法表明一个优等于几个良，但却能确切地表明优高于良、良高于中等信息。因此，定序数据所包含的信息量要大于定类数据。

（2）定量数据。定量数据是指用数值来表现事物数量特征的数据，具体分为定距数据和定比数据。定距数据是一种不仅能反映事物所属的类别和顺序，还能反映事物类别或顺序之间数量差距的数据。例如，两位学生的考试成绩分别为85分和45分，不仅说明前者良好、后者不及格、前者成绩高于后者，还说明前者比后者高了40分。再如，某日甲、乙、丙三地的最高气温分别为30℃、20℃和10℃，说明甲地与乙地的最高气温差等于乙地和丙地的最高气温差，都是10℃。但需说明，定距数据一般只适合进行加减计算，不适合做乘除运算，如甲、丙两地气温分别为30℃和10℃，并不能说明前者的温度是后者温度的三倍。同时气温可以有0℃以及0℃以下的情况，而0℃和0℃以下也并不代表没有温度。这种情况称为不存在绝对零点的现象。定比数据是一种不仅能体现事物之间数量差距，还能通过对比运算，即计算两个测度值之间的比值来体现相对程度的数据。只要是反映存在绝对零点的现象（即零代表没有）的数据，都是可以进行对比运算的定比数据。例如企业销售收入200万元，人的身高175厘米、体重63千克，某地区的人均国内生产总值36 000元等，都是定比数据。定比数据是包含信息量最多的数据，绝大多数统计数据都属于这一类。

2. 按对客观现象观察的时间状态分类

在统计研究中，根据对客观现象观察的时间状态不同，统计数据可分为横截面数据和时间序列数据。

（1）横截面数据。横截面数据又称为静态数据，它是指在同一时间对不同单位的某一现象的数量表现进行观察而获得的数据。例如，我国某年各省、市、区的国内生产总值数据就是横截面数据。

（2）时间序列数据。时间序列数据又称为动态数据，它是指在不同时间对同一单位、同一现象的数量表现进行观察而获得的数据。例如，把我国 1979 年以来的国内生产总值数据按时间先后顺序进行排列，就形成了我国国内生产总值的时间序列数据。

3. 按数据的表现形式分类

统计数据通常表现为绝对数、相对数和平均数。

（1）绝对数。绝对数是用以反映现象或事物绝对数量特征的数据，有明确的计量单位。例如企业销售收入 2 亿元、利润 0.5 亿元，人的身高 176 厘米、体重 60 千克等。

（2）相对数。相对数是用以反映现象或事物相对数量特征的数据，它通过另外两个相关统计数据的对比来体现现象（事物）内部或现象（事物）之间的联系，其结果主要表现为没有明确计量单位的无名数，少部分表现为有明确计量单位的有名数（限于强度相对数）。

（3）平均数。平均数是用以反映现象或事物平均数量特征的数据，体现现象（事物）某一方面的一般数量水平。例如，某班级同学的平均年龄为 20 岁，某年某企业职工的平均月收入为 6 750 元等。

三、统计学的研究对象及特点

学者们对统计学的研究对象有许多不同的阐述，但我们认为统计学的研究对象与统计工作的研究对象是一致的，即社会经济统计学的研究对象是大量社会经济现象的数量方面，包括数量关系、数量特征和数量规律。统计学是一门方法论的科学，其研究对象具有以下几方面的特点。

1. 数量性

统计学的研究对象是客观事物的数量方面，数量性是统计学研究对象的基本特点。数量方面指的是数量特征、数量关系以及事物变化的数量规律，统计的目的就是通过统计数据来反映事物在这几个方面的现状和趋势，以期达到最终对事物本质的认识。

2. 总体性

社会经济统计是以社会经济现象总体的数量特征作为自己的研究对象的，也就是说，统计要对总体中各单位普遍存在的事实进行大量观察和综合分析，进而得出反映现象总体的数量特征。

3. 变异性

统计研究同类现象总体的数量特征，而它的前提是总体各单位的特征表现存在差异，并且这种差异并不是由某种固定原因事先给定的。例如，各个地区之间存在分布的居民人口有多有少、居民的文化程度有高有低、住户的生活消费水平有升有降等差异，这才需要研究各地区的人口总数、居民文化程度结构以及住户平均生活消费水平等统计指标。如果各单位不存在这些差异，或者各单位之间的差异是按已知条件事先可以推定的，也就不需要统计了。

四、统计学的研究方法

统计学是一门方法论的科学，其基本的研究方法有如下几种。

1. 大量观察法

大量观察法是统计活动过程中数据资料收集阶段（即统计调查阶段）采用的基本方法，即要对所研究现象总体中的足够多数的个体进行观察和研究，以期认识具有规律性的总体数量特征。统计学中的各种调查方法都属于大量观察法。

2. 统计分组法

统计分组法是指根据事物内在的性质和统计研究任务的要求，将总体各单位按照某种标志划分为若干组成部分的一种研究方法。例如，将人口按照职业分类，对经济按部门分类等。统计分组法是研究总体内部差异的重要方法，在统计研究中得到了广泛应用。但必须注意，在统计分组中选择一种分组方法，可以突出一种差异，显示一种矛盾，同时也会掩盖其他差异，忽略其他矛盾，因此要十分重视分组的科学性。

3. 综合指标法

统计研究现象的数量方面是通过统计综合指标来反映的。所谓综合指标，是指用以从总体上来反映所研究现象数量特征和数量关系的范畴及其数值的指标。常见的综合指标有总量指标、相对指标、平均指标和变异指标等。综合指标在统计学中有着十分重要的地位，是描述统计学的核心内容。

4. 统计模型法

在以统计指标来反映所研究现象数量特征的同时，我们还经常需要对相关现象之间的数量变动关系进行定量研究，以了解某一现象数量变动与另一现象数量变动之间的关系以及变动的影响程度。在研究这种数量变动关系时，需要根据具体的研究对象和一定的假定条件，用合适的数学方程来进行模拟，这种方法称为统计模型法。统计模型的三个基本要素是变量、数学方程和模型参数。运用统计模型法可以使统计分析更具广度和深度，从而提高统计的认识能力。

5. 统计推断法

在认识活动中，我们所观察的往往只是所研究现象总体中的一部分单位，掌握的只是具有随机性的样本观察数据，而认识总体数量特征才是统计研究的目的，这就需要我们根据概率论和样本分布理论，由样本观察数据来推断总体数量特征，这种由样本来推断总体的方法就叫统计推断法。统计推断法已经在统计研究的许多领域得到应用，它已成为现代统计学的基本方法。

上述各种方法之间相互联系、相互配合，共同组成了统计学方法体系。

五、统计的作用

由统计学的发展史可以看出，统计学是一门应用性很强的学科。实践的需要产生和发展了统计学，统计学反过来又被不断地应用于实践。统计在事物认识、生产活动、科学管理和科学研究等各个方面都发挥着重要作用。

1. 统计是认识客观世界的工具

统计对客观世界的认识作用，在于它能从客观事物总体的数量方面说明客观世界中发生的客观事实，并对未来做出预测。例如，根据一个企业的生产能力、产品产量、职工人数、固定资产的价值、销售收入以及实现利税总额等统计数据，就可以对该企业的规模做出判断和认识；根据国内生产总值、各种产品产量、居民消费水平、进出口贸易额以及固定资产投资规模等一系列统计数据可以对一定时期的国民经济发展情况进行客观描述。

2. 统计是实施科学管理的工具

统计数据是实施科学管理的基础。要充分实施管理的每一项职能，离不开反映经济和社会活动状况的统计数据。现代管理不能仅仅凭借管理者的个人经验，而是应该建立在对管理对象正确认识的基础上，采用科学的方法进行。统计不仅可以从数量方面客观地反映管理对象的状况，而且可以提示管理对象发展变动的规律性，为管理者提供系统、准确的统计信息。科学的管理离不开定量的研究，许多管理行为都要以定量分析为基本前提。

3. 统计是实施国家监督的重要手段

统计可以通过信息反馈来检验决策是否科学、可行，对决策执行过程中出现的偏差提出矫正意见。统计的监督作用日益显著，统计是观察社会、经济、科技和自然发展变化的"仪表"。统计部门应充分发挥统计的监督作用，充分运用各种统计手段，对经济、社会、科技及自然的运行状况进行监督，及时发出预警；对政策、计划以及措施的执行情况进行跟踪监督，使其不偏离目标；对违法现象进行揭露，维护统计数据的真实性，实事求是地反映客观实际情况。

4. 统计是科学研究的重要方法

几乎所有的科学试验都需要将统计方法作为有效的手段。任何科学研究都要掌握大量的相关信息，由于社会经济现象千差万别，它们相互联系、相互制约，更加需要以大量实际资料和信息为依据。这些资料和信息的来源，除了利用有关方面发布的资料外，研究人员还必须熟练掌握统计这一重要方法，运用统计手段去调查和收集有关数据以及它们的数量关系，并经过分析研究，最终得出有论据、有说服力的科学研究成果。

子项目 1-2　统计学的基本范畴

一、总体、总体单位和样本

总体、总体单位和样本

1. 总体与总体单位的概念

总体是指统计研究的客观对象的全体，它是客观存在的，是在同一性质基础上结合起来的许多个别单位所构成的集合体，有时也称为母体。组成总体的每个单位称为总体单位，也称个体。

2. 总体的特征

总体必须具备以下三个特征：

（1）同质性。构成总体的各个单位必须在某一方面具有相同的性质，这是构成总体的先决条件。例如，全部工业企业之所以能够构成一个总体，是因为各个工业企业的职能相同，都是从事工业生产活动的基层单位，而某一个商店就不能放在该总体之中。

（2）大量性。统计总体是由许多单位组成的，仅仅一个单位不能构成总体。例如，全部工业企业之所以能构成一个总体，是因为它们不仅具有同质性，而且还满足了大量性的特征。

（3）变异性。变异是指存在的差异，同一个总体在某一方面具有共同的性质，但在另外一些方面又必须是有差异的。例如，每个工业企业都具有从事工业生产经营活动的相同性质，但这些企业的规模、经济类型、产值、工人人数以及资金占用等情况都是不相同的，只有这样才有统计研究的必要。

3. 总体的基本分类

按照总体单位是否可数，统计总体可分为有限总体和无限总体。总体中包含的单位数是有限的，称为有限总体，如商店、某学校的学生、全国人口等；总体中包含的单位数是无限的，则称为无限总体，如某企业持续生产的产品产量等。

4. 总体与总体单位的关系

（1）总体与总体单位是密切关联的，有一个总体就有与之相对应的总体单位。例如，某校所有的学生构成一个总体，则该校的每一位同学就是总体单位；全国所有的工业企业构成一个总体，则每一家企业就是总体单位。

（2）总体与总体单位的确定是相对的，随着研究目的的变化而变化。例如，为了研究工业企业的经济效益，统计总体是全国工业企业，每一个工业企业就是总体单位；而如果是为了研究某一个大型工业企业的职工构成情况，则总体就是该工业企业的全部职工，而该工业企业的每一位职工就是总体单位。

5. 样本的概念

所谓样本，就是从总体中抽取的一部分个体所组成的集合，也称为子样。样本中所包含的个体数称为样本容量或样本单位数。从总体中抽取样本的过程简称抽样，抽样的目的是根据样本提供的信息推断总体的特征。比如，从一批灯泡中随机抽取100个进行寿命检验，这100个灯泡就构成了一个样本，然后根据这100个灯泡的平均使用寿命去推断这批灯泡的平均使用寿命。

二、标志与标志表现

1. 标志的概念

标志是说明总体单位特征的名称。每个总体单位从不同的角度考虑，都具有许多属性和特征。例如，工人作为总体单位，他们都具备性别、工种、文化程度、技术等级、年龄、工龄以及工资等属性或特征，即标志。标志是一个重要的概念，统计就是通过各个单位标志值的汇总综合得到所研究对象总体的数量特征的。总体单位是标志的直接承担者，标志是依附于总体单位的。

标志与统计指标

2. 标志的种类

标志通常可分为数量标志和品质标志两种。数量标志是指在数量上有不同表现的标志，一般用数量表示，如职工的年龄、工资以及工龄等。品质标志是指不能用数量表示的标志，一般用文字表示。例如，职工的性别只有男女之分而无量的差别，人的职业也是品质标志，表现为工人、农民、医生和教师等。

3. 标志表现

标志表现是标志特征在各个单位的具体表现。任何一项统计工作，首先要掌握现象总体的各个单位在特定的时间、地点条件下实际发生的情况，因此标志的具体表现便是统计最关心的问题。如果说标志就是统计所要调查的项目，那么标志表现则是调查所得的结果。总体单位是标志的承担者，而标志表现则是标志的实际体现者。

三、变量及其分类

1. 变量的概念

变量是统计学中经常涉及的一个概念。从狭义上看，变量是指可变的数量标志，例如人的身高、体重，企业的职工人数等都是变量。这些数量标志在不同个体上的值是不同的，是可变的。因此，变量是可变数量标志的抽象化。变量的具体数值就称为变量值，也称为标志值。

从广义上看，变量不仅指可变的数量标志，也包括可变的品质标志。因为可变的品质标志在每个个体上的表现结果也是不同的，在作为变量处理时所用的量化方法也有所不同。因此，可变标志就是变量。

2. 变量的分类

（1）连续型变量和离散型变量。统计数据就是统计变量的具体表现，根据变量值连续出现与否，变量可分为连续型变量和离散型变量。连续型变量是指变量的取值连续不断，无法一一列举，即在一个区间内可以取任意实数值，例如零件的尺寸、气象的温度和湿度等。离散型变量是指变量的数值只能用计数的方法取得，其数值可以一一列举，例如一个班的学生、某个企业的机器台数等。

（2）确定性变量和随机性变量。变量按其所受影响因素不同，可以分为确定性变量和随机性变量。确定性变量是指受确定性因素影响的变量，即影响变量值变化的因素是明确的、可解释的或可人为控制的，因而变量的变化方向和变动程度是可确定的。随机性变量是指受随机因素影响的变量，即影响变量值变化的因素是不确定的、偶然的，变量受随机因素影响的大小和方向是不确定的。

四、统计指标与统计指标体系

1. 统计指标的概念

统计指标是表明总体特征的科学概念及其数量表现。一个完整的统计指标由指标名称和指标数值两部分组成。例如，2023年我国全年国内生产总值（指标名称）为1 260 582亿元（指标数值）。实际工作中，有时也将一个单独的指标名称理解为统计指标，例如，人口总数、企业总数、社会总产值及国内生产总值等都可以称为统计指标。

2. 统计指标的特点

（1）数量性。统计指标反映客观现象总体的数量特征，凡是统计指标都可以用数值来表现，没有不能用数值表现的统计指标。这一特征区分了指标与标志，因为标志中包括品质标志，它是用文字来表达的；这一特征也区分了统计指标与统计总体，例如"学生"只能是统计总体，

"学生人数"才是统计指标。

（2）总体性或综合性。统计指标说明的对象是总体而不是总体单位，有许多统计指标的数值是从个体现象数量综合而来的。例如，某工人的工资不是指标，但把某个工厂所有工人的工资加起来得到的工资总额即为统计指标。

（3）具体性。统计指标不是抽象的概念和数字，而是具体现象量的反映，每一个指标都是反映一定时间、地点和条件下的具体的指标值，例如某年某月某单位工人的工资总额。

（4）客观性。统计指标反映已经存在的客观事实的数量特征。这一特征使统计指标与其他有关学科所应用的指标（如计划指标、预测指标）严格区分开。

3. 统计指标与标志的关系

统计指标与标志既有密切的联系，又有明显的区别。其主要区别在于：首先，统计指标是说明总体特征的，而标志是说明总体单位特征的。例如，一个工人的月工资是数量标志，而全体工人的月工资总额则是统计指标。其次，所有的统计指标都是用数量表现的，而标志则包括可用数值表现的数量标志和不能用数值表示的品质标志。

统计指标与标志之间也存在密切的联系：有许多统计指标的数值是从总体单位数量标志的标志值汇总而来的；统计指标与标志将随着总体与总体单位的变化而变化。

4. 统计指标的分类

统计指标按其说明总体的内容不同，分为数量指标和质量指标。

凡是反映社会经济现象的总规模水平或工作总量的统计指标称为数量指标，如人口总数、职工总数、企业总数、社会总产值、国民生产总值、国民收入、商品流转额、工资总额等。由于数量指标反映的是现象的总量，因此也称为总量指标，用绝对数来表示。

凡是反映社会经济现象的相对水平或工作质量的统计指标均称为质量指标，如平均亩产量、平均工资、人口密度、出生率、死亡率、利润率、设备利用系数等。质量指标是用相对数或平均数来表示的，是总量指标的派生指标。

5. 统计指标体系

单个统计指标只能反映总体某一个方面的数量特征，而统计研究的社会经济现象是很复杂的，要想对总体现象进行全面的了解和研究，就需要使用由许多相互联系的统计指标所组成的统计指标体系。所谓统计指标体系，就是由一系列相互联系的统计指标所组成的有机整体。例如，要反映一国的实力，仅用国内生产总值指标只能反映该国的经济生产水平，至于该国的科技、国防、文化教育、资源与环境、政治等情况，必须使用一系列指标组成指标体系——综合国力指标体系加以说明。

统计指标体系大体上可以分为两类，即基本统计指标体系与专题统计指标体系。基本统计指标体系是反映国民经济和社会发展及其各个组成部分的基本情况的指标体系，包括反映整个国民经济和社会发展的统计指标体系、各地区各部门的统计指标体系以及基层统计指标体系等。专题统计指标体系是针对某一个经济或社会问题而制定的专项指标体系，如人口普查统计指标体系和人民物质文化生活水平统计指标体系等。

6. 主要经济统计指标解释

（1）国内生产总值（GDP）。国内生产总值是指按市场价格计算的一个国家（或地区）所有常住单位在一定时期内生产活动的最终成果。国内生产总值有三种表现形态，即价值形态、收入形态和产品形态。从价值形态看,它是所有常住单位在一定时期内生产的全部货物和服务价值与同期投入的全部非固定资产货物和服务价值的差额,即所有常住单位的增加值之和;从收入形态看,它是所有常住单位在一定时期内创造并分配给常住单位和非常住单位的初次收入之和;从产品形态看,它是所有常住单位在一定时期内最终使用的货物和服务价值与货物和服务净出口价值之和。在实际核算中,国内生产总值有三种计算方法,即生产法、收入法和支出法。三种计算方法分别从上述的三种不同表现形态反映国内生产总值及其构成。

对于一个地区来说,称为地区生产总值或地区 GDP。

(2)国民总收入(GNI)。国民总收入即国民生产总值,指一个国家(或地区)所有常住单位在一定时期内收入初次分配的最终结果。一国常住单位从事生产活动所创造的增加值在初次分配中主要分配给该国的常住单位,但也有一部分以生产税及进口税(扣除生产和进口补贴)、劳动者报酬和财产收入等形式分配给非常住单位;同时,国外生产所创造的增加值也有一部分以生产税及进口税(扣除生产和进口补贴)、劳动者报酬和财产收入等形式分配给该国的常住单位,从而产生了国民总收入的概念。它等于国内生产总值加上来自国外的净要素收入。与国内生产总值不同,国民总收入是个收入概念,而国内生产总值是个生产概念。

(3)就业人员。就业人员指在 16 周岁及以上,从事一定社会劳动并取得劳动报酬或经营收入的人员。这一指标反映了一定时期内全部劳动力资源的实际利用情况,是研究我国基本国情国力的重要指标。

(4)财政收入。财政收入指国家财政参与社会产品分配所取得的收入,是实现国家职能的财力保证。主要包括各项税收(包括国内增值税、国内消费税、进口货物增值税和消费税、出口货物退增值税和消费税、企业所得税、个人所得税、资源税、城市维护建设税、房产税、印花税、城镇土地使用税、土地增值税、车船税、船舶吨税、车辆购置税、关税、耕地占用税、契税、烟叶税等)以及非税收入(包括专项收入、行政事业性收费收入、罚没收入、国有资本经营收入、国有资源资产有偿使用收入和其他收入)。

(5)财政支出。财政支出指国家财政将筹集起来的资金进行分配使用,以满足经济建设和各项事业的需要。主要包括:一般公共服务、外交、国防、公共安全、教育、科学技术、文化体育与传媒、社会保障和就业、医疗卫生与计划生育、节能环保、城乡社区事务、农林水事务、交通运输、资源勘探信息等事务、商业服务业等事务、金融、援助其他地区、国土海洋气象等事务、住房保障、粮油物资储备、债务还本付息等方面的支出。财政支出根据政府在经济和社会活动中的不同职权,划分为中央财政支出和地方财政支出。

(6)居民消费价格指数(CPI)。居民消费价格指数是反映一定时期内城乡居民所购买的生活消费品和服务项目价格变动趋势和程度的相对数,是对城市居民消费价格指数和农村居民消费价格指数进行综合汇总计算的结果。通过该指数可以观察和分析消费品的零售价格和服务项目价格变动对城乡居民实际生活支出的影响程度。

(7)社会融资规模。社会融资规模是指一定时期内实体经济从金融体系获得的资金总额,是增量概念。主要包括:人民币贷款、外币贷款(折合人民币)、委托贷款、信托贷款、未贴现的银行承兑汇票、企业债券、非金融企业境内股票融资、投资性房地产和保险公司赔偿等。

子项目 1-3　统计的职能与组织管理

一、统计的职能

1. 信息职能

信息职能是指统计部门要根据统计指标体系，采用科学的统计调查方法，灵敏、系统地采集、处理、传输、存储和提供大量的以数量描述为基本特征的社会经济信息。

统计的职能与组织管理

2. 咨询职能

咨询职能是指利用已经掌握的丰富的统计信息资源，运用科学的分析方法和先进的技术手段，深入开展综合分析与专题研究，为科学决策和管理提供各种可供选择的咨询建议与对策方案。

3. 监督职能

监督职能是指根据统计调查和分析，及时、准确地从总体上反映经济、社会和科技的运行状态，并对其实行全面、系统的定量检查、监测和预警，促使国民经济按照客观规律的要求，持续、稳定、协调地发展。

统计的三种职能是相互联系、相辅相成的。统计信息职能是保证统计咨询职能和监督职能有效发挥的基础；统计咨询职能是统计信息职能的延续和深化；而统计监督职能则是在信息职能和咨询职能基础上的进一步拓展，并促进统计信息职能和咨询职能的优化。统计工作只有发挥了信息职能、咨询职能和监督职能三者的整体功能，才能提供优质的服务。

二、统计的组织管理与法规

一项完整的统计工作一般需经过以下几个步骤：统计资料的收集、统计资料的整理、统计资料的分析和统计资料的服务。要完成这些工作，统计的组织必须贯彻集中统一的原则，在全国范围内建立集中统一的统计系统，执行统一的方针政策和统计调查计划，贯彻统一的统计制度和统计标准，使用统一的数字管理制度，协调统计、会计、业务核算制度和核算标准及分工等。

1. 统计的管理

由于世界各国实行的统计体制不同，采用的管理方式也有所不同。我国采用集中统一的统计系统，实行统一领导、分级负责的管理体制。统计工作要做到统一领导、分级负责，就必须明确各级和各部门统计组织的职责，具体分工如下：

国家统计局和地方各级人民政府统计机构的主要职责是：制订统计调查计划，部署和检查全国或者本行政区域内的统计工作；组织国家统计调查和地方统计调查，搜集、整理和提供全国或者本行政区域内的统计资料；对国民经济和社会发展情况进行统计分析，实行统计监督，依照国务院的规定组织国民经济核算；管理和协调各部门制订的统计调查表和统计标准。国家统计局管理国家的统计信息自动化系统和统计数据库体系，乡、镇统计员会同有关人员负责农村基层统计工作，完成国家统计调查和地方统计调查任务。

国务院和地方各级人民政府各部门的统计机构或者统计负责人的主要职责是：组织、协调本部门各职能机构的统计工作，完成国家统计调查和地方统计调查任务，制订和实施本部门的统计调查计划，收集、整理和提供统计资料，对本部门和管辖系统内企事业单位组织的统计工作实行监督。

企事业单位组织的统计机构或者统计负责人的主要职责是：组织、协调本单位的统计工作，完成国家统计调查、部门统计调查和地方统计调查任务，收集、整理和提供统计资料，对本单位的计划执行情况进行统计分析，实行统计监督，管理本单位的统计调查表，会同有关机构及相关人员建立健全原始记录制度。

实行统一领导、分级负责的统计管理体制，必须注意处理好集中统一与因地制宜的关系、国家统计与地方统计的关系、综合统计与专业统计的关系，协调好各方面的权益和责任。

2. 统计法律体系

目前统计法律体系主要由以下四部分组成：

（1）统计法律。统计法律即指由全国人民代表大会常务委员会制定的关于统计方面的行为规范。现行的《中华人民共和国统计法》（以下简称《统计法》）于2024年9月13日修订通过，自公布之日起施行。

（2）统计行政法规。统计行政法规由国务院制定，其法律效力低于法律、高于地方统计法规和统计行政规章。例如《中华人民共和国统计法实施条例》《全国人口普查条例》《全国经济普查条例》《土地调查条例》等。

（3）地方统计法规。地方统计法规是由有地方立法权的地方人民代表大会及其常务委员会制定和发布，并于本地方实施的统计行为规范。例如《北京市统计条例》《浙江省统计工作监督管理条例》《天津市统计管理条例》等。

（4）统计行政规章。统计行政规章是指国务院各部门和各省、自治区、直辖市人民政府及国务院批准的较大的市的人民政府所制定的有关统计的规范性文件。例如《统计执法监督检查办法》（国家统计局令第21号）和《部门统计调查项目管理办法》（国家统计局令第22号）等。

本项目小结

本项目共有三个子项目，是学习统计学课程的基础。

1. 统计一词包含三种含义：统计工作、统计资料和统计学。统计的本质是关于"为何统计、统计什么和如何统计"的思想，是要围绕研究目的和任务，运用科学的统计方法，获取真实客观的有关统计数据，做出必要的统计分析，以了解和认识事物的真相。

2. 统计数据可以从多个不同角度进行分类。根据计量尺度不同可以分为定性数据与定量数据；根据时间或空间状态不同可以分为横截面数据和时间序列数据；根据表现形式不同可以分为绝对数、相对数与平均数。

3. 统计学是一门方法论的科学。其研究对象是各种现象的数量方面，具有数量性、总体性和变异性三个特点。

4. 统计学的研究方法有大量观察法、统计分组法、综合指标法、统计模型法和统计推断法。

5. 统计学中的基本范畴有总体、总体单位和样本，标志与标志表现，变量及其分类，统计指标与统计指标体系。

6. 统计的职能有三方面：信息职能、咨询职能与监督职能。

7. 目前统计法律体系主要由统计法律、统计行政法规、地方统计法规和统计行政规章四部分组成。

思考与训练

一、简答题

1. 怎样理解统计的不同含义？它们之间关系如何？
2. 社会经济统计学的研究对象及其特点是什么？
3. 统计研究的基本方法有哪些？
4. 统计数据可分为哪几种类型？不同类型的数据各有什么特点？
5. 什么是总体和总体单位？试举例说明。
6. 为什么说总体和总体单位、标志和统计指标的概念是相对的？
7. 什么是统计指标？统计指标和标志有什么区别和联系？
8. 什么是统计指标体系？
9. 统计的职能是什么？它们之间的关系如何？

二、单项选择题

1. 要了解500个职工的工资情况，则总体单位是（　　）。
   A．500个职工　　　　　　　　B．每一个职工
   C．500个职工的工资　　　　　D．每一个职工的工资
2. 以下几种数据中，属于定性数据的是（　　）。
   A．以1和2表示的性别　　　　B．年龄
   C．身高　　　　　　　　　　D．平均成绩
3. 下列属于数量标志的是（　　）。
   A．性别　　　B．年龄　　　C．职称　　　D．健康状况
4. 下列属于品质标志的是（　　）。
   A．身高　　　B．工资　　　C．年龄　　　D．文化程度
5. 质量指标的表现形式是（　　）。
   A．绝对数　　　　　　　　　B．绝对数和相对数
   C．绝对数和平均数　　　　　D．相对数和平均数

三、多项选择题

1. "统计"一词的三种含义是（　　）。
   A．统计资料　　B．统计学　　C．统计指标　　D．统计工作
   E．统计图表

2. 下列属于数量标志的是（　　　）。
   A. 性别　　　　B. 职业　　　　C. 工资　　　　D. 民族
   E. 年龄
3. 下列属于质量指标的是（　　　）。
   A. 劳动生产率　　B. 废品量　　C. 单位产品成本　　D. 资金利润率
   E. 上缴利税额
4. 下列属于数量指标的是（　　　）。
   A. 工资总额　　B. 平均工资　　C. 销售总额　　D. 上缴利税额
   E. 单位能耗

四、判断题

1. 一般而言，统计指标总是依附在总体上，而总体单位则是标志的直接承担者。（　　）
2. 数量指标根据数量标志计算而来，质量指标根据品质标志计算而来。（　　）
3. 三个同学的成绩不同，因此存在三个变量。（　　）
4. 统计指标体系是许多指标集合的总称。（　　）
5. 总体与总体单位是相对的，有一个总体就有总体单位与之对应。（　　）

五、实训题

以四人为一个小组，研讨统计学在经济研究和本专业学习中的作用，写出小组总结分析报告。

实训目的：使每位同学对统计学的作用有一个整体上的了解，为以后项目的学习打下基础。

实训要求：以小组为单位搜集资料，结合所学专业的特点，讨论统计学在经济研究和本专业学习中的作用，并将讨论结果写成书面报告。

考核标准：
（1）以小组为单位进行讨论，体现团队合作精神。
（2）分析报告由一人执笔，其他成员积极配合、参与；报告不少于2 000字。

实训成果：分析报告。

项目二
统计资料的收集

学习目标

知识目标

- 了解统计资料收集的方法。
- 了解统计调查的组织方式。
- 掌握统计调查方案的主要内容。
- 掌握统计调查问卷的设计方法。
- 了解统计调查报告的基本格式。

技能目标

- 能根据研究目的独立设计统计调查方案。
- 能根据调查目的和内容独立设计调查问卷。
- 会进行简单的统计调查。
- 能撰写简单的统计调查报告。

素质目标

- 在统计调查过程中,培养精益求精的工匠精神。
- 培养团队合作能力,能主动积极地与他人交流分享学习成果。
- 积极参加项目调查所要求的实践和操作活动,培养务实认真的工作作风。

引导案例

统计活动是怎样开始的？

2024年9月1日，杭州一家服装公司销售经理给刚入职的小王安排了一项工作任务，让他去上海市调查该市女士服装市场消费情况，为期两周，总费用不超过两万元，三天内提出调查工作计划，9月底前向公司提交详细的调查报告。小王应该如何开始这项工作？他首先要在两天内设计一份可以据以实施的行动方案，方案要包括以下内容：向谁去调查？调查什么？怎么调查？怎样才能获得符合要求的数据？由谁去搜集？什么时间进行调查？费用够吗？通过本项目的学习，你应当能够帮助小王解决所面临的问题。

子项目 2-1　统计资料认知

一、统计资料的概念

统计资料是统计实践活动过程中所取得的各项数字资料和文字资料，以及与之相关的其他实际资料的总称。统计资料是统计分析工作的基础，是统计方法与理论所处理的对象，只有科学有效地获取统计资料，才能为统计分析与决策提供有力有用的依据。

二、统计资料的分类

按统计资料是否可以直接取得，可将其分为原始资料和次级资料。

1. 原始资料

原始资料也称为第一手资料。凡调查者直接通过观察、点数、计量、实验、登记或调查而取得的尚待加工整理的统计资料，均为原始资料。如反映调查对象状况的原始记录、调查问卷中的答案和试验结果等。

2. 次级资料

次级资料也称为第二手资料，是指已经存在的经加工整理分析过的资料。次级资料来源较多、涉及面广。例如，期刊文献、报纸、电视广播以及互联网上的资料，各级政府机构公布的资料，企业公开信息及年度报告等。每年《中国统计年鉴》上发布的根据各基层单位报送资料整理而成的许多数据就是次级资料。

次级资料可以分为许多不同的类型，不同类型的次级资料在准确性、全面性和可靠性等方面差别较大。现有次级资料通常包括以下几种：

（1）国家或各级政府公开的一些规划、计划、统计报告和统计年鉴等。

（2）从图书馆、档案馆或其他渠道获得的一些出版物，以及国内外新闻、出版部门定期或不定期公开出版的报纸、杂志等所提供的信息资料等。

（3）行业协会经常公布、发表的一些行业销售情况、生产经营情况及专题报告等。

（4）各类网站、数据库和数字图书馆的信息资料等。

（5）国际组织定期发布的大量信息资料等。

（6）学术团体、高等院校、研究机构、专业调研和咨询机构等提供的某一领域最新研究成果等。

随着网络及科技手段的日新月异，统计资料的存在形式和形态也将越来越多样。

第一手资料相比第二手资料更加真实、丰富、准确、及时且有针对性，但第一手资料的收集往往需要花费较大的人力、物力、财力和时间。而使用第二手资料则较节省收集时间和成本，收集起来也相对比较容易，但第二手资料的适应性比较差，很多时候需经进一步加工处理。

在统计实务中，一般总是首先收集第二手资料，只有在第二手资料不足或者需要验证时，才着手第一手资料的收集。如果已有的第二手资料能够满足有关分析和研究的需要，就不必再去直接收集第一手资料了，以免造成浪费。

子项目 2-2　统计资料收集的方式与方法

统计资料收集通常也称为统计调查阶段，是进行统计整理和分析的必要前提，是保证统计数据客观、真实、准确、可靠的关键，直接影响整个统计工作的质量。统计资料的收集一直是备受统计调查研究人员关注的重要问题之一。

拓展案例

为什么大多数关于美国总统选举的预测都错了？

2016年美国总统大选中特朗普战胜希拉里成为美国第45任总统，对于这个结果，很多人都提出了同一个疑问：为什么这次总统大选中的种种民意调查与预测，都与最终结果相差甚远？

就在这场选举开始之前，《纽约时报》网站公布的希拉里胜率超过85%，曾经准确预测过多次大选和赛事的著名数据网站FiveThirtyEight在大选前15个小时公布的希拉里胜率为71.4%。在大部分主流媒体的预测中，特朗普当选总统的概率都没有超过30%，希拉里当选几乎是板上钉钉的事情。可事情就这么发生了，特朗普拿下了几乎所有摇摆州，随着一个个州选举结果揭晓，特朗普的获胜概率从15%一路飙升到70%……一直到最后尘埃落定的100%，而希拉里的当选概率则从85%一路下降到30%……最后是残酷的0。

这个结果让很多人想起了美国总统选举历史上那次关于民意调查的著名典故。在1936年的美国总统选举中，美国的《文学摘要》杂志社为了预测两名总统候选人谁能当选，通过电话簿和车辆注册系统上的地址发出了1 000万封调查信件，并且根据200万封回信得出了兰登将以57%对43%的比例胜出的结论，但最终结果却是另一名候选人富兰克林·罗斯福以62%对38%的压倒性优势胜出。

《文学摘要》杂志当年所犯的错误，首先在于它的抽样方法带来了样本偏差。当时能用得上电话和汽车的，往往都是比较富裕的阶层，同时愿意回信的也大多是表达意愿比较强的人们，所以这个调查实际上针对的是比较富裕且愿意表达的人群，而那些贫困的或者没有意愿表达自己观点的人，并没有放弃自己投票的权利。

当时，统计学家乔治·盖洛普也采用科学抽样的方式做了总统民意调查，盖洛普的民意调查大约只有五万个样本，但在精心规划的样本中，黑人与白人、穷人与富人的比例都接近美国人的总体比例，最终，盖洛普准确预测了罗斯福的当选，并且奠定了自己在民意调查方面的权威地位。

美利坚大学历史学教授艾伦·里奇曼认为互联网时代的民意调查又回到了1936年之前的状况："没有科学抽样，依靠选择性回复，这和我们今天所看到的网络民意调查如出一辙。"

当然，在这次总统选举中，还有一个很重要的原因是，很多人在面对调查时没有说真话。特朗普有着一个糟糕的公众形象，这些人虽然不敢在外人面前表达自己对特朗普的支持，但在匿名投票时，他们仍然把票投给了特朗普。这也是为什么特朗普在此前多轮选举民调都不被看好的情况下，仍然能一路过关斩将成为总统候选人。当支持希拉里的声音被刻意放大，而支持特朗普的声音被悄悄隐藏时，民意调查的偏差也就可想而知了。在这次选举中，就连之前一直拒绝融入美国现代生活、从不参与总统选举投票的阿米什人，也成批来到投票站为特朗普投票，他们正是无论哪种民意调查也无法覆盖到的那群人的一个缩影。

在选举结果揭晓之后，一个迅速风靡中文网络的略带戏谑的帖子告诉人们，其实中国浙江义乌的出口工厂早就指明了美国总统选举的结果：特朗普的旗帜和面具的出货量是希拉里的四倍。虽然这个帖子所说的数据还有待考证，但客观指标确实比主观意见更能够反映人们的真实想法。

另一个例子则来自人工智能。与大部分看好希拉里的主流媒体不同，印度新创公司Genic.ai开发的名为MogIA的人工智能系统一直就预测特朗普将最终胜出。与其他调查公司主要依靠访谈和问卷不同，MogIA的判断依据是收集自Google、Facebook、Twitter和YouTube等网站的超过2 000万个数据点，尽管希拉里的竞选经费是特朗普的五倍，在付费媒体上的投入是特朗普的六倍，但在社交媒体上希拉里却始终处于全面劣势。

虽然有人认为MogIA不能有效识别人们在这些网站留言评论中的"讽刺""反话""高级黑""似黑实粉"等细微之处，但这反而可能成了MogIA的优势，因为很多时候，点赞、转发甚至只是阅读、关注，就足以代表了那些"沉默的大多数"的真实想法。

（资料来源：伯凡时间，2016年11月10日）

一、统计资料收集的含义

统计资料的收集，就是根据统计研究的目的要求，采用一定组织形式与科学方法，对与研究问题有关的各类信息资料进行采集的工作过程。它在资料收集的总体范围上可大可小，在收集的内容上可以简单也可以复杂，可以是原始资料也可以是次级资料，收集的方式可以灵活多样。但统计资料的收集主要仍以数字资料为主，且通常收集的是有着大量统计单位的并能够据以汇总计算形成说明总体的综合数据。

二、统计资料收集的基本要求

根据统计制度方法的统一规定，统计资料的收集必须达到准确、及时和完整三个基本要求，做到数字准、情况明、反映及时。能否准确、及时、全面地取得所需的统计资料，决定着统计整理分析的结论是否科学、客观、可靠。

1. 准确性

准确性是指收集到的统计资料必须符合客观实际情况，保证各项统计资料真实、可靠。

2. 及时性

各项统计资料不但要准确，而且要及时，过时的资料会因失去时效而无法发挥统计的指导作用。

3. 完整性

完整性则是统计指标计算和统计分析的需要。收集资料时应准中求快、快中求准，所取得的资料要完整齐全。

三、统计资料收集的方法

统计资料的收集方法主要有现场观察法、报告法、问卷调查法、访谈法、试验法和文案法。

1. 现场观察法

现场观察法是观察者带着明确目的到观察现场，借助人的视觉、听觉或者录音录像设备，对调查对象进行直接观察和计量而获得信息资料的一种收集方法，又称为直接观察法。例如，为调查公交运营中的客流量，调查人员亲自到公交站点观察统计乘客人数。现场观察法的优点是简便易行，调查者不正面接触调查对象，在被调查者未意识到自己被观察的情况下获取信息，保证结果真实、自然、客观和准确；其缺点是观察成本较大（需要投入大量的人力、物力、财力和时间），在实施调查时往往要受时间和空间的限制，对调查人员的素质要求比较高（由于观察者认识事物的能力不同和主观性影响，结果往往因人而异），而且只能观察表面现象，无法了解深层次的情况。因此，现场观察法较多地用于店铺、交通客流量和顾客行为的调查。

2. 报告法

报告法是利用各种原始记录和凭证，由调查单位根据统计报表的格式要求按隶属系统逐级向主管部门或国家统计部门报告有关经济、社会活动成果的一种调查方法。现行的各项统计报表制度就是采用的这种方法。

3. 问卷调查法

问卷调查法是指资料收集者运用统一设计的问卷向被调查者了解情况、征询意见的资料收集方法。该方法的优点是：省时省力、灵活性较强、问题回答率高、所得资料便于定量处理与分析、匿名性较好；问卷调查法也有缺点，即回收率以及资料的质量均难以保证，且调查成本相对较高。一般而言，问卷调查法是收集第一手资料的基本方法。

在实务中，主要的问卷调查形式有以下几种：

（1）访问调查。访问调查又称派员调查，它是调查者通过与被调查者面对面交谈而得到所需资料的调查方法。访问调查又可以分为街头拦截访问和入户调查。访问调查可控性强，获取的调查资料质量较好。由于调查者在现场，因而可以根据访问环境和被调查者的表情、态度的变化调整提问策略，又可以对被调查者回答问题的质量加以控制，从而使得调查资料的准确性和真实性大大提高。但同时，访问调查的成本是所有调查方法中最高的（其成本主要包括调查者的培训费、交通费、工资以及问卷的制作费等），对调查者的要求较高（调查结果的质量很大程度上取决于调查者本人的访问技巧和应变能力），且匿名性差、拒访率较高。

（2）邮寄调查。邮寄调查是将调查问卷邮寄给被调查者，由被调查者填写后将问卷寄回或投放到指定收集点的一种调查方法。邮寄调查问卷的发放形式主要有邮局寄送、随广告发放和随产品发放等。邮寄调查的对象广泛，调查面广，调查成本较低，匿名性较强，考虑时间充分，填写较为灵活、自由、方便，还能避免由于调查人员的干扰而产生的调查误差。但邮寄调查也存在一定的管理不便，如问卷回收率较低、回收时间长、答非所问以及结果难以控制等问题。邮寄对象的确定是调查过程中相当重要的环节，而调查问卷的回收率是关键问题。采用有奖征询的方式（凡按要求答卷并寄回的被调查者均有中奖机会等），对提高问卷回收率、缩短回收时间都有良好的效果。

（3）电话调查。电话调查是调查人员利用电话与被调查者进行语言交流，从而获得信息的一种调查方式。电话调查的优点是时效快、成本低，因此电话调查的应用非常广泛；不足是调查中的问题数量不能过多，无法知晓被调查者的表情、姿态等形体语言，且容易被拒绝。另外，电话调查所获取的统计资料也很难辨别其真实性。所以，这种方法一般适用于被调查者比较熟悉或者是调查问题比较简单的统计调查。

（4）网上调查。网上调查是当前最流行的一种调查方式。网上调查自20世纪90年代开始得到迅速发展，由于省略了印制、邮寄和数据录入的过程，问卷的制作、发放及数据的回收速度均得以提高，可以在短时间内完成问卷、统计结果并制作报表报告。网上调查成本低、效率高、易获得连续性数据、调查内容设置灵活、调研群体大、可视性强等均是其他问卷调查方法所不具备的优势，但其在提高样本代表性、数据准确性和安全性等方面还有待进一步的完善。

不同问卷调查法的优缺点比较如表2-1所示。

表2-1 不同问卷调查法优缺点比较

比较项目	访问调查	邮寄调查	电话调查	网上调查
调查范围	较窄	较广	较广	广
调查对象	可以控制和选择	难于控制和选择	可以控制和选择	难于控制和选择
影响回答的因素	能够了解、控制和判断	难于了解、控制和判断	无法了解、控制和判断	难于了解、控制和判断
回收率	高	低	较低	较高
答卷质量	高	较低	较高	较高
投入人力	较多	少	较少	少
费用	高	较低	低	低
时间	长	较长	较短	较短

根据表2-1对四种问卷调查法优缺点所做的比较归纳，可见每种方法各有优缺点。在选择具体的问卷调查法时，要根据调查的目的和具体要求、调查项目的类型以及性质做全面的考虑，从中选择最切实可行的方法。

4. 访谈法

访谈法是调查者有目的、有计划、有方向地运用口头交谈方式向被调查者了解问题的一种统计资料收集方法。该方法的优点是：被调查对象的回答率大大高于问卷调查法，调查内容机动性强，调查人员对资料收集过程可进行有效控制。其缺点是：访谈成本大，匿名性差，访谈结果与调查人员的素质、能力及其现场表现直接相关。

在实际应用中，访谈法具体又可以分为：

（1）小组讨论。小组讨论也称为焦点小组访谈[⊖]，它是通过将一组受访者（一般由8～12个经过精心挑选的被调查者构成）集中在调查现场，在一名主持人的主持下，对某一问题进行深入讨论，让被调查者对所调查的主题发表意见，从而获取调查资料的一种方法。小组讨论是资料收集中一种比较独特的方法。这种方法在国外十分流行，它适用于收集与研究课题有密切关系的少数人员的倾向和意见，目的在于了解和理解人们心中的想法及原因。

（2）个别深度访谈。个别深度访谈是一种只有一名受访者参加的特殊的定性研究，常用于动机研究，以发掘被调查对象非表面化行为的深层次意见和原因。这种方法最适用于研究较隐秘的问题，如个人隐私、较敏感的问题等。

5. 试验法

试验法是资料收集者通过试验对比获取统计资料的一种方法，它是指在给定的试验条件下，在一定范围内观察社会经济现象中自变量与因变量之间的变动关系，并做出相应分析判断，为预测和决策提供依据。试验法的应用形式包括无控制组的事前事后对比试验、有控制组的对比试验和有控制组的事前事后对比试验三种。

试验法有如下特点：①通过实地试验进行调查取得的资料是客观实用的，能排除主观估计的偏差。②调查人员可以根据需要进行合理的试验设计，有效地控制试验环境，有意识地使调查对象在相同条件下重复出现，反复进行试验，使结果更精确。③调查人员可以主动地引起变量因素的变化，并通过控制其变化来研究该因素对其他因素产生的影响，而不是被动、消极地等待某种现象的发生，这是其他资料收集方法无法做到的。但是试验法也有一定局限性：影响社会经济现象变化的因素错综复杂，而这些因素（即自变量）不可能像自然科学那样可以进行严格且精准的判定。

试验法的应用范围较广。例如，对某一商品在改变其价格、包装、广告等任何因素后，来观察顾客的各种反应。

6. 文案法

文案法是指调查者不需要通过实地调查就可以凭借现有的资料来获取数据的方法。文案法在资料收集中具有重要的作用。首先，它能为实地调查提供背景资料。因为在实地调查之前，先要明确调查目的、制订调查方案计划，才能做到有的放矢。其次，实地调查往往需要投入相当的人力、物力、财力和时间，同时又要受到各种条件的限制，文案法就可以避免这些问题。文案法通常获取的是第二手资料，其特点是获取资料速度快、费用省，但针对性较差，且准确性和客观性不高。

目前，广泛分布在互联网以及各种报纸、杂志、图书、年鉴以及广播电视媒体中的各种数据资料，已经成为人们获取第二手资料的重要资源。例如，若要了解我国国民经济与社会发展情况，通过《中国统计年鉴》就可以搜集我国历年的社会经济主要统计指标数据。由此可见，对于调查人员来说，使用现有数据进行研究既经济又方便。但在使用这些数据时，有几点需要特别注意：①应注意数据的含义、计算口径和计算方法，以避免误用或滥用。②要注意二手数

⊖ 名称由"Focus Group"翻译而来。

据的时效性,不能引用过时的数据。③引用二手数据时应充分确认这些数据的来源和可靠程度,引用时应注明数据的出处,以尊重他人的劳动成果。

四、统计调查的组织方式

在实际统计工作中,获取统计数据资料的常用方式主要有统计报表、普查、抽样调查、重点调查和典型调查等。

1. 统计报表

统计报表是新中国成立几十年来行之有效的一种重要的调查组织方式,是目前我国国家机关和地方政府部门统计数据的主要来源。它是一种以全面调查为主的调查方式,通常是由政府主管部门根据统计法规,按照统一规定的调查表式和要求自上而下布置,而后由企、事业单位按照统一要求自下而上层层汇总、逐级上报提供基本统计资料的一种报告制度。统计报表要求以一定的原始记录为依据,按照统一的表式、指标、报送时间和报送程序进行填报。实务中通常是由政府统计部门向列入调查范围的全部统计调查机构单位发放统计报表,这些机构单位定期(如每日、每月、每季、每半年或一年,报表周期的长短与报表的指标内容详简有关⊖)填好统计报表后,向发放统计报表的政府统计部门报送。现在,统计报表也较多地利用互联网技术在联网直报平台上进行网上填报。

统计报表主要有以下三个特点:

(1)统计报表制度是国家机关和地方政府部门采取的调查制度。其内容一般涵盖国情国力和国家宏观管理决策层面,所统计的指标也都是有关各业务主管部门为从事管理所需的指标。

(2)由于统计报表一般是经常性调查,且调查项目比较稳定,因此便于积累历史资料,有利于开展动态对比分析。

(3)统计报表制度在形式上比较烦琐,调查内容广泛,需要投入较多的人力、物力和财力,所以主要适用于国有企业、事业单位以及国家机关和团体,而对民营企业、个体单位、家庭和个人则不适用。

统计报表同其他统计调查方式相比具有以下优点:①在规定范围内的各单位必须按期填报,这就保证了统计资料的全面性和连续性。②由于调查内容、表式、时间都是统一规定的,这就保证了统计资料的统一性和及时性,有利于进行对比分析。③由于统计报表制度要求各填报单位必须依据原始记录进行填报,统计资料的来源和准确性便有了可靠保证。④统计报表从基层单位填报之后,经过所在地区、部门的统计机构汇总整理,可以满足各级党政领导机关和有关部门使用的需要。

统计报表也有不足:①在经济利益多元化的条件下,有的单位为了本单位的利益可能会出现虚报、漏报或瞒报现象,影响统计资料的质量和真实性。②如果上级机关向基层单位布置的统计报表过多,会增加基层负担,甚至会造成一定的混乱。

2. 普查

普查是一个国家或地区收集基本统计资料的基础方式,它是为了定期详尽地了解某项重要

⊖ 一般来讲,周期短的报表指标较少,资料内容更精练;周期长的报表指标较多,资料的内容较全面。对周期短的报表,在及时性上要求强些,在准确性上要求低些;对周期长的报表,在时间上要求宽松些,在准确性、全面性、系统性上要求严格些。

的国情国力（如人口、产业发展状况等）和资源利用情况而专门组织的一次性全面统计调查。普查能为政府制定社会经济发展战略、规划、方针政策提供依据，这一作用是其他统计调查方式难以取代的。普查的任务是要取得某些不宜或不能用经常性调查而又必须保证其全面、细致、准确的统计资料，如人口普查、农业普查、经济普查和工业普查等。

普查

普查与其他统计调查方式相比，有以下特点：①普查是专门组织的全面调查，通常在全国或一定的范围内进行，一般调查单位多，取得的数据多且比较全面、准确，规范化程度较高，因此它可以为抽样调查或其他调查提供基础数据，提高抽样调查的效果。②与统计报表相比，普查包括的范围更广泛、指标更完善、分组更详细、资料更精确。③普查所表明的是某种现象在某一时点上的具体数量与情况。一次普查的规模大、任务重、质量要求高、时间性强，需要动用大量的人力、物力和财力，组织工作繁重，需要由政府动员组织各方面的力量配合进行，因而普查是一次性调查或周期性调查，不宜经常进行。

普查的方式有两种：①由专门的普查机构负责，配备一定数量的普查人员，对调查单位直接进行登记。这种普查方式能够搜集经常性调查无法取得的一些资料，如我国历次的全国人口普查。②调查机关向被调查单位发放普查报表，由被调查单位根据原始记录或核算资料按分发的报表表式要求进行填报，如我国工业企业设备普查、经济普查等。这种方式也需要专门的机构和专门的人员来组织实施。

随着计算机技术的普及，普查资料汇总的时间已大大缩短。当调查任务紧迫时，为了满足国家的紧急需要，就必须组织快速普查。快速普查是一种特殊形式的普查，主要突出一个"快"字，但快中也力求准确。所以，快速普查调查项目少，涉及范围小，要求时效强，一般多采取"越级布置，越级上报"的办法。组织普查的最高机构可以越过一切中间环节，直接将调查方案下达到被调查的基层单位；基层单位越过一切中间环节，将普查资料上报组织普查工作的最高机构，进行集中汇总，以达到缩短资料整理时间的目的。

由于普查一般在全国范围内进行，涉及面广，工作量大，对资料的准确性、时效性和完整性要求高，需要动用大量的人力、物力和财力，因此必须统一领导、统一要求和统一行动。在组织普查工作时，一般应遵循以下几个原则：

（1）确定统一的调查资料所属的时点（标准时点）。普查资料主要用来说明现象在某一时点上的状态。为了避免普查资料因时间变动影响而发生的重复或遗漏，必须统一规定普查资料所属的标准时点，以保证普查结果的准确性。例如，我国人口普查的标准时点定为普查年份的11月1日零时 ⊖，农业普查的标准时点定为普查年份的1月1日零时，所有调查人员都要按照这一时点上的真实状况根据普查的要求进行登记。普查时点的选择应从实际出发选择适宜的时间，以减少调查工作的困难并提高资料的准确性。

（2）确定普查期限。在普查范围内，各单位要同时进行并要求尽可能在短期内完成调查任务，在方法上和步骤上要一致，以保证普查资料的真实性、准确性和时效性，充分发挥普查资料的作用。

（3）规定调查项目和调查的间隔时间。为了便于普查资料的全面汇总，对普查项目应做统一规定，禁止任意改变或增减。对于同一种普查，各次的调查项目和间隔时间应力求一致，以

⊖ 我国现代意义上的人口普查，考虑到7月份正是南方的雨季，影响较大，于是将时间点推迟到10月1日；但有了"十一"长假后，很多人利用长假旅游，人口处于大规模的不稳定状态，于是我国的人口调查（不仅是普查）的时间节点就改在了11月1日。

便历次普查资料的对比分析。目前，我国的普查趋向周期性，从 2000 年起，我国的周期性普查包括三项，即人口普查、农业普查和经济普查。人口普查和农业普查每十年一次，分别在逢"0"、逢"6"的年份进行；经济普查每五年进行一次，逢"3"和"8"的年份进行。几类普查安排在不同的年份，可以保证统计任务和人员的错时安排。

各个国家对普查都给予了充分的重视，西方国家几乎没有统计报表制度，所以全面资料只能依靠普查获得。例如，美国有专门的普查局负责各类普查，并有专门网站提供相关信息与资料。

另外，普查资料大多由政府机构或权威机构组织获取，具有较好的权威性，准确性较高，是次级资料中最为可靠的一类。

3. 抽样调查

抽样调查是实践中应用最为广泛的一种调查方法。抽样调查是一种非全面调查，它是从调查总体中抽取一部分单位进行调查，根据调查所取得的有关数字特征推断总体相应数字特征的一种调查方式。因其调查目的在于推断总体的数字特征，所以在一定意义上抽样调查可以起到全面调查的作用。根据抽选样本的方法不同，抽样调查可以分为概率抽样和非概率抽样两类。

抽样调查与其他非全面调查相比，主要有以下两个特点：①可以从数量上以部分推算总体，这是抽样调查存在的意义。利用概率论和数理统计原理，确保样本对总体有更广泛的代表性，以一定的概率保证推算结果的可靠程度，起到全面调查认识总体的功能，可以保证一定的调查精度。②抽样调查的误差可以计算和事先加以控制。抽样调查能够根据调查的目的要求、调查对象的特点以及掌握的资料情况，通过选择调查方式和确定样本数目，事先对误差的大小加以控制，其调查得到的数据质量较高。

抽样调查适用于各个领域、各种问题的调查。它既适用于全面调查能够调查的对象，又适用于全面调查所不能调查的对象。抽样调查的应用范围如下：

（1）对一些不可能进行全面调查的现象，必须用抽样调查的方式取得资料。例如，对一些具有破坏性的产品质量检验，包括汽车轮胎里程试验、灯泡寿命检验等。

（2）对一些难以进行全面调查而又必须取得总体数量特征值的现象。例如，客户满意度调查、医药临床试验等。

（3）对一些不必要进行全面调查的现象。例如，城乡居民家庭收支情况、食盐的消费量等。

（4）用于收集灵敏度高、时效性强或时间要求紧迫的统计资料，如市场需求信息等。

（5）用于与其他资料收集方式相结合，相互补充和核对。如与普查相结合，抽样调查既可以取得普查未能取得的资料，还可以对普查的质量进行验证。例如，国务院决定在每两次人口普查中间，进行一次全国1‰人口抽样调查，其主要目的是摸清上一次人口普查以来我国人口在数量、构成以及居住等方面的变化情况，研究未来人口状况的发展趋势，为制定经济社会发展规划和有关政策提供客观准确的依据。

（6）用于对总体特征的某种假设进行检验，判断这种假设的真伪，决定方案的取舍，为行动决策提供依据。

由于客观情况发展的需要，在国家统计报表制度中，以抽样调查方式取得资料的年、季、月报已经占相当比重。当然，抽样调查也常用于不定期的一次性调查。

抽样调查的优点在于：①灵活方便，比较节省人力、物力、财力和时间，因为调查的样本单位通常是总体单位中很小的一部分，调查的工作量较小。②数据的时效性强，因为抽样调查的工作量小，调查准备、登记资料、数据处理用时较少。③可以频繁地进行，随着现象的发生和发展及时取得有关信息。④调查资料的准确性也较高。它的不足之处是，只能提供宏观或某些微观数据，不能分别提供各级领导机关所需要的数据。例如，人口变动抽样调查只能提供全国和分省数据，不能提供地、县、乡的数据。

4. 重点调查

重点调查是专门组织的一种非全面调查，它是在总体中选择个别或部分重点单位进行调查，以了解总体的基本情况。所谓重点单位，是指在总体中标志值占绝对比重的那一部分单位。因此，对重点单位进行调查，就可以了解所研究现象的基本情况。例如，要了解我国的钢铁生产总量，几个产量很大的钢铁企业就构成了全国钢铁产量调查的重点单位，因为它们的钢铁产量在全国的钢铁生产总量中占很大的比重。所以，重点调查的目的在于了解研究对象的主要情况，重点调查资料不能用来推算全面资料。能否采用重点调查，是由调查的任务和研究对象的特点决定的。一般来讲，当调查的目的只是了解发展趋势、水平及比例等基本情况，而不要求掌握总体数值，且少数重点单位能比较集中地反映所研究的问题时，就可以采用重点调查。

重点调查的关键在于重点单位的选择。根据调查任务的不同，重点单位可能是一些企业、行业，也可能是一些地区、城市等。选择重点单位时，要注意宜少不宜多，抓住少数几个能够反映总体基本情况的单位进行调查即可。

一般来讲，重点单位的确定方法有两种：一是确定一个最低标志值，凡是标志值达到或超过最低标志值的单位就是重点单位。例如，我国目前对工业企业、商业企业的调查就是通过规定一个最低产值或销售额来确定重点单位的。二是确定一个最低的重点单位累计标志值比重（如75%或80%），然后将各观测单位按标志值比重由高到低依次累计，当累计的比重刚好大于或等于所要求的最低累计比重时，被累计的单位就是重点单位。

重点调查能以较少的投入、较快的速度取得某些现象主要标志的基本情况和变化趋势。它既可以用于不定期的一次性调查，也可以用于经常的连续性调查。我国有一些重点调查已经纳入统计报表制度，逐级按月、按季或按年上报。

重点调查和典型调查

5. 典型调查

典型调查也是专门组织的一种非全面调查，它是根据调查研究的目的和要求，在对总体进行全面分析的基础上，有意识地选择其中有代表性的典型单位进行深入细致的调查，借以认识现象的本质特征、因果关系和发展变化规律。所谓典型单位，是指在总体中具有代表性的一些单位，是能基本上反映总体分布特征的单位。与重点单位比较，决定典型单位的是调查单位在总体中的分布。作为一个典型，可以是总体中好的、一般的或差的。而决定重点单位的是调查单位在总体中的标志值，即标志值要占绝对比重。所以，我们所说的重点一般是反映好的。可见，典型单位和重点单位差别很大。

典型调查主要有两种形式：一种是对个别典型单位进行研究性调查，即所谓"解剖麻雀"式调查，主要用于探寻现象发生发展的原因和规律；另一种是先按有关标志对研究对象进行分类,再从各类中选择有代表性的单位进行调查,即所谓"划类选典"式调查。如果典型单位选择恰当,不仅能够科学推算总体的全面资料,而且能够深入研究现象的产生和发展过程。

与重点调查类似,典型调查的关键也在于典型单位的选择。要选出能够反映总体分布特征的典型,总的原则是以研究对象的特点和调查目的为依据,具体需注意以下几个方面:

(1)根据调查目的的确定典型单位。调查目的不同,确定的典型单位也不同。如果调查目的是取得成功的经验或失败的教训,可以选择好的或差的单位作为典型;如果调查的目的是了解一般数量表现,可以选择中等的单位作为典型。例如,要研究工业企业的经济效益问题,可以在同行业中选择一个或者几个经济效益突出的典型单位做深入细致的调查,从中找出经济效益好的原因和经验。

(2)选择典型单位还要考虑研究对象本身的特点。如果调查对象各种特征参差不齐,不易找到具有代表性的典型单位,可采取"划类选典"的方法。只有这样,调查结果才能比较全面地反映被调查现象的特点。

(3)典型单位的数量要根据调查对象中各单位之间差异的大小而定。若差异大,则选择的典型单位要多些;若差异小,可选得少些。

典型调查在特定条件下,也可用于对统计数据质量的检查。例如,在一次重大普查之后,可以选择几个典型单位,检查统计数据的准确程度。

典型调查所选单位比较少,组织实施较容易,省时、省力、机动灵活,并能"解剖麻雀"、由点到面,可以达到较好的效果。

很明显,典型调查的效果,在很大程度上取决于调查者的主观条件和判断。如果调查者对情况比较熟悉,研究问题的态度比较客观,深入调查研究的作风比较好,就可以使典型调查取得好的效果;反之,则可能会产生较大的偏差。

6. 各种统计调查方式的综合运用

各种统计调查方式各有其特点和优缺点。调查人员可以根据统计任务与要求,根据研究对象和人力、物力、财力条件的不同,灵活地综合运用各种调查方式。一般来讲,能用抽样调查、重点调查和典型调查方式达到目的的,就不必进行全面调查;一次性调查可以解决问题的,就不需进行经常性统计。为了适应社会主义市场经济发展形势,我国的统计工作正在形成一个以周期性普查为基础,以经常性抽样调查为主体,综合运用全面调查、重点调查等方法,并充分利用行政记录等资料的统计调查体系。

子项目 2-3　统计调查方案的设计

古语有云:"凡事预则立,不预则废。"统计资料收集的主要形式是统计调查,它是一项复杂、细致而又严密的工作。为保证统计调查能够取得准确、及时、全面、系统的统计资料,保证统计调查活动有组织、有计划地进行,在调查之前,必须制订一个周密、完整、系统的统计调查方案,作为整个调查工作的指导性文件。

具体来讲,一份科学、完整的统计调查方案应包括以下几方面内容。

1. 明确调查目的

调查目的是指调查所要达到的具体目标。明确调查目的，就是要明确统计调查要解决什么问题，为什么要进行统计调查。只有明确了调查目的，才能确定向谁调查、调查什么以及采用什么方法调查，才能根据调查目的收集与之相关的统计资料。调查目的应简明扼要。例如，我国进行了七次人口普查，每次调查目的均不一样，因此，每次调查的项目数也不相同。其中，我国第七次人口普查的目的是："全面查清我国人口数量、结构、分布、城乡住房等方面情况，为完善人口发展战略和政策体系，促进人口长期均衡发展，科学制定国民经济和社会发展规划，推动经济高质量发展，开启全面建设社会主义现代化国家新征程，向第二个百年奋斗目标进军，提供科学准确的统计信息支持。"

统计调查方案的设计

2. 确定调查对象和调查单位

调查对象和调查单位是根据调查目的而确定的。所谓调查对象是指所要调查的社会经济现象的总体。确定调查对象就是明确统计调查的范围和界限。所谓调查单位是指构成调查对象的每一个个体单位，也就是收集数据的具体单位，它是进行调查登记的标志承担者。例如，为了掌握国有企业的经济效益状况，所有的国有企业就是调查对象，而具体的每一个国有企业就是调查单位；在人口普查中，调查对象是指所有具有中华人民共和国国籍并在中华人民共和国境内常住的人，调查单位则是指每一个满足以上条件的人。确定调查对象和调查单位，就是要解决向谁调查、由谁来提供统计资料的问题。

在调查阶段，有时还需要明确填报单位（报告单位）。所谓填报单位，是指负责向上报告调查内容、提交统计资料的单位，它一般在行政上、经济上具有一定的独立性。在实际中，调查单位和填报单位有时是一致的，有时是不一致的。例如，在工业企业普查中，二者是一致的，每一个工业企业既是调查单位也是填报单位；而在工业企业机器设备普查中二者则不一致，调查单位是每台机器设备，填报单位则是每个工业企业。

3. 确定调查内容

调查内容就是根据调查目的而确定的需要向调查单位了解的情况和问题。它所要解决的问题是，向被调查者调查什么，即需要被调查者回答什么问题。例如，我国经济普查的主要内容包括：单位基本属性、从业人员状况、财务状况、生产经营情况、生产能力、原材料和能源消耗、科技活动等。调查内容通常反映在调查表或调查问卷中，这是调查方案的核心。因此，在确定调查内容时应注意以下两点：第一，调查内容应力求简明扼要，抓住中心，满足调查目的所需，可有可无的或备而不用的内容则不应列入，切忌"多多益善、有备无患"的做法；第二，调查内容之间应尽可能做到相互衔接、相互联系，以便进行核对和对比分析。

在确定调查目的和内容后，必须明确需要收集的数据类型，即明确哪些属于定性数据，哪些属于定量数据，哪些需要收集原始数据，哪些需要收集二手数据以及是否需要横截面数据或时时序列数据等。

4. 确定调查时间和调查期限

调查时间是指调查资料的所属时间，即调查资料所反映的现象客观存在的时间。这里有两种情况：

（1）资料的所属时间是一段时期，即调查资料所反映的客观现象发生过程的起讫时间，如产品销售量、利润总额等。对于此类资料通常要明确规定调查时间的长短，如一天、一月、一季、一年，要明确公历的起止时间。例如，调查某年第一季度全国石油产量，则调查时间应从1月1日起至3月31日止。

（2）资料的所属时间是一个时点，即调查资料反映的是客观现象在某一时点上的状态，如学生人数、产品库存量等。对于此类资料一般也要明确规定统一的标准时点，如第七次人口普查的标准时点是2020年11月1日零时。

调查工作的期限简称调查期限，是指调查工作的起讫时间，包括搜集资料和报送资料的整个工作过程所需要的时间。在某些专项调查中，它包括从调查方案设计到提交调查报告的整个工作时间。一般来讲，任何一项调查都应在保证准确性的前提下，尽可能缩短调查期限，以保证统计资料的时效性。规定调查期限的目的是使调查工作能及时开展、按时完成；而调查时间则需要根据调查目的、调查对象和调查内容等情况，审慎研究确定。

5. 确定调查方式和方法

调查方式是指调查活动的组织方式，包括统计报表、普查、抽样调查、重点调查和典型调查等；调查方法是指收集统计资料的具体方法，主要有现场观察法、报告法、问卷调查法、访谈法、试验法和文案法等。各种调查方式和调查方法都有各自的优缺点，不能简单断言某种调查方式或方法是最好的，应根据调查的目的和对象的具体情况选择一种或多种方式、方法结合使用。采用什么样的资料收集方式，直接关系到能否及时、准确、完整地收集到所需的统计资料，还涉及所需投入的人力、物力和财力。因此，一定要根据调查的目的和调查对象的具体情况，选择最合适的调查方式和方法。

6. 制订调查组织实施计划

制订严密细致的组织实施计划，是统计调查得以顺利进行的必要保证。这个计划是对整个统计调查各工作环节的具体安排。调查工作的组织实施计划应包括的主要内容如下：

（1）建立调查组织机构，确定人员组成及分工。

（2）明确调查工作规则和流程步骤。

（3）调查前的准备工作，包括宣传教育、组织与培训调查人员、印制文件和试点调查等。

（4）其他工作，包括确定调查地点、数据资料的报送与处理办法，落实调查经费的来源与经费使用计划和公布调查结果的时间等。

子项目 2-4　统计调查工具的选择

一、调查表

调查表和调查问卷

所谓调查表，是指把确定好的调查内容按照一定的逻辑关系顺序排列起来所形成的表格。调查表一般由表头、表体、表脚三部分构成。表头用来说明调查表的名称以及调查单位的名称、性质、隶属关系等；表体是调查表的主体部分，包括调查内容、栏号和计量单位等；表脚包括填表人签名、填报日期等。例如，第五次全国经济普查调查表（数字经济活动情况）如表2-2所示。

表 2-2　第五次全国经济普查调查表

（数字经济活动情况）

表　　号：６１１—９表
制定机关：国　家　统　计　局
　　　　　国务院经济普查办公室
文　　号：国统字〔2023〕77号
有效期至：２０２４年６月

统一社会信用代码□□□□□□□□□□□□□□□□□□
单位详细名称：　　　　　　　　　　　　　2023年

1	本年营业收入（01）_____千元
2	其中：电子游戏游艺设备制造产品营业收入（02）_____千元，游艺用品及室内游艺器材制造（2462）单位填报 其中：可用于声音、文字、图像传播的电线电缆产品营业收入（03）_____千元，电线、电缆制造（3831）单位填报 其中：用于网络基础设施、新技术基础设施、算力基础设施建设营业收入（04）_____千元，架线及设备工程建筑（4851）、电气安装（4910）单位填报 其中：算力基础设施建设营业收入（05）_____千元，其他房屋建筑业（4790）、其他建筑安装（4999）单位填报 其中：数据资源与数字产权的交易活动营业收入（06）_____千元，资源与产权交易服务（7213）单位填报 其中：数字技术研究和试验发展营业收入（07）_____千元，工程和技术研究和试验发展（7320）单位填报 其中：互联网新闻资讯服务营业收入（08）_____千元，新闻业（8610）单位填报

单位负责人：　　　　填表人：　　　　联系电话：　　　　报出日期：20 年 月 日

说明：1. 统计范围：辖区内除一套表单位、金融和铁路部门负责普查的单位以外，属于《数字经济及其核心产业统计分类（2021）》核心产业中标注"*"的9个国民经济行业小类的以下单位，包括企业法人单位，执行企业会计准则制度的事业法人单位、民办非企业法人单位和基金会，农民专业合作社，农村集体经济组织和除宗教活动场所以外的机构类型为90的其他法人单位。

　　　2. 报送日期及方式：2024年4月30日24时前完成入户采集或自主填报，省级普查机构2024年5月31日24时前完成数据审核、验收、上报。

　　　3. 数据填报和处理要求：
　　　（1）指标02、03可依据相关增值税发票标明的相应产品收入测算。
　　　（2）指标04、05可依据算力基础设施、网络基础设施、新技术基础设施的造价占建设项目合同总额的比例，以及当年完成情况测算。
　　　（3）指标06、07、08可分别依据从事数据资源与数字产权交易活动、数字技术研究和试验发展活动、互联网新闻资讯服务活动收入占全部收入的比重测算。
　　　（4）本表"本年营业收入（01）"指标数据可以由"企业法人主要经济指标"（611-3表）的"营业收入（10）"摘抄。

调查表一般有两种：①一览表。一览表是在调查项目不多时采用，是指将许多调查单位填写在一张表上。例如，人口普查登记表便是一览表，每张表可以登记多个人的资料。②单一表。单一表一般用于项目较多的调查，该表可容纳较多的标志，每个调查单位填写一份。基层统计报表一般采用单一表的形式。调查时具体采用哪种表式，需根据调查的目的和任务而定。利用调查表能够有条理地收集到所需要的资料，便于资料汇总整理。

二、调查问卷

调查问卷是依据统计研究目的和要求，由调查研究人员精心设计，由一系列格式化的问题、备选答案及指导语所组成，用以向被调查者收集资料的一种调查工具。通过问卷来收集资料，可以使调查内容标准化和系统化，便于资料的统计处理、整理和分析。在市场调研、社会调研和民意测验等领域，采用调查问卷可以取得大量针对性强、详细而准确的统计资料，其用途日益广泛。

问卷设计既是一门学问，也是一门艺术，要设计出一份完整、合理、出色的调查问卷并非易事，这有赖于设计者的精心构思和辛勤劳动，有赖于设计者的知识、能力、经验和创造性思维，同时他人成功的经验也是设计者应该充分注意并借鉴的。问卷设计是问卷调查的基础和关键，直接影响调查资料的真实性和准确性。问卷中的用词是否准确明了，题目的排列是否合乎逻辑，问卷的长度和难度是否适合调查对象，问题有没有紧扣主题等，这些都是在问卷设计中需要特别关注的。问卷设计具有一定的设计原则、规范程序和基本格式。

（一）问卷设计的原则

问卷设计的根本目的是设计出符合调查需要，能获取充分、适用、准确和系统的统计资料的调查问卷，以保证调查工作能正确、顺利、圆满地完成。问卷设计的原则可以概括如下：

（1）有明确的主题。根据调查目的和要求，从实际出发拟题，问题应与调查目的和内容一致，问题目的明确、重点突出，没有可有可无和似是而非的问题，不能出现需要的资料没有收集到，不需要的资料却收集了一大堆的情况。

（2）结构合理、逻辑性强。问题的排列应有一定的逻辑顺序，符合被调查者的思维程序。一般是先易后难、先简后繁、先具体后抽象。

（3）通俗易懂。问卷应使被调查者一目了然，并愿意如实回答。问卷中语气要亲切，符合被调查者的理解能力和认识能力，避免使用专业术语。对敏感性问题采取一定的技巧提问，避免提出主观性和暗示性问题，以免答案失真。

（4）控制问卷的长度。回答问卷的时间应控制在20分钟左右，问卷中既不浪费一个问句，也不遗漏一个问句。

（5）便于资料的校验、整理和统计。问卷一旦结束，就需要对问卷中的统计资料进行处理，最终得出结论，实现统计调查的目标。为此，设计问卷时要充分考虑到在调查完成后，能够方便地检查其正确性和适用性，方便地对调查结果进行整理和统计分析。

（二）问卷设计的程序

问卷设计的程序如图2-1所示。

1. 搜集整理相关资料 → 2. 分析样本特征 → 3. 确定数据资料收集的方法 → 4. 拟订并编排问题 → 5. 进行试调查 → 6. 修改、付印

图2-1　问卷设计的程序

1. 搜集整理相关资料

要想把调查问卷设计好，在做问卷调查前还要对所研究主题做好充足的知识准备，需要团队集思广益地多收集一些相关的信息和资料。根据统计调查方案的设计，酝酿问卷的整体构思，将所需要的资料一一列出，分析哪些是主要资料，哪些是次要资料，哪些是可要可不要的资料，淘汰那些不需要的资料，再分析哪些资料需要通过问卷取得、需要向谁调查等。

2. 分析样本特征

被调查者的类型和特点对问卷设计有显著的影响，问卷设计者需了解被调查者的职业、文化程度、性别和年龄等分布状况，以便针对其特征来拟题。

3. 确定数据资料收集的方法

问卷调查的形式包括访问调查、邮寄调查、电话调查和网上调查等。单是访问调查，也可以再细分为街上拦截和入户调查等不同形式。不同的调查形式，对问卷的要求会有所不同。比如面对面访问调查时，被调查者可以看到问卷，可以与调查人员面对面互动，因而调查者可以问一些复杂和主观性强的问题。而在电话调查中，被调查者看不到调查人员，也看不到问卷，询问就宜简短。邮寄调查和网上调查中的问卷是自填式的，所有问题必须简单明确，最好给予详细的操作指导和提示说明。

4. 拟订并编排问题

首先构思每项资料需要用什么样的句型来提问，确定问题结构和答案类型，尽量详尽地列出问题，然后对问题进行检查、筛选，删除多余的问题，增补遗漏的问题，修改、替换不恰当的问句。然后对分类问题按一定的规则和格式进行合理编排，编写指导语和结束语等，形成初稿。

5. 进行试调查

印制一定数量的初稿问卷，在小范围内进行试调查，以检查问卷的质量。一份问卷在没有经过充分的试调查的情况下是不应该被用于正式调查的。试调查的调查对象应该与正式调查中的调查对象在背景特征方面类似。试调查的作用是可以检验问卷的内容能否被调查对象所理解，能否通过问卷的调查获取所需的统计资料，确定正式调查所需的时间，发现问卷可能存在的问题和不足。

6. 修改、付印

根据试调查的情况，对问卷进行修改；对经过较大修改和完善的问卷还需再进行第二次的试调查，再修改，直到完全合格才可以定稿付印，制成正式问卷。对问卷进行必要的试调查次数越多，所产生的效果也就越好。最后由参与制订问卷的调查人员监督并校对，形成定稿并印制足够份数进行正式调查。

（三）调查问卷的结构

一份完整的调查问卷应该由标题、问卷说明、填写说明、调查内容、被调查者的基本资料和结束语六部分构成。

1. 标题

标题是问卷的"眼"，标题的设计自然十分重要。每一份问卷都有研究主题，调查者要根据主题来设定标题。标题需用词准确、简明扼要，让人一目了然，能增加被调查者填写的兴趣。例如，"杭州市家庭能源使用现状的调查"这个标题，简洁明确地把调查对象和中心主题内容全部表现出来，非常鲜明。

2. 问卷说明

问卷说明一般放在调查问卷的开头或封面上，它的目的在于引起被调查者的重视和兴趣，争取他们对调查的配合，使问卷的填写工作能够顺利进行，以达到调查目的。对待问卷说明必须慎重，措辞应精心准备，做到言简意赅、亲切诚恳、准确而肯定，使被调查者自愿配合，如实填写问卷。请求被调查者的合作这一点很重要，因为问卷调查是一种协商性调查，只有得到被调查者的真诚合作才能取得最佳效果，为此需用婉转请求的方式取得对方的配合。一般而言，问卷说明主要包括以下几个方面的内容：首先，要向被调查者交代清楚该项调查的组织单位是谁，调查目的是什么。其次，要尽量消除被调查者的心理顾虑，强调参与调查不会损害他们的个人利益，并承诺保护其个人资料，绝不外泄。最后，如果接受调查有赠品如酬金、礼物、奖券、优惠券等，则要说明赠品情况。例如，"谢谢您的合作，我们将赠送……作为您填表的报酬！"这一说明效果是很好的。

以下是问卷说明的示例：

> 早上/下午/晚上好。我叫_____，是××公司的访问员。目前我们正在进行一项有关保险服务的调查，我们非常希望可以得到您的宝贵意见。您有时间回答几个问题吗？谢谢您的合作。我向您保证这只是一个市场调查，我不会向您推销任何东西，而且收集到的资料只会用于研究用途。

3. 填写说明

填写说明负责指导调查人员和被调查者如何正确填答问卷，要把回答者设想成从来没有接受过问卷调查。填写说明包括问卷的填写方法、填答要求和有关注意事项，有时也包括对问卷中某些概念的解释。如果内容简单，也可与问卷说明合为一体。

填写说明一般涉及以下内容：

（1）限定回答的范围，如在封闭式题目中规定是"单选"还是"可选多项"。

（2）指导回答方法，如"在您认为正确的答案前打钩"等。

（3）指导回答过程，如"若不是，请跳到第8题继续回答"。

（4）解释概念和问题的含义，如"住房面积"是实用面积还是建筑面积等。

以下是填写说明的示例：

> （1）问卷中包括两种题目形式：选择题，包括单选和多选题；主观题，即该题目需要填写者用文字或数字表述答案，请按各题目具体要求填写。
>
> （2）选择题请在您选择的选项代号上打钩，如果所选答案为"其他"，请在后面用文字表述具体答案。
>
> （3）多选题所选答案如果需要排序，请认真阅读选项要求后，按照各题目的具体要求在横线上按顺序排列填写所选答案。

4. 调查内容

调查内容是问卷的核心和主体，包括所要了解的各个问题和相对应的备选答案。对调查内容本身的设计需要投入较大的精力。

5. 被调查者的基本资料

被调查者的基本资料，对于个人而言包括性别、年龄、婚姻状况、文化程度、职业、工作单位性质、职务或职称、民族、个人或家庭收入、所在地区等特征。这部分的问题通常置于问卷之末。对基本资料的提问中能够用封闭式问题的，尽可能采用封闭式问题，被调查者只需从几个答案中做出选择即可。对这些基本信息的掌握，便于调查者对问卷资料进行各种构成分析。但具体到每一份调查问卷，究竟需列出哪些项目，应视调查目的和分析的要求而定。

6. 结束语

在问卷的末尾可设计结束语，主要是对被调查者的合作再次表示诚挚的谢意。

（四）问题的设计

问卷中的问题设计是否准确、科学、易懂，将直接影响资料的收集，因此问题的设计是问卷设计的关键。

问题设计的类型

1. 问题的类型

统计调查问卷中的问题按答案形式的不同主要可以分为开放式问题和封闭式问题两类。

（1）开放式问题。开放式问题是不为被调查者提供任何形式的答案，而由被调查者根据自身实际情况自由作答的问题类型。此类问题一般只需在给出的题目下面留出大小适当的空白。例如：

> 在一项针对大学生创业的调查中，可以设置一道开放式问题："您对大学生在校期间创业有什么看法？＿＿＿＿＿＿＿＿＿＿＿＿＿＿＿＿＿＿＿＿＿＿＿＿＿＿＿＿＿＿＿＿＿"

显然，在开放式问题中被调查者可以自由、充分、深入地表达自己的看法和意见，能使被调查者的思维不受束缚，畅所欲言，从而可以获得较为广泛的信息资料，有时还可获得始料未及的答案。其优点是能得到各种可能答案，这些回答不会受到预先设置好的答案类别的影响。

开放式问题也有缺点：①调查者的偏见。如由调查人员来记录被调查者的答案，调查者通常会按照自己的理解来记录，就有出现偏差的可能，但这些不足可运用录音设备来弥补。②资料整理与分析的困难。因答案标准化程度低，被调查者的答案文字各异，调查结果不易处理，编辑和编码费时费力，在答案分类时相当耗费时间。③回答率通常较低。被调查者可能因各种原因而回避问题，或只讲问题的次要方面，从而使调查结果的质量受到影响。如要获得更多的回答，需要调查人员的进一步追问，需要占用较多的调查时间。

因此，开放式问题适用于以下三种情形：①被调查者可能提供的答案有很多种，无法全部罗列出来。②需要收集深层次内容和需要被调查者加以解释和发挥的问题（解释原因和发表意见），或者要在报告中引用回答作为例子。③当要测量的消费者行为十分敏感或不受到普遍赞同时（如对饮酒或抽烟行为进行估计），如果采用封闭式问题，被调查者可能从中选择相对较低频率的答案类别。

开放式问题一般放在问卷的最后，由于开放式问题往往需要时间来考虑答案并组织语言，放在前面会引起被调查者的厌烦情绪。开放式问题在探索式调研中经常采用，但在大规模的抽样调查中则是弊大于利。

（2）封闭式问题。封闭式问题是在提出问题的同时，还给出不同形式的若干答案，被调查者只需从中做出选择的问题类型。这类问题适用于能——罗列全部可能答案且答案个数不是很多的情况。必要时还需在一些封闭式问题的后面加上对被调查者如何回答这个问题的解释说明和指导。例如：

您晚上通常什么时间睡觉?
A. 8点以前　　　B. 8～10点　　　C. 10～12点　　　D. 12点以后

封闭式问题通常有以下几种类型:

1)是否式。是否式问题中只有两个答案选项,且两个答案是对立的,被调查者的回答非此即彼。这种问题的优点是回答简单、容易编码和分析,但它容易产生大量的误差,因为答案处于两个极端,省略了两个极端之间可能的选择答案。另外,这种问题也无法体现被调查者的意见差别程度,若被调查者还没有考虑好这个问题,即处于"未定"状态,则无从表达意愿。例如:

您同意学费涨价吗?
A. 同意　　　B. 不同意

2)多项单选式。多项单选式的问题通常有两个以上的答案,被调查者只能选出其中一个答案。例如:

以下西湖景点中,您最喜欢哪一个?
A. 平湖秋月　　　B. 三潭印月　　　C. 花港观鱼　　　D. 断桥残雪

3)多项多选式。多项多选式的问题通常有两个以上的答案,被调查者可同时选出多个答案。例如:

下列地处浙江的旅游景点中,您游览过哪些景点?
A. 普陀山　　　B. 雁荡山　　　C. 杭州西湖　　　D. 千岛湖
E. 天目山　　　F. 莫干山

多项选择式⊖问题保留了是否式问题的回答简单、结果易处理的优点,同时避免了是否式问题的不足,能有效地表达意见的差异程度,是一种应用较为广泛、灵活的问题形式。无论是多项单选式还是多项多选式,都要注意以下三个问题:①要考虑到全部可能的答案,避免答案可能出现的重复和遗漏;②要注意答案的排列顺序,因为可能存在次序偏差;③答案选项不能过多,一般控制在10个以内,也常用"其他___"来作为其中一个答案选项。

4)排序问题。排序问题是指列出若干选项,由被调查者按重要性程度决定先后顺序。例如:

根据下面列出的五类广告:
A. 电视广告　　　B. 报刊广告　　　C. 广播广告　　　D. 路牌广告
E. 网络广告
请按您记忆的印象,由深入浅排序_____。

排序问题便于被调查者对其意见、动机、感觉等做出比较性的表述,回答较为简单,也便于对调查结果加以分析。但比较的选项不宜过多,过多则容易分散,很难排序。

5)过滤性问题。过滤性问题是附有根据被调查者的不同回答而对其做出不同回答顺序安排的问题。这种问题是采取投石问路、引水入渠的方法,一步一步地深入,最后引出被调查者对某个所要调查问题的真实想法。这种问句形式通常用于了解被调查者对回答有顾虑或者一时难以直接表达的问题。例如:

1. 您是否大学毕业?
　　A. 是(请接着回答第2个问题)
　　B. 否(请直接从第3个问题开始回答)

⊖ 包括多项单选式和多项多选式。

2. 您学的是什么专业？_____
3. 请问您的文化程度？_____

6）程度评价式。程度评价式问题是对所询问的问题列出几个不同程度的答案，并对每一个答案事先按顺序给分，相邻答案的分差相等，由被调查者从中选择一个答案来表达其感受程度。例如：

您对目前所学专业的满意程度？
A. 很满意　　　B. 满意　　　C. 一般　　　D. 不满意　　　E. 很不满意
　（5）　　　　　（4）　　　　（3）　　　　（2）　　　　　（1）

将全部调查问卷汇总后，通过统计总分，可以了解被调查者的大致态度。若总得分较高甚至接近满分⊖，表明被调查者的总体看法是肯定的；若总得分较低，则表明总体上持否定看法。

对于答案可以设定为三档、五档、七档和九档，档数越多，了解的信息就越细，但相邻答案之间的区别就越微小。

了解了以上几种常见的封闭式问题之后，现对封闭式问题的优点总结如下：①封闭式问题的答案是标准化的，对答案进行编码、数据录入和分析都比较方便。②被调查者易于回答，回答率较高，有利于提高问卷的回收率。③问题的含义比较清楚。因所提供的答案有助于理解题意，这样可以避免被调查者由于不理解题意而拒绝回答。④调查得到的结果可以直接进行被调查者间的比较。

同时，封闭式问题的缺点总结如下：①被调查者对题目理解不正确的情况难以觉察出来。②可能产生"顺序偏差"或"位置偏差"，即被调查者选择的答案可能与该答案的排列位置有关⊜。③封闭式问题的设计比开放式问题复杂，调查人员需花费较多时间来斟酌答案选项，对调查人员要求较高。④因回答带有一定的强迫性，得出的信息有时比较粗糙。如某居民家庭现住房面积70平方米，在开放式问题中能给出准确回答，而在封闭式问题中只能选择合适范围。⑤难以收集到深度的信息资料。

另外，对于封闭式问题答案的设计也有以下原则需要遵守：①答案的表达必须简单易懂、标准规范。②所列答案应包括所有可能的回答。③不同答案之间不能相互包含或交叉。④每一项答案都应有明确的填答标记，答案与答案之间要留出足够的空格。⑤可用隐蔽方式得到的答案，就不必在调查问卷上直接列出。

开放式和封闭式问题各有利弊，有时也可以把它们结合起来，互相取长补短。半封闭半开放式的问题由此产生，它可以解决单用封闭式设计难以取得更多信息的难题。例如：

从城市角度考虑，您更喜欢在哪个城市上大学？
A. 北京　　　B. 上海　　　C. 杭州　　　D. 其他_____
为什么？（请说明主要原因）_____

2. 敏感性问题的设计

敏感性问题是指在调查中向被调查者提出的一些涉及个人隐私，被调查者不便回答或担心如实回答后会给自己带来不利影响的问题。例如："您每月的平均收入是多少？除了你的工作收入外，还有其他收入吗？""您有便秘的困扰吗？""平均说来，每个月你打几次麻将？"

敏感性问题分析

⊖ 满分是通过把单个答案选项最高分乘以调查问卷总份数求得。
⊜ 研究表明，对于陈述性答案，被调查者通常趋向于选第一个答案；而对一组数字，被调查者则趋向于选取中间位置的选项。

一般在调查问卷中要尽量少提或不提敏感性问题。对于那些被调查者不敢或不愿意真实地表达意见的问题，调查人员不应为了得到答案而强迫被调查者，使他们感到不快或难堪。如果一定要获得敏感性问题的答案，又想避免被调查者给出不真实的回答，可采用以下的方法：①间接问题法。该方法旨在让被调查者回答其认为是对旁人的观点进行评价的问题。例如，"有些人认为目前的个人所得税政策应该调整，有些人认为目前的个人所得税政策仍是合适的，您怎么看待目前的个人所得税政策呢？"②卡片整理法。将敏感性问题的答案分为"是"与"否"两类，调查员可暂时走开，让被调查者自己取写有相应答案的卡片投入箱中，以避免困窘或尴尬气氛。被调查者在没有调查人员注视的情况下，选取真实答案的可能性会提高很多。

3. 问句设计中的注意事项

问卷是由一个个问句构成的，问句设计是否合理会直接影响调查结果的真实性，从而影响调查效果，因此在设计问句时应充分注意以下问题：

（1）问句设计应具体、用语准确。在设计问句时尽量避免使用诸如"好像""可能""有时""偶尔""经常""一般"之类令人捉摸不定的词语，这些词语往往因个人理解不同，而使调查结果产生较大的偏差。

（2）提出的问句应使被调查者有能力回答。对一般的被调查者不应提出一些技术性较强或难以回答的问题，否则会得不到所要调查的结果。例如，"我国物价指数编制方法是否科学？"就有可能超出被调查者的回答能力范围。

（3）避免提出诱导式或倾向性的问句。诱导式问句指的是明确暗示出答案或者揭示出调查人员观点的问句。在提问时，调查者的态度要客观中立，不能流露出自己的倾向或暗示，以免左右被调查者的回答。诱导式问句往往能影响被调查者对问题的思考，从而不能真实反映被调查者的意向。例如，"很多人认为杭州的房价过高，您认为呢？"在问句中应避免出现"多数人认为""某权威机构认为""某知名人物认为"等词语。

（4）注意问句的逻辑关系，避免重复提问。问句设计过程中，问句的内容安排及先后顺序应合乎被调查者的一般思维过程。例如，在询问内容的时间上，应按照过去、现在、将来的顺序；在难易程度上，应按照容易、适中、复杂的顺序；在询问内容上，应按照先宽泛、再具体的原则。当问卷中前面的问题对被调查者回答后面的问题有明显影响的时候，可能会产生顺序偏差。对问题顺序进行妥善编排，目的就是尽可能地减少这种顺序偏差。当开始引入一个新话题时，应该加一句过渡的话或者提一个过渡性问题，以帮助被调查者转移他们的思路。另外，同类型的问题尽量编排在一起。

（5）问句措辞的字眼或语言的设计。由于不同的文字表达会对被调查者产生不同的影响，因此往往看起来差不多的问句，会因所用词语不同，而使被调查者有不同的反应，做出不同的回答。故问句中所用的字词必须谨慎，以免影响答案的准确性。问句表述要清楚明确，通常要包括必要的时间、地点等要素。使用通俗易懂的词汇，忌用专业术语，如确有需要使用专业术语则要进行必要的解释。

（6）避免使用双重问句。双重问句是指两个或两个以上的问句被合并成了一个，此时，问句中可能只有一部分是被调查者同意的，其余部分是不太同意的，这样会影响答案的准确性。例如，"您对学校食堂菜肴的价格和卫生方面是否感到满意？"应该要把该问题中涉及的"价格"和"卫生"两方面分成两个小问题来提问。

（7）避免推论或估计。问句的回答应该使被调查者不必做推论或计算估计。例如，调查人员想了解被调查家庭每人每年在日用品上的支出，不能在设计问句时直接进行提问，而应该设置成"家庭每年日用品支出"和"家庭人数"两个小问题，由调查人员来进行推算。

总之，在设计问句过程中，一方面要针对所要调查内容的要求选择合适的问句类型和形式，另一方面也要充分注意上述七个方面的问题，使问句设计得更有效，从而达到调查的目的。

（五）问卷设计中的其他注意事项

（1）问卷本身应该编有序号，这样便于在现场对问卷进行审核。问卷的编号使得问卷的计数与确定问卷是否有缺失变得容易，也便于后期的数据录入和处理。

（2）问卷中的字体应该大而清晰，以减缓阅读疲劳。

（3）应避免为节省用纸而挤压卷面空间。多项选择题的选项宜采用竖排形式。竖排虽比横排多占一些空间，但能使卷面简洁明快、一目了然，便于阅读和理解。

（4）同一个问题及答案选项应排版在同一页，这样可避免翻页对照的麻烦和漏题的现象。

（5）纸质问卷的外表要力求精美。问卷应该用质量好的纸张印制。当问卷页数较多时，应该装订成小册子，这样便于携带和保存，且能使问卷显得庄重和专业。

三、量表

量表是社会测量表的简称，它是由一组相互联系的测量指标或陈述语及其经过量化的若干可供选择的答案或变量值所构成的用来测定研究对象主观意识特征的回答式表格。

量表

（一）量表设计的基本准则

（1）量表中的测量指标和问题要符合测量研究的目的和要求，要符合测量对象的实际情况，能完整地反映测量对象的属性和特征。

（2）测量指标和问题要简明、清晰，个数及排列不能过于繁杂，不能犯逻辑错误。

（3）答案及其量化的设计要科学合理，要根据具体情况选择合适的量化方法和评价方法，要便于测量和汇总分析，这是量表设计的重点之一，也是评价一份量表质量高低的重要依据。

（4）量表的表式要简单明了、结构合理、美观大方。

（5）设计时要多为被调查者着想，降低测量难度，减少出现误差的机会，以提高回答率、回收率和测量精度。

（6）对量表的解释和使用要求要统一。同时，对量表信度和效度需进行评估，这样才能最终做出最科学、最合适、代表设计者最高水平的量表。

（二）量表设计的基本步骤

（1）做好设计的准备工作。具体包括明确测量的目的和要求，弄清测量主体和测量客体，查阅已有的可供参考的同类量表等。

（2）分析测量对象的特性，确定测量的内容范围并做出恰当的分类。

（3）分类设计测量指标和问题。

（4）设计答案及记录办法（即对答案进行量化），规定答案的综合记分办法和评价标准。这是量表设计的重点。

（5）合并各部分的设计，或对几套方案进行筛选，编写"测量说明"或"测量注意事项"，形成初表。

（6）进行试测和评估，修改完善成正式量表。

只有经过以上全部过程形成的量表，才能保证其质量，才能付诸实施使用，并取得好的测量效果。

（三）几种常见的量表及其应用

1. 李克特量表

李克特量表是由一组与测量问题有关的陈述语和记有等级分数的答案组成的主要用于测量态度等主观指标强弱程度的一种总加量表，因由心理学家伦西斯·李克特发明而得名。它之所以又被称为总加量表，是因为要把每一位被调查者对所有陈述语打的分数加总起来，才是该被调查者给出的总分。它是一种具有排序功能的态度量表，在民意测验、市场调查等领域广为使用，主要用于测量态度、观念、意向、价值取向和行为倾向等主观指标。

具体来说，李克特量表的设计要领有如下几点：

（1）它不是在每一个问题后面直接给出可供选择的答案（记分或不记分的），而是把问题分解成一组与之关联的陈述，再在每一句陈述后面给出代表不同程度的态度答案及等级分。一般把代表不同态度程度的答案分成五个等级，分别记以1、2、3、4、5五个分数，用以定序或定距。

（2）对李克特量表的态度问题，要提出足够多的陈述语，一般在10条以上，以求比较全面、均匀地反映问题的各个方面，以免被调查者的态度因陈述语的偏向而产生偏差。

（3）陈述语应当分正向和反向两类。一是可以更全面、更清楚地反映对问题的可能态度；二是可以减少因被调查者过于"随便"造成的回答偏差，正反之间可以进行相互核对，以鉴别回答的真伪。

（4）由于有计算四分位距（即根据四分位法确定位于平均分前后各取25%位置的人并计算其得分差的）来反映离散程度的规定，参加试测的人数要求是4的倍数。

（5）被调查者只需在每一句陈述后面的五个等级答案中选定一个即可，最后根据被调查者在所有陈述上的得分总和来判断其在该问题上的态度及强弱程度。

例如，表2-3是一份对空调进行评价的李克特量表。

表2-3 对空调进行评价的李克特量表

项　目	非常不同意	不同意	一　般	同　意	非常同意
空调是大件商品，值得多花一点时间来挑选					
经常使用空调对健康不利					
国内企业都没有掌握空调制造的核心技术					
我经常参加户外运动					
我家每天使用空调的时间很短					
我不相信广告宣传					
现在国产品牌与国外品牌的差距已经很小					
变频空调是空调发展的趋势					
不同品牌空调的功能和质量都差不多，随便买一个就可以					
我重视品牌胜过产品本身					

李克特量表的优点在于易于构建和执行，被调查者很容易理解如何使用量表，因此它适合于访问、电话和邮寄调查且应用领域比较广泛。其缺点在于：一是态度陈述语的设计及其检验比较麻烦、复杂，工作量较大；二是单凭总分评价被调查对象的态度强弱程度，往往会在总分相同的情况下掩盖在具体内容上的不同。

2．常量和量表

常量和量表也称为固定总数量表，它是在确定了被调查对象可以用来自主分配的总分数的基础上，根据被调查者将总分数分配到各测量项目上的具体情况，来判断、评价其价值取向或行为倾向的一种测量方法。如让被调查者把一个固定的评分点数（如 100 分）分配给几个测量项目，以反映出其对每个测量项目的相对偏好程度。如果某个测量项目完全不重要，被调查者就会给它分配零分；如果一个测量项目的重要性是另一个测量项目的两倍，那么它得到的分数也是另一个的两倍。

常量和量表的特点是：

（1）它首先明确无误地告诉被调查者，可以用来分配的总分数是多少。一般为 10 或 100，这主要是为了方便计算，并符合人们的习惯。

（2）量表中的测量项目一般不超过 10 项，否则项目太多会影响分数分配的难度和准确性。

（3）所有项目上的分配分数和必须等于事先规定的总分数。

（4）根据各个项目的得分情况，可以比较准确地判断出被调查对象的价值取向和行为倾向，得分越高，倾向越强。如果做连续跟踪测量，则可对测量结果做动态比较，分析倾向的变化情况和趋势。

常量和量表的举例如下：

请把 100 分分配给表 2-4 中列出的汽车保险公司的各项服务，使分数的分配能反映出您在选择汽车保险公司时对各类服务相对重要性的看法。

表 2-4　汽车保险公司服务的常量和量表

项目	
1. 投保便捷	
2. 条款清晰	
3. 公司品牌知名度高	
4. 价格适中	
5. 个性化服务	
6. 救援速度快	
7. 查勘定损理赔快	
8. 投诉处理快	

常量和量表的最大优点是简单明了、操作方便，可以根据各项目得分的高低进行排序和比较。它的主要缺点是如果要增加或减少测量项目，则要进行重新测量，重新分配分数，且修改后的测量结果与修改前的测量结果很难进行对比。

子项目 2-5　统计调查报告的撰写

统计调查报告的撰写

统计调查的最后阶段，就是撰写统计调查报告，这是对整个数据分析成果的一个呈现。通过统计调查报告，把数据分析的目的、过程和结果完整呈现出来。

一份好的统计调查报告，首先需要有一个好的分析框架，并且图文并茂、层次清晰，能够让读者一目了然。结构清晰、主次分明可以使阅读者正确理解报告内容。图文并茂可以令数据更加生动活泼，提高视觉冲击力，有助于读者更形象、直观地看清楚问题和结论，从而产生思考。

其次，统计调查报告需要有明确的结论、建议和解决方案，不仅仅是找出问题，更重要的是解决问题，否则称不上是好的调查报告，同时也失去了报告的意义。

另外，撰写统计调查报告还要考虑阅读对象的差异性，不同阅读对象的要求和关心问题的侧重点也会有所不同。因此，在撰写统计调查报告前要根据具体的调查目的和要求来确定调查报告的风格、内容和长短。

一、撰写统计调查报告的基本要求

撰写统计调查报告的基本要求主要有以下几点。

（1）实事求是。调查报告撰写的内容应该以客观实际的真实信息为依据，文中所用的都是如实描述经济现象的文字资料和数字资料。

（2）调查报告应符合国家和政府的有关政策规定。对不符合国家和政府相关规定的内容不要涉及。

（3）多用数据和图表来说明要阐述的观点。因为数字是统计的语言，报告中除了用文字说明经济现象信息外，应多用统计数字和统计图表来说明、分析相关的观点。同时，调查材料和观点要相统一，切忌调查资料与观点相分离。

（4）调查报告的语言要简明、准确、易懂。调查报告往往是面向大众的，阅读对象大多不喜欢冗长、乏味、呆板的语言，也不精通调查的专业术语。因此，撰写调查报告的语言要力求简单、准确、通俗易懂，要中心突出、条理清晰。

（5）调查报告应按一定的逻辑要求撰写。在调查报告的撰写过程中，应做到结构合理、逻辑性强。按照调查开展的逻辑顺序进行撰写，注意前后呼应。

（6）调查报告应注意排版美观。字体、字号、颜色、字间距的选择要恰当，设计编排要大方、美观、方便阅读，同时全文要保持一致。

二、调查报告的写作程序

1. 确定主题

主题是调查报告的"灵魂"，对调查报告写作的成败具有决定性意义。因此，确定主题要注意：报告的主题应与调查主题一致；要根据调查和分析的结果重新确定主题；主题宜小，且宜集中；与标题协调一致，避免文题不符。

2. 取舍材料

对经过统计分析与理论分析所得到的系统、完整的"调查资料",在组织调查报告时仍需精心选择,不可能也不必都写进报告里,要注意取舍。

选取与主题有关的材料,去掉无关的、关系不大的、次要的、非本质的材料,使主题集中、鲜明、突出。在现有有用的材料中,要比较、鉴别、精选材料,选择最好的材料来支持报告中的观点和意见,使每一个材料都能以一当十。

3. 布局和拟定提纲

这是调查报告构思中的一个关键环节。布局就是指调查报告的表现形式,它反映在提纲上就是文章的"骨架"。拟定提纲的过程实际上就是把调查材料进一步分类、构架的过程。

4. 起草调查报告

这是调查报告写作的行文阶段。要根据已经确定的主题、选好的材料和写作提纲,有条不紊地行文。写作过程中要从实际需要出发选用语言,灵活划分段落。

5. 修改调查报告

调查报告起草完成后,要进行认真修改。主要是对报告的主题、材料、结构、语言文字和标点符号进行检查,加以增、删、改、调。在完成这些工作之后,才能定稿向上报送或发表。

三、调查报告的一般格式

调查报告的格式一般由标题、内容摘要、正文、结尾和相关附件五部分组成。

1. 标题

标题是一篇调查报告的题目。它必须准确揭示调查报告的主题思想,做到题文相符。标题要简单明了、高度概括、具有较强的吸引力。

标题的写法灵活多样,一般分为单标题和双标题两种形式。

(1)单标题。单标题是指调查报告只有一个正标题而没有副标题,一般是通过一行标题把被调查单位、调查内容明确而具体地表示出来,例如"××职业技术学院高职毕业生就业情况调查"等。

(2)双标题。双标题即有正、副两个标题,例如"合理导向大学生文化消费——杭州市大学生文化消费调查分析报告""高职院校发展重在实践教学——××高职学院实践性教学建设调查"等。

2. 内容摘要

内容摘要主要包括以下四方面内容:

(1)说明调查目的。简要地说明调查的由来和委托调查的原因。

(2)介绍调查对象和调查内容。包括调查时间、地点、对象、范围、调查要点及所要解答的问题等。

(3)介绍调查研究的方法。介绍调查研究的方法有助于使读者确信调查结果的可靠性,因此对所用方法要进行简要阐述,并说明选用的原因。

(4)说明调查执行结果。结果包括主要发现、结论和建议等。

3. 正文

正文是调查报告的主要组成部分。正文部分必须准确阐明全部有关论据,包括问题的提出、分析研究问题的方法、论证的全部过程和得出的结论等。

正文部分在进行撰写时要从基本情况分析与综合论述分析两方面入手。先进行基本情况分析，即对调查得到的相关资料进行真实、客观的描述分析，切忌对事实的简单罗列，而应该是有所提炼的描述与分析；再进行综合论述分析，即对调查得到的资料进行质和量的分析，通过综合论述分析来了解情况、说明问题和提出解决问题的方法。综合论述分析一般有三类分析法：①原因分析法。它是对出现问题的基本成因进行分析，如对××品牌产品滞销原因的分析就属此类。②利弊分析法。它是对现象在社会经济活动中所处的地位、起到的作用等进行利弊分析。③预测分析法。它是对现象的发展趋势和发展规律做出的分析。

此外，综合论述分析的层次段落一般有四种形式：①层层深入形式。各层意思之间一层深入一层，层层剖析。②先后顺序形式。按现象发展的先后顺序安排层次，各层意思之间有密切联系。③综合展开形式。先说明总的情况，然后分段展开，或先分段展开，再做总结说明，展开部分之和为综合部分。④并列形式。各层意思之间以并列关系展开分析，没有谁先谁后、孰重孰轻的划分。

4. 结尾

结尾是调查报告的结束部分。好的结尾可以使读者明确题旨、加深认识，可以启发读者思考和联想。

结尾一般有以下四种形式：

（1）概括全文。经过层层剖析后，综合说明调查报告的主要观点，深化文章的主题。

（2）形成结论。在对真实资料进行深入、细致、科学分析的基础上，得出报告结论。

（3）提出看法和建议。通过分析形成对现象的看法，并在此基础上提出建议或可行性方案。

（4）展望未来，说明意义。通过调查分析展望现象未来发展前景。

5. 相关附件

相关附件是指调查报告正文包含不了或没有提及，但与正文有关且必须附加说明的部分。它是对正文报告的补充或更详尽的说明。附件一般包括数据汇总表、原始资料背景材料和必要的工作技术报告等，例如为调查选定样本的有关细节资料及调查期间所使用的文件副本。如果某一部分内容很多，应有详细的工作技术报告加以说明补充，也可附在调查报告最后部分的附件中。此外，大多数的调查报告还会把调查方案、调查问卷等放在相关附件里。

本项目小结

1. 统计调查是指按照预定的调查要求，根据研究的目的和任务，运用科学的调查方法，有计划、有组织地向社会系统直接收集各项统计资料的过程。它是统计工作过程的第一阶段，也是基础环节。

2. 统计调查必须遵循准确性、及时性和完整性的原则。

3. 目前，我国常用的统计调查组织方式有统计报表、普查、抽样调查、重点调查、典型调查以及各种统计调查方式的综合运用。其中统计报表和普查属于全面调查，其他调查方式都属于非全面调查。

4. 统计调查方案包括：明确调查目的、确定调查对象和调查单位、确定调查内容、确定调查时间和调查期限、确定调查方式和方法以及制订调查组织实施计划等内容。

5. 问卷调查是目前应用比较广泛的一种资料收集方法。调查问卷主要是由各种问题构成的。一份完整的调查问卷一般需有六方面的内容：标题、问卷说明、填写说明、调查内容、被调查者的基本资料和结束语。

6. 统计调查报告的格式一般是由标题、内容摘要、正文、结尾和相关附件五部分组成。

思考与训练

一、简答题

1. 什么是统计调查？统计调查在整个统计工作中的地位是什么？
2. 一项完整的统计调查方案应包括哪些内容？
3. 什么是抽样调查？抽样调查的特点是什么？
4. 什么是普查？普查与统计报表有什么不同？
5. 问卷调查中常用的问题类型有哪些？
6. 一份完整的调查问卷应包括哪些内容？

二、单项选择题

1. 重点调查中重点单位是按（　　）选择的。
   A. 这些单位数量占总体全部单位总量的很大比重
   B. 这些单位的标志总量占总体标志总量的很大比重
   C. 这些单位具有典型意义，是工作重点
   D. 这些单位能用以推算总体标志总量

2. 有意识地选择三个农村点调查农民的收入情况，这种调查方式属于（　　）。
   A. 典型调查　　　B. 重点调查　　　C. 抽样调查　　　D. 普查

3. 2020年11月1日零点的第七次全国人口普查是（　　）。
   A. 典型调查　　　B. 重点调查　　　C. 一次性调查　　　D. 经常性调查

4. 调查大庆油田、胜利油田等几个主要油田来了解我国石油生产的基本情况，这种调查方式属于（　　）。
   A. 普查　　　B. 典型调查　　　C. 重点调查　　　D. 抽样调查

5. 对于某些不能够或不宜用定期统计报表搜集的全面统计资料，一般应采取的收集方法是（　　）。
   A. 普查　　　B. 重点调查　　　C. 典型调查　　　D. 抽样调查

6. 工厂对生产的一批零件进行检查，通常采用（　　）。
   A. 普查　　　B. 抽样调查　　　C. 重点调查　　　D. 典型调查

7. 某地区为了掌握该地区水泥生产的质量情况，拟对占该地区水泥总产量80%的五个大型水泥厂的生产情况进行调查，这种调查方式是（　　）。
   A. 普查　　　B. 典型调查　　　C. 抽样调查　　　D. 重点调查

8. 某灯泡厂为了掌握其产品质量，拟进行一次全厂的质量大检查，这种检查应选择（　　）。
   A．统计报表　　　B．重点调查　　　C．全面调查　　　D．抽样调查
9. 人口普查规定统一的标准时点是为了（　　）。
   A．避免登记的重复与遗漏　　　　　B．确定调查的范围
   C．确定调查的单位　　　　　　　　D．登记的方便
10. 某地进行国有商业企业经营情况调查，则调查对象是（　　）。
    A．该地所有商业企业　　　　　　　B．该地所有国有商业企业
    C．该地每一个国有商业企业　　　　D．该地每一个商业企业
11. 以下哪种调查的填报单位与调查单位是一致的（　　）。
    A．工业普查　　　　　　　　　　　B．工业设备调查
    C．职工调查　　　　　　　　　　　D．未安装设备调查
12. 统计调查所收集的可以是原始资料，也可以是次级资料，原始资料与次级资料的关系是（　　）。
    A．原始资料来源于基层单位，次级资料来源于上级单位
    B．次级资料是由原始资料加工整理而成
    C．原始资料与次级资料之间无必然联系
    D．原始资料与次级资料没有区别
13. 调查项目通常以表的形式表示，称作调查表，一般可分为（　　）。
    A．单一表和复合表　　　　　　　　B．单一表和一览表
    C．简单表和复合表　　　　　　　　D．简单表和一览表
14. 统计调查的基本任务是取得原始统计资料，所谓原始统计资料是（　　）。
    A．统计部门掌握的资料
    B．对历史统计资料进行整理后取得的资料
    C．直接向调查单位进行登记所取得的资料
    D．统计年鉴或统计公报上发布的资料
15. 某市进行工业企业生产设备普查，要求在7月1日～7月10日全部调查完毕，则这一时间规定是（　　）。
    A．调查时间　　B．调查期限　　C．标准时间　　D．登记期限
16. 在调查某市工业企业职工的工种、工龄、文化程度等情况时，（　　）。
    A．填报单位是每个职工
    B．调查单位是每个企业
    C．调查单位和填报单位都是企业
    D．调查单位是每个职工，填报单位是每个企业
17. 以下属于第一手资料主要来源的是（　　）。
    A．图书馆　　　B．报纸杂志　　C．互联网　　D．统计调查资料
18. 电话调查问卷最重要的特点是（　　）。
    A．成本较低　　B．便于操作　　C．简洁明了　　D．回收率高
19. （　　）是调查者在提出问题的同时，还将问题的一切可能答案或几种主要可能答案全部列出，由被调查者从中选出一个或多个答案作为自己的回答，而不做答案以外的回答。

A．指导性问题　　B．封闭式问题　　C．开放式问题　　D．实质性问题
20．"××饮料制作精细、味道纯正，您是否喜欢？"犯了（　　）方面的错误。
A．不易回答　　　　　　　　B．容易引起误解
C．使用了不恰当的假设　　　D．诱导性问题
21．小组讨论的人数一般在（　　）人。
A．4～6　　　B．6～8　　　C．8～12　　　D．12～14

三、多项选择题

1．普查是一种（　　）。
A．非全面调查　B．专门调查　　C．全面调查　　D．一次性调查
E．经常性调查

2．某地对集市贸易个体户的偷税漏税情况进行调查，1月5日抽选5%样本检查，5月1日抽选10%样本检查，这种调查是（　　）。
A．非全面调查　B．一次性调查　C．不定期性调查　D．定期性调查
E．经常性调查

3．非全面调查包括（　　）。
A．普查　　　　B．统计报表　　C．重点调查　　D．典型调查
E．抽样调查

4．某市对全部工业企业生产设备的使用情况进行普查，则每一台设备是（　　）。
A．调查单位　　B．调查对象　　C．总体单位　　D．填报单位
E．报告单位

5．下列各项调查中，调查单位和填报单位一致的是（　　）。
A．企业设备调查　　　　　　B．人口普查
C．工业企业普查　　　　　　D．商业企业调查
E．商品价格水平调查

6．抽样调查的特点有（　　）。
A．收效快　　　　　　　　　B．样本代表性不高
C．具有主观随意性　　　　　D．费用省

7．开放式问题的主要优点有（　　）。
A．调查对象可以按自己的意见进行回答　B．答案集中
C．可以获得足够全面的答案　　　　　　D．有利于统计

四、判断题

1．普查是全面调查，抽样调查是非全面调查，所以普查比抽样调查准确。（　　）
2．重点调查的重点单位是根据当前的工作重点来确定的。（　　）
3．重点调查和抽样调查都是非全面调查，其调查结果都可以用于推算总体指标。
（　　）
4．一览表是在一张表上登记一个调查单位。（　　）
5．调查时间是指进行调查工作所需的时间。（　　）
6．调查对象就是统计总体，而统计总体不都是调查对象。（　　）

7. 在统计调查中,调查对象可以同时又是调查单位,调查单位可以同时又是总体单位。（   ）

8. 相对于普查,抽样调查往往需要更长的时间。（   ）

9. 一般来说,人员面对面访谈的问卷设计要相对周密、明确一点,而邮寄调查的问卷可以相对灵活一点。（   ）

10. 文案法通常属于第二手资料的调查,其特点是获取资料速度快、费用省,并能举一反三。（   ）

11. 区分第一手资料与第二手资料,最主要的是根据资料收集的目的。（   ）

12. 为了尽可能多地收集统计资料,所以问卷应尽可能地长。（   ）

五、实训题

从备选题目中任选一题,编写调查方案,设计与之匹配的调查问卷,并开展相关调查。

实训目的：通过本次调查,学生应掌握统计调查方案设计、统计调查问卷设计的基本方法,并能够正确选择统计调查方法和方式。

实训要求：学生们组成五人小组,每组同学运用所学的统计调查知识,开展统计调查,设计调查方案和调查问卷,写出调查报告。

考核标准：
（1）所选调查方法得当。
（2）调查方案内容完整。
（3）调查问卷规范,问题不少于12个,每组发放并收集有效问卷30份以上。
（4）分小组进行调查,体现团队合作精神。
（5）调查报告格式应符合规范,内容完整,字数不少于2 000字,并附统计资料样本。

实训成果：每组一份调查方案、一份调查问卷以及一份简单的调查报告。

备选题目：

1. 大学生校外兼职情况调查
2. 大学生对校内选修课满意度情况调查
3. 大学生投资理财情况调查
4. 大学生课外阅读情况调查
5. 大学生网络购物情况调查
6. 大学生健身情况调查
7. 大学生继续深造意向调查
8. 大学生课余生活状况调查
9. 大学生恋爱现状调查
10. 大学生创业意向调查

project 3

项目三
统计资料的整理

学习目标

知识目标

- 了解统计整理的概念和基本要求。
- 掌握统计整理的步骤。
- 理解统计分组及分组的方法。
- 掌握分配数列的概念及编制方法。
- 了解统计图表的相关概念及编制方法。

技能目标

- 会运用统计整理的基本方法,能够对社会经济资料进行分组。
- 能编制分配数列,会画各种统计图表。
- 能够进行统计汇总。

素质目标

- 树立透过现象看本质的哲学观。
- 培养爱岗敬业、忠诚细致的职业素养。

引导案例

2023年我国国民经济和社会发展统计公报（节选）

初步核算，2023年全年国内生产总值1 260 582亿元，比上年增长5.2%。其中，第一产业增加值89 755亿元，比上年增长4.1%；第二产业增加值482 589亿元，增长4.7%；第三产业增加值688 238亿元，增长5.8%。第一产业增加值占国内生产总值比重为7.1%，第二产业增加值比重为38.3%，第三产业增加值比重为54.6%。最终消费支出拉动国内生产总值增长4.3个百分点，资本形成总额拉动国内生产总值增长1.5个百分点，货物和服务净出口向下拉动国内生产总值0.6个百分点。分季度看，一季度国内生产总值同比增长4.5%，二季度增长6.3%，三季度增长4.9%，四季度增长5.2%。全年人均国内生产总值89 358元，比上年增长5.4%。国民总收入1 251 297亿元，比上年增长5.6%。全员劳动生产率为161 615元/人，比上年提高5.7%。

年末全国就业人员74 041万人，其中城镇就业人员47 032万人，占全国就业人员比重为63.5%。全年城镇新增就业1 244万人，比上年多增38万人。全年全国城镇调查失业率平均值为5.2%。年末全国城镇调查失业率为5.1%。全国农民工总量29 753万人，比上年增长0.6%。其中，外出农民工17 658万人，增长2.7%；本地农民工12 095万人，下降2.2%。

新动能成长壮大。全年规模以上工业中，装备制造业增加值比上年增长6.8%，占规模以上工业增加值比重为33.6%；高技术制造业增加值增长2.7%，占规模以上工业增加值比重为15.7%。新能源汽车产量944.3万辆，比上年增长30.3%；太阳能电池（光伏电池）产量5.4亿千瓦，增长54.0%；服务机器人产量783.3万套，增长23.3%；3D打印设备产量278.9万台，增长36.2%。规模以上服务业中，战略性新兴服务业企业营业收入比上年增长7.7%。高技术产业投资比上年增长10.3%，制造业技术改造投资增长3.8%。电子商务交易额468 273亿元，比上年增长9.4%。网上零售额154 264亿元，比上年增长11.0%。全年新设经营主体3 273万户，日均新设企业2.7万户。

（资料来源：国家统计局，2024年2月29日）

以上案例中的详细数据资料是经过统计整理后得到的，统计整理在整个统计工作中占有十分重要的地位。

子项目3-1 统计资料整理认知

在完成项目二的统计调查后，收集到了很多原始调查资料，本项目是在统计调查的基础上，对原始资料进行科学的加工整理，使之条理化、系统化，把反映总体单位的大量原始资料转化为反映总体的基本统计指标。

一、统计整理的概念

在统计调查中，通过运用一定的统计调查方法，取得了大量能够说明现象的各个个体特征的原始资料。但取得原始资料并不意味着统计工作的终结，而仅仅意味着它的开始。

例如，通过调查得到某市50家超市某月的销售额资料如下（单位：万元）：

20	14	17	13	10	12	40	38	14	6
33	18	14	12	7	23	7	29	4	17
13	6	25	16	11	16	9	8	19	16
16	11	15	21	4	8	19	15	13	29
9	8	13	18	27	19	14	45	15	21

上述资料显示，统计调查所取得的原始资料只是一种零星、分散、杂乱的原始数据，它只能说明具体某个超市的销售情况，无法看出该市所有超市销售额分布的数量特征和变化规律。因此，整理统计资料就成为统计研究中必不可少的一个重要环节。

统计资料的整理

所谓统计整理，是指根据统计研究目的，将统计调查所得到的统计资料进行科学的分类汇总，或对已经加工的次级资料进行再加工，为统计分析准备系统化、条理化的综合资料的工作过程。统计整理工作的任务，就是对一些统计资料进行加工处理以得到综合指标，并利用这些综合指标对总体内部规律性、相互联系和结构关系做出概括的说明。它实现了由反映总体单位特征的标志向反映总体综合数量特征的统计指标的转化，将人们对于社会经济现象的感性认识过渡到理性认识。

统计整理介于统计调查和统计分析之间，在整个统计研究中起着承前启后的重要作用，既是统计调查阶段的继续，又是统计分析的基础和前提。资料整理是否得当，直接关系到整个统计研究任务是否能顺利完成。不恰当的分类、不完善的加工整理，都会使调查所得到的原始资料失去价值，掩盖现象的本质，最终无法得到正确的统计结论。因此，必须十分重视统计整理工作。

二、统计整理的步骤

1. 审核

统计整理的第一步，应是对原始资料进行认真的审核，消除其中错误的或者是含糊不清的资料。资料审核主要是检查原始数据的完整性和准确性。

（1）完整性。完整性是指被调查单位的资料是否收集齐全，是否按规定的份数、类型、项目上报。如果发现资料的份数有遗漏，或者发现调查表的某项指标没有填，应该立即查明原因。补救的办法是向原来的被调查者询问，或请调查员回忆。如果实在无法补救，就应该考虑能否剔除这些遗漏的和没有答案的资料。

（2）准确性。准确性是指原始数据是否真实、可靠。其审核方法主要有以下几种：

1）逻辑审核。逻辑审核是利用逻辑理论检查数据内容是否合理，指标之间有无矛盾。例如人口调查中，少年、儿童年龄段的居民不应有婚姻情况，文化程度不应是大学毕业或以上，职务不应是工程师等。如果出现已婚、大学毕业、高级工程师，显然在逻辑上是不可能的，要进一步查实、更正。

2）计算审核。检查数据在计算方法和计算结果上有无错误，计量单位有无差错。例如一个企业职工的总收入，在计算上应当是：职工人数×平均收入＝总收入。与此同时，每个职工的收入之和应等于总收入，如果不等则必定有差错。

3）设置疑问框审核。一般来讲，指标之间存在一定的量值范围与比例关系，利用这种范围与比例关系可以设置疑问框，从而审查数据是否有疑问。例如，规定现价工业总产值与销售收入的比值不小于0.7，不大于1.5；工业净产值与现价总产值的比值不大于0.6，不小于0.2等。疑问框的设置不能相距过大，否则会遗漏有差错的数据；但是也不能过小，过小会使大量无差错的数据被检查出来，增加审核的工作量。因此，疑问框的设计必须由对数据资料十分熟悉的人负责，而不是随意设置的。

发现数据差错以后，要分别根据不同情况及时纠正与处理。属于被调查单位填报错误的，应通知他们重新填报；属于汇总过程中的错误，应根据情况予以修正。

2．分组

根据研究任务的要求，必须对经过审核并确认无误的资料进行科学的分类分组，编制分配数列，这是统计整理的关键。统计分组是指按照某种标志，把总体划分为一个个性质不同、范围更小的组成部分，以认识总体现象的本质特征和规律性。在整理过程中一般通过表格来表现。

例如要研究××市2024年主要消费品的零售情况，可以按消费品的用途进行分类，见表3-1。

表3-1　××市2024年主要消费品零售情况表

消费品分类	零售额（万元）	增幅（%）	总量占比（%）
食品类			
衣着类			
日用杂品类			
办公用品类			
其他			
合计			

消费品进行如上分类以后，我们观察起来更加直观，研究更加方便。不过很多时候分组不仅是按一个标志来进行，而且是按一系列标志进行的，并构成分组体系。例如，某地区通过工业普查收集到所有工厂的工业生产规模和经济效益资料，并把工厂按经济类型、工业部门以及工业类型等一系列标志进行分组。按经济类型来归属工厂的性质有国有经济、集体经济、私营经济、股份制经济和外资经济等；按工业部门可分为电力工业、煤炭工业、石油工业、化学工业、机械工业、建材工业、食品工业和纺织工业等；按工业类型又可以分为轻工业和重工业两类。这样分组后，再确定企业数、职工人数、总产值、净产值、增加值和实现利税等指标，并进行整理汇总。

3．汇总

统计汇总是继分组后的一个重要步骤，是统计整理的中心环节。它的任务在于确定各组的单位数和标志值总量，使我们能够看出调查对象分布状况的全貌。统计汇总的组织形式基本有两种，即逐级汇总和集中汇总。

（1）逐级汇总。逐级汇总是统计汇总中最常使用的一种汇总组织形式，它是按照一定的统计管理体制，自下而上逐级整理汇总本系统或本地区范围内的统计资料。例如，我国现行的统计报表制度一般都采用这种组织形式。逐级汇总的优点在于能够满足各地区、各部门对统计资料的需要，有利于就地检查和核对原始资料；其缺点是费时较长，影响统计资料的时效性，同时由于经过的中间环节较多，很容易产生误差。

（2）集中汇总。集中汇总是将全部调查资料集中到组织统计调查的最高一级机关进行一次汇总。这种汇总方式的优点是可以在较短时间内取得大规模综合统计的结果，可大大缩短统计资料整理的时间，减少汇总过程中产生的误差；其缺点是原始资料如有差错则不能及时改正，汇总的资料往往不能满足各地区或各部门的需要。

统计汇总技术主要分为手工汇总和电子计算机汇总两大类。由于手工汇总速度慢、易出差错，已被逐步淘汰。现代电子计算机技术在统计汇总领域中的应用开拓了汇总技术的空间，是统计走向现代化的一个重要标志。电子计算机汇总大致要经历编程、编码、数据录入、数据编辑、数据计算和数据存储等步骤。

4. 制表和作图

经过汇总可以得出表明总体及各组的单位数和一系列标志总量的数据，把这些数据按一定的顺序排列在表格上，就形成了统计表。它能够清楚、有条理地显示统计资料，直观地反映现象总体的数量特征和分布特征，便于比较对照、检查核对，是统计分析的一种重要工具。前面我们提到的某地区所有工厂的主要经济指标，按工业类型标志进行分组以后，将汇总的统计数据填入，就是一张统计表，见表3-2。

表3-2 某地区所有工厂的主要经济指标统计表

工业类型	企业数（个）	职工数（人）	总产值（万元）	净产值（万元）	增加值（万元）	实现利税（万元）
轻工业	64	8 760	23 870	3 160	1 020	1 190
重工业	11	4 320	10 760	660	150	210
合 计	75	13 080	34 630	3 820	1 170	1 400

统计图是用根据统计资料绘制成的几何图形来具体说明社会经济现象数量方面特征的一种表现形式。统计图与统计表一样，可以从数量方面反映出研究对象的规模、水平、结构、发展趋势和比例关系等，也是统计分析的一项重要内容。它不仅使统计资料更加鲜明醒目、生动活泼，而且具体、形象、通俗易懂，给人以明晰而概括的印象，使人一目了然。常用的统计图有条形图、柱形图、折线图、曲线图、饼状图和散点图等。

5. 资料的积累与保存

资料的积累与保存是指把经过整理的统计资料按一定的目录保存起来，作为历史资料留待以后查阅使用。

子项目3-2 统计分组

一、统计分组的概念及作用

1. 统计分组的概念

统计分组是指根据事物内在的特点和统计研究的需要，将统计总体按照

统计分组

一定的标志区分为性质不同又有联系的若干组成部分的一种统计方法。统计总体虽然具有同质性的特点，但同质性又是相对的。一方面，分组的结果使各组之间出现了显著的差异，而且无论是量的差异还是质的差异，都能在一定程度上反映出不同的情况。而另一方面，分组的结果在同一组内又保持了相同的性质。例如，对于文化程度我们可以把博士、硕士归类为"研究生教育"；大学本科、高职高专归类为"高等教育"；普通高中、职业高中、中专、技校归类为"中等教育"。这样分组可以帮助我们分析某一地区教育的层次和规模。

统计人员在从事统计分组工作时，必须遵循两大原则：穷尽原则和互斥原则。穷尽原则是指总体中的每一个单位都应有组可归，或者说每个分组的空间加起来要能够容纳所有的总体单位。例如，我们将从业人员按文化程度分组时，若仅分为研究生教育、高等教育和中等教育三组，那么属于初中或以下学历的人就无组可归，所以在按这个标志分组时须加入"初等教育及以下"这一组。互斥原则是指在一定的分组标志下，总体中的任何一个单位只能归属于某一组，不能同时或可能归属于几个组。例如，联华商场把服装分为男装、女装和童装三类，这不符合互斥原则，因为童装也有男装和女装之分。若先把服装分为成人和儿童两类，然后每类再分为男女两组，这样就符合互斥原则了。

如何划分三产

2．统计分组的作用

统计分组在统计认识过程中起着十分重要的作用，可以从以下方面来说明：

（1）划分社会经济现象的不同类型。社会经济现象的类型多种多样，各类型之间性质和规律各异，数量特征也互不相同。

统计研究这些差异，主要不是研究个别类型的具体差异程度和变化，而是对这些差异加以抽象和概括。统计分组确定了社会经济各类现象的范围和界限，使我们更深刻地认识到它们的本质。

（2）揭示社会现象总体内部结构。统计分组不仅对总体的现象有了一般意义上的认识，而且能在特定意义上揭示总体的内部结构及其各组之间的相互关系。通过计算和比较现象总体与各组的水平，分析各组对总体的影响程度，可以加深对总体量的认识。例如，某地区2024年上半年按行业划分的社会消费品零售额见表3-3。

表3-3　某地区2024年上半年按行业划分的社会消费品零售额表

按行业分组	社会消费品零售额	
	绝对数（亿元）	比重（%）
社会消费品零售总额	37 595	100.0
其中：批发零售贸易业零售额	25 510	67.9
餐饮业零售额	4 369	11.6
其他行业零售额	7 716	20.5

社会消费品零售总额这个总体可分为批发零售贸易业、餐饮业和其他行业等零售额，从表3-3可以看出零售额总体内部结构及总体结构的特征，为安排和调整消费品内部积累与消费的比例提供参考资料。

另如，人口按性别不同可分为男性人口和女性人口，我国第七次人口普查资料表明，在全部人口总数中，男性人口占51.24%，女性人口占48.76%。这个比例可以反映出人口总体的内部构成情况，并说明男性人口与女性人口之间的比例基本平衡。

（3）探讨事物现象之间的依存关系。客观世界中，任何事物现象都不是彼此孤立的，而是相互联系、相互依存和相互制约的。在一定条件下，当总体一方的标志值发生变化时，会引起另一方标志值的变化。如果要观察相关联现象之间在数量上存在的依存关系，即相互影响的方向、程度和规律性，就必须运用统计分组的方法，才能预见社会经济现象总体量的各种变动可能性。例如：家庭生活水平与家庭人口、家庭就业人数、家庭平均收入之间的依存关系，企业的商品销售额与流通费用率之间的依存关系，农作物的施肥量与亩产量之间的依存关系（见表3-4）等。

表3-4中的分组资料反映了化肥施用量与农作物亩产量之间的依存关系。在正常范围内，随着化肥施用量的增加，农作物亩产量也在增加，但当化肥施用量达到105千克/亩时，农作物亩产量[一]则减少到131.9千克。由此说明，过多的施肥量并不能使农作物产量持续增高。

表3-4 某地区农作物的施肥量与亩产量关系表

化肥施用量（千克/亩）	亩产量（千克）
15	104.2
30	110.4
45	118.0
60	125.3
75	130.2
90	132.9
105	131.9
120	132.3
135	131.5
150	130.8

二、统计分组的标志选择

统计分组实际上就是把总体按某一标志或多个标志来分门别类，因此，选择什么样的标志就有什么样的分组或分组体系。分组标志就是将统计总体划分为各个性质不同的组的标准或根据，它的选择得当与否直接关系到能否正确反映总体的性质特征和内部的规律性，以及能否经过统计分析得出正确的结论。分组标志一经确定，必然表现总体在此标志上的性质差异，但也掩盖了总体在其他标志上的差异。如果分组标志选择不当，不仅无法显示总体现象的基本特征，甚至会把一些不同性质的事物混淆在一起，歪曲事物现象的本来面目。因此，正确选择分组标志是统计分组的关键。在统计分组时要注意以下几点。

1. 要从统计研究的具体目的和任务出发

对同一总体而言，根据统计研究目的和任务的不同，往往需要采用不同的分组标志。例如，工业企业这个统计对象就有很多标志，包括所有制性质、企业规模、生产部门、职工人数、生产能力、固定资产价值和产值等。在进行工业生产统计时，应该采用哪项标志，要视具体研究目的而定。如果要研究工业系统大、中、小企业的分布，就应选择企业规模为分组标志；要研究工业生产内部结构，应选择生产部门为分组标志；要研究工业生产技术力量状况，应选择职工技术等级、技术装备水平为分组标志；要研究工业生产效益情况，应选择总产值、净产值等为分组标志。总之，分组标志的选择首先要从统计研究的具体目的和任务出发。

[一] 1亩=666.67平方米。

2. 要选择最能够反映现象本质特征的标志

由于社会经济现象复杂多样，各自表现出不同的特征，因此在进行分组时，就需要选择不同的分组标志对社会经济现象总体进行不同的划分。总体的若干标志中，有反映问题本质特征的标志，也有对反映事物本质作用不大的标志，这时我们应该选择最能反映问题本质特征的标志。例如，要研究高校教师的教学水平，有反映教师受教育程度的标志，也有反映教师能力和地位的标志等，在进行统计分组时，就要选择其中最能反映问题本质特征的标志（如职称等）进行分组，这样才能使我们对教师的教学水平有一个正确的认识。

3. 要考虑被研究现象所处的历史条件和经济条件

社会经济现象并不是一成不变的，它会随着时间、地点环境等条件的变化而变化。同一个标志可能在以前是适用的，但现在就不适用了；或者同一个标志在某处是适用的，在另外一处就不适用了。即使针对的是同一类事物，也要视具体时间、地点条件的不同而选择不同的分组标志。例如研究我国农民的经济状况，前土地改革可以选择阶级这个最本质的分组标志，因为它能反映出当时农民与土地的关系，揭示旧中国农村封建的经济关系；20 世纪 80 年代初，实行家庭联产承包责任制以后，则应选择劳动力或经济收入这类标志，因为它们对农民的生产、生活影响很大，能综合地表明农民的经济状况；然而现在，条件又发生了变化，原有的土地制度已经不能有效地解决现阶段农民的收入问题，新一轮的土地革新逐步推进，所以应选择经营形式、生产规模、机械化程度等标志进行分组。综上所述，分组标志的选择不能千篇一律、一成不变，而要适应社会经济的发展，根据被研究现象所处的历史条件和经济条件进行选择。

三、统计分组体系

在统计整理中，为了从不同角度综合反映所研究现象的特征，常常需要选用多个分组标志对总体进行分组，形成由一系列相关的分组构成的分组体系。分组体系是根据统计研究的需要，通过对同一总体进行多种不同分组而形成的一种各组之间相互联系、相互补充，能从各种不同角度加深对统计总体数量表现的认识的综合体系。统计分组体系有平行分组体系与复合分组体系之分。

1. 平行分组体系

对研究现象总体按一个标志进行分组，它只能从某一方面说明和反映事物的分配状况和内部结构，称为简单分组。

许多简单分组从不同角度说明同一个总体，或者说对同一个总体选择两个或两个以上的标志分别进行简单分组，就构成了一个平行分组体系。例如，为了了解军队内部人员总体的基本情况，选择年龄、文化程度、军龄和军衔标志来分别进行简单分组，形成平行分组体系如下：

按年龄分组	按文化程度分组
20 岁及 20 岁以下	博士
21～30 岁	硕士
31～40 岁	大学本科
41～50 岁	大学专科
51～60 岁	高中
60 岁以上	

按军龄分组	按军衔分组
3年及3年以下	将军
4～8年	校官
9～15年	尉官
16～25年	士兵
25年以上	

2. 复合分组体系

用两个或两个以上的标志交叉进行分组，即先按第一个标志分组，在此基础上再按第二个标志分小组，然后再层叠着按第三个标志分成更小的组，这就是复合分组。

复合分组所形成的分组体系称为复合分组体系。例如，对工业企业按工业类型、企业规模和经济类型重叠分组形成的复合分组体系如下：

轻工业	重工业
大型工业企业	大型工业企业
国有经济	国有经济
集体经济	集体经济
私营经济	私营经济
其他	其他
中型工业企业	中型工业企业
国有经济	国有经济
集体经济	集体经济
私营经济	私营经济
其他	其他
小型工业企业	小型工业企业
国有经济	国有经济
集体经济	集体经济
私营经济	私营经济
其他	其他

这样经过层层划分，有助于更加全面、深入地分析现象总体的内部关系。但是要注意，随着分组标志的增加，复合分组体系中对总体所分的组数也不断地成倍增加，过多的分组反而更不容易反映现象的本质特征，难以形成总的概念，所以复合分组时一般分组标志不宜过多。同时，总体所包含的单位数也不能太少，否则分配到每组当中的数会更少，不符合总体大量性的要求，难以对现象间的内部联系进行分析。

四、统计分组的方法

分组标志确定后，必须解决分组方法的问题。根据分组标志的种类不同，统计分组方法有品质标志分组法和数量标志分组法之分。

1. 品质标志分组法

品质标志分组法就是选择反映事物属性差异的品质标志为分组标志，并在品质标志的变异范围内划定各组界限,将总体划分为若干个性质不同的组成部分。按品质标志分组能够直接反映总体单位之间性质上的差异,由于现象(事物)在质的属性方面差异相对稳定,因此这种分组也相对稳定。

有的品质标志分组较简单,所谓的简单是指按一个品质标志分组,对总体只做一次划分,每个组不再往下细分。分组标志一旦确定,组数、组名、组与组之间的界限也就确定了。另外,这种分组方法对总体单位应该归入哪一组的界限也比较明确,不存在模糊不清、模棱两可的问题。例如,人口总体按性别可分为男和女两组;产品按质量情况可分为合格品和不合格品两组;工业企业按经济类型可分为国有经济、集体经济、私营经济和个体经济等组。按这样的标志进行分组以后,各组在性质和界限上是稳定明确的,例如,2024年××学院金融服务与管理班学生的性别构成情况见表3-5。

表3-5 2024年××学院金融服务与管理班学生的性别构成情况

性别	学生数	
	绝对数(人)	比重(%)
男	30	75
女	10	25
合计	40	100

但是,社会经济生活中大量存在的是分组比较复杂的问题,即在对总体按一个标志分组后,各组的界限难以明确划分,总体中的某些单位应该归入哪一组,容易产生理解上的差别。

由于从这一组到另一组存在各种过渡状态,从而导致各组之间边缘不清。举例来讲,工业和农业是物质生产的两大部门,这是很明确的,然而农业与动植物采集工业、森林采伐业等的区分就比较困难了。又如劳动力按职业划分、产品按种类划分、商业销售按城乡划分等。在我国统计工作实践中,这种比较复杂的品质标志分组,习惯上称为分类。对于这些比较复杂的分组,有关部门通常规定统一的统计分类标准和分类目录,对不同现象的总体确定分类名称、分类标准计量单位和编码方法,以便统一全国的分组口径,如工业部门分类目录、产品分类目录、职业分类目录和新增生产能力分类目录等。

2. 数量标志分组法

数量标志分组法就是选择反映事物数量差异的数量标志为分组标志,并在数量标志的变异范围内划定各组界限,将总体划分为性质不同的若干组成部分。

数量标志分组法

社会经济现象的很多特征是通过数量表现出来的,针对每一个个别事物来讲,在一定时间上其数量表现是不变的,并且在按照数量标志对现象分组后的各组界限也是固定的。因此,分组后进行归类的结果也是固定的,即在按数量标志进行分组时,对于所选择的数量标志和各组数量界限的确定不会发生理解上的差异。这种分组方法在统计研究中运用得比较多。

按数量标志分组,应注意以下两个问题:

第一,按数量标志分组的目的并不是单纯确定各组在数量上的差别,而是要通过数量上的变化来区别各组的不同类型和性质。例如,学生按学习成绩分组时就不能把55分和64分合在一组,因为这样的分组没有区分及格和不及格这两者质的区别。

第二,采用最恰当的分组形式,即要明确究竟以什么数量作为划分标准,总共可以划分为多少个组，各组之间的临界值是如何确定的。这个问题比较复杂，我们从以下几方面加以说明。

（1）单项式分组和组距式分组。

1）单项式分组。它是指依次将每一个数量标志值（变量值）作为一个组，适合于离散型变量且变量值变动幅度较小的场合。例如，职工家庭总体按生育子女数分组可分为0个、1个、2个、3个及以上；城市居民家庭成员数可分为2个、3个、4个、5个及以上；某公司第二季度工人平均日产量分组（见表3-6）等。

表3-6　某公司第二季度工人平均日产量

工人平均日产量（件）	工人数	
	绝对数（人）	比重（%）
2	10	8.7
3	15	13.0
4	30	26.1
5	40	34.8
6	20	17.4
合　计	115	100.0

表3-6中工人平均日产量的"2件""3件"……就是单项式分组的组名称，具有离散型的数量特征。

2）组距式分组。它是将数量标志值（变量值）划分为几段区间，每个总体单位的标志值相对应于一个区间即一个组，区间的距离就是组距，所以这种分组方法被称为组距式分组。

在某些场合，如果离散型变量值变动很大，项数又很多，如采用上述的单项式分组，那么分组数会很多，同时每组又分不到几个单位，这样就失去了分组的意义。例如，将我国所有企业按职工人数进行分组，由于各企业职工人数差别很大，企业职工人数相同的概率是很小的。因此对变动范围较大的离散型变量，适宜采用组距式分组。而连续型变量由于不能一一列举其变量值，不能作为单项式分布，只能进行组距式分组。例如，反映某地居民居住水平按人均居住面积分组，可做成如下组距式分组：

20平方米以下

20～50平方米

50～100平方米

100平方米及以上

需要指明的是，按组距式分组会使资料的真实性受到一些损害。假定上例中人均居住面积50～100平方米有99人，这99人的实际居住面积可能靠近50平方米，也有可能靠近100平方米，或者均匀分布于50～100平方米，所有这些情况都被抽象和忽略了。在实际研究中，只能假定各组中的单位标志值是均匀分布的。

通过组距式分组，把各组内部各单位的次要差异抽象了，而把各组之间的主要差异突显出来，这样，各组分配的规律性可以更容易显示出来。根据这个道理，如组距太小、分组过细，容易将属于同类的单位划分到不同的组，因而显示不出现象类型的特点；但如果组距太大、组数太少，会把不同性质的单位归并到同一组中，失去区分事物的界限，达不到正确反映客观事实的目的。因此，组距的大小、组数的多少应根据研究对象的经济内容和标志值的分散程度等因素来确定，不可强求一致或随意安排。

（2）组距与组数。

1）组距。组与组之间的距离称为组距。组距有等距和异距之分。

① 等距分组是指各组保持相等的组距，即各组标志值的变动都限于相同的范围。从原则上说，凡是标志值分布比较均匀的场合，均可采用等距式分组。例如，工人的年龄、工龄、工资、完成生产定额（见表3-7）的分组；单位面积产量、单位产品成本的分组；学生按年龄、学习成绩（见表3-8）的分组等。等距分组的好处在于：比较省事，便于计算和分析，便于绘制统计图。

表3-7　2024年联华公司工人完成生产定额情况表

工人完成生产定额（%）	工　人　数	
	绝对数（人）	比重（%）
80～90	30	16.7
90～100	40	22.2
100～110	60	33.3
110～120	30	16.7
120～130	20	11.1
合　计	180	100.0

表3-8　2024年××学院金融服务与管理班学生考试成绩单

考试成绩（分）	学　生　数	
	绝对数（人）	比重（%）
50～60	2	5.0
60～70	7	17.5
70～80	11	27.5
80～90	12	30.0
90～100	8	20.0
合　计	40	100.0

② 异距分组即各组组距不相等的分组。统计分组时采用等距分组还是异距分组，取决于研究对象的性质特点。分组的目的主要是把性质相同的单位合并在同一组内，把性质不同的单位区分开来。在下列情形下，就必须考虑采用异距分组。

第一，标志值分布很不均匀的场合。例如，学生成绩集中在60～80分，其他的都非常少，这时若仍以10分为组距，则显示不出总体分布的规律性，使这一段分数信息失真较严重。因此，合理的做法是在成绩分布密集的区间采用较短的组距，在成绩分布稀少的区间采用较长的组距。

第二，标志值按一定的比例发展变化的场合，应按等比的组距进行分组。例如，高炉有效容积的异距分组为：100平方米以下、100～200平方米、200～400平方米、400～800平方米、800～1 600平方米、1 600平方米及以上，组距间隔的公比为2。再如，大城市百货商店营业额差别是很大的，如营业额在5万～5 000万元广泛分布，可采取公比为10的分组：5万～50万元、50万～500万元、500万～5 000万元。若用等距分组，即使组距为50万元，也得分出100组来，显然是不合适的。

第三,标志值相等的量具有不同意义的场合。例如,生命中每一年的意义对于新生儿和成人是大不相同的,因此在进行人口分布状况研究的年龄分组时应根据年龄特征采用异距分组的形式,见表3-9。

异距分组方法的运用没有固定模式可供遵循,全凭统计人员在实践中的探索,所以在异距分组中,经验就显得格外重要。

表3-9 某地区人口分布状况

年 龄	人口数(万人)
1岁及以下(婴儿组)	1.0
2~7岁(幼儿组)	6.0
8~17岁(学龄儿童组)	12.0
18~55岁(有劳动能力的人口组)	24.6
55岁以上(老年组)	8.1
合 计	51.7

2)组数,即分组个数。按数量标志分组,分几组合适是需要考虑的问题。

组数的多少与组距的大小有着十分密切的关系。在全距一定的情况下,组数越多,组距越小;组数越少,组距越大。在进行组距式分组时,要根据研究的目的来确定组数,同时要本着能简单明了地反映问题的原则来恰当地确定组数。美国学者H. A. 斯特奇斯提出,在总体各单位标志值分布趋于正态的情况下,可根据总体单位数(N)来确定应分组数(K),公式为

$$K = 1 + 3.322 \lg N$$

上式可供分组时参考,但也不能生搬硬套。当总体单位数过少时,按上述公式计算的组数可能偏多;当总体单位数很多时,计算的组数可能偏少。

(3)组限以及组的开口与闭口。

1)组限。组距式分组中,每个组都有端点数值,这个端点数值就是组限。每一组的起点值即为下限,每一组的终点值即为上限。例如表3-8中,第二组的下限为60分,上限为70分;第三组下限为70分,上限为80分,以此类推。

组限的划分随着离散型变量和连续型变量的不同而不同。离散型变量相邻两个数值之间没有中间数值,各组的上下限都可以用不重叠的确定的数值(整数)来表示。例如,城镇的居民人数分组可表示为:10 000~99 999人、100 000~999 999人、1 000 000~9 999 999人、10 000 000人及以上。类似这样的组距就称为间断式组距,也称异限分组。

另一种组限划分方式是相邻两组的组限相连(或称重叠),即有一个数值作为两者共同的界限,如上述的学生成绩分组,这样划分的组距称为连续式组距,也称同限分组。连续型变量只能采用连续式组距,离散型变量采用连续式组距也是可以的。例如,上面提到的城镇的居民人数分组还可表示为:10 000~100 000人、100 000~1 000 000人、1 000 000~10 000 000人、10 000 000人及以上。在实际进行连续式分组时,习惯上一般规定各组均包括本组下限变量值的单位,而不包括本组上限变量值的单位,即遵循"上组限不在内"原则。也就是说在上例中,居民人数为100 000人的城镇归在第二组,居民人数为1 000 000人的城镇归在第三组。

2)组的开口与闭口。在遇到变量中包含特大或特小的变量值时,为了不使组数增加过多或将组距不必要地扩大,可将最前或最后用"××(及)以下"或"××(及)以上"的方式表示,

这种分组称为开口组。开口组是指分组只有上限而缺下限 [用 "××（及）以下" 表示]，或只有下限而缺上限 [用 "××（及）以上" 表示]。而组距的两端都有组限的分组即称为闭口组。

（4）组中值。组距式分组掩盖了各组单位的实际变量值，为了反映分布在各组中个体单位变量值的一般水平，往往需要确定一个能代表各组标志值一般水平的数值，这个数值就是组中值。它在统计分析中得到了广泛的应用。组中值是上下限之间的中点数值，它并不是各组标志值的平均数，各组标志值的平均数在统计分组后很难计算出来，就常以组中值近似代替。组中值仅存在于组距式分组数列中，单项式分组中不存在组中值。它的值通常根据各组上限、下限进行简单平均求得，公式为

$$组中值 = \frac{上限 + 下限}{2}$$

或

$$组中值 = 上限 - \frac{上限 - 下限}{2} = 下限 + \frac{上限 - 下限}{2}$$

例如，城镇居民人数分组中，第一组 10 000 ～ 99 999 人，组中值为 54 999.5 人。

用组中值代表组内变量值的一般水平有一个前提，即组内各单位变量值在本组内均匀分布或在组中值两侧呈对称分布。实际上，完全满足这一前提是不可能的，但在划分各组组限时，必须考虑使组内变量值的分布尽可能满足这一要求。此外，为了计算方便，应力求使组中值能取整数。

在组距式分组中存在开口组的情况下，为了进行统计分析仍需要计算组中值。开口组的组中值的确定，一般可将邻组组距假定为开口组组距，然后计算组中值，公式为

$$缺下限的开口组组中值 = 上限 - \frac{邻组组距}{2}$$

$$缺上限的开口组组中值 = 下限 + \frac{邻组组距}{2}$$

子项目 3-3　分配数列

一、分配数列的概念及构成要素

1. 分配数列的概念

在统计分组的基础上，把总体的所有单位按组归类整理，形成总体中各个单位在各组间的分布，称为统计分布。统计分布实质是把总体的全部单位在按某标志所分的组间进行分配所形成的数列，所以又称分配数列或分布数列，也称次数分布。

分配数列是统计整理结果的一种表现形式。分配数列通过对零乱的、分散的原始资料进行有次序的整理，表明了总体单位的分布特征和结构状况，并在此基础上进一步研究标志的构成、平均水平及其变动规律。形式虽然简单，但在统计研究中占有重要地位。

分配数列是一种特殊形式的分组。通常的统计分组是对总体划分若干组之后，列出各组的标志总量，表示总体标志总量在各组之间的分配，说明总指标和分组指标之间的关系。现在我

们考虑另一类问题，即总体按一定标志分组之后，不是计算各组的标志总量，而是计算各组的单位数并分析它在总体中的作用程度，这就是分配数列的问题。所以，分配数列也是一种分组，它是一种特殊形式的分组。分配数列由两个要素构成：①总体按某一标志所分的组；②各组所出现的单位数——频数。

2. 分配数列的种类

统计整理中，根据分组标志的不同，分配数列可分为品质分配数列和变量分配数列两种。按品质标志分组所编制的分配数列称为品质分配数列或属性分配数列，简称品质数列。

按数量标志分组所编制的分配数列称为变量分配数列，简称变量数列。与变量分组相似，变量数列可分为单项数列和组距数列，而组距数列根据组距的不同又可分为等距数列和异距数列，它们之间的关系如图3-1所示。

图 3-1　分配数列的种类及其内在关系

二、编制变量分配数列的具体步骤

1. 将原始资料按其数值大小重新排列

只有把得到的原始资料按其数值大小重新排列顺序，才能看出变量分布的集中趋势和特点，为确定全距、组距和组数做准备。

分配数列

2. 计算全距，确定单项式分组还是组距式分组

全距是变量值中最大值和最小值的差数。确定全距，主要是确定变量数列、变量值的变动范围和变动幅度。如果是变动幅度不大的离散变量，即可编制单项数列；如果是变量幅度较大的离散变量或者是连续变量，就要编制组距数列。

3. 确定组距和组数

组距数列有等距和异距之分，组距的大小、组数的多少，以及是等距还是异距分组，应视研究对象的特点和研究目的的具体情况而定。

在实际应用中，组距应是整数，且最好是5或10的整数倍。在确定组距时，必须考虑原始资料的分布状况和集中程度，注意组距的同质性，尤其是对带有本质性的质量界限，绝不能混淆，否则就失去分组的意义。

在等距分组条件下，存在以下关系：

$$组数 = \frac{全距}{组距}$$

4. 确定组限

组限要根据变量的性质来确定。如果变量值相对集中，无特大或特小的极端数值时，则采用闭口式，使最小组和最大组也都有下限和上限；反之，如果变量值相对比较分散，则采用开

口式,使最小组只有上限,用具体数值表示,下限用"××(及)以下"表示;最大组只有下限,用具体数值表示,上限用"××(及)以上"表示。如果是离散型变量,可根据具体情况采用不重叠组限或重叠组限的表示方法,而连续型变量则只能用重叠组限来表示。

在采用闭口式时,应做到最小组的下限低于最小变量值,最大组的上限高于最大变量值,但不要过于悬殊。

5. 计算、汇总各组次数,编成变量数列

经过统计分组,明确了全距、组距、组数和组限及组限表示方法以后,就可以把变量值归类排列,最后把各组单位数经综合统计后填入相应的各组次数栏中。

三、频数与频率

统计分布有两种表现形式:①以绝对数形式表现的次数也称频数,是总体单位在各组出现的次数或标志值在各组出现的次数,用 f_i 表示。②以相对数形式表现的次数称为频率,即各组次数占总次数的比重,用 $f_i/\sum f_i$ 表示。

统计分布的研究不仅仅要注意各组标志值的变动范围,还要注意频数的大小与频率的高低。等距分组中,频数越大(即频率越高)说明该组的标志值对全体标志水平起的作用越大;反之,频数越小(即频率越低)说明该组的标志值起的作用也越小。频数和频率在统计实践中应用较广,例如,某学校教师按年龄分组情况见表 3-10。

表 3-10 某学校教师按年龄分组情况表

年龄(岁)	教师数(人)	比率(%)	高级职称教师(人)	比率(%)
21~35	175	42.17	2	5.00
36~45	90	21.69	10	25.00
46~55	150	36.14	28	70.00
合 计	415	100.00	40	100.00

表 3-10 中 175、90、150 是各组的频数,415 是总频数。其比率(即频率)分别为 42.17%、21.69%、36.14%,总比率是 100%。通过上表的分布我们得知,在这个学校里,青年教师(21~35 岁)人数最多,老教师(46~55 岁)也为数不少;高级职称和年龄有密切的联系,一般来讲,教师教龄越大,经验阅历各方面都更加丰富,职称就越高。

任何频率的分布都具有如下两个性质:

(1)任何频率都是介于 0~1 的一个分数,即 $0 \leqslant \dfrac{f_i}{\sum f_i} \leqslant 1$。

(2)各组频率之和等于 1,即 $\sum \dfrac{f_i}{\sum f_i} = 1$。

上述说的是等距分组的情况,对于异距分组,由于各组频数的多少会受到组距不同的影响,组距大的组有可能频数也大,组距小的组可能频数也小。为了消除异距分组所造成的困扰,我们引入了"频数密度"这个概念。频数密度也称为次数密度,它的计算公式为

$$频数密度 = \dfrac{频数}{组距}$$

同时
$$频率密度 = \frac{频率}{组距}$$

四、累计频数与累计频率

有时为了更简便地概括总体各单位的分布特征，往往还需要列出各组的累计频数和累计频率。例如表 3-11 给出的资料中，要想知道有多少名（或比例）工人的季度工资收入低于（或高于）36 000 元，我们就需要编制累计频数、累计频率分布表。

表 3-11　联华公司工人季度工资资料

季度工资（百元）	工人数（人）
340～350	10
350～360	35
360～370	20
370～380	20
380～390	15
合　计	100

计算累计频数（累计频率）的方法有两种：向上累计和向下累计。所谓的上和下是以变量值小的组为下，变量值大的组为上。向上累计是从变量值最小一组的频数（频率）起逐项累计，各累计数的意义是各组上限以下的累计频数或累计频率。当我们关注现象标志值较小的各组分配情况时，通常用频数（频率）向上累计，以表明在这些数值以下所有数值所占的比重。向下累计是从变量值最大一组的频数（频率）起逐级累计，各累计数的意义是各组下限以上的累计频数或累计频率。当我们关注现象标志值较大的各组分配情况时，通常用频数（频率）向下累计。根据表 3-11 的资料编制的累计频数、累计频率表见表 3-12。

表 3-12　联华公司工人季度工资累计频数、累计频率表

季度工资（百元）	工 人 数		向 上 累 计		向 下 累 计	
	频数（人）	频率（%）	累计频数（人）	累计频率（%）	累计频数（人）	累计频率（%）
340～350	10	10	10	10	100	100
350～360	35	35	45	45	90	90
360～370	20	20	65	65	55	55
370～380	20	20	85	85	35	35
380～390	15	15	100	100	15	15
合　计	100	100	—	—	—	—

从表 3-12 中很容易看出：季度工资在 36 000 元以下的工人有 45 人，占总数的 45%；季度工资在 36 000 元及以上的工人有 55 人，占总数的 55%。

根据表 3-12 绘制累计频数分布图，如图 3-2 所示。

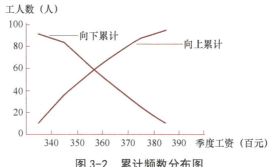

图 3-2　累计频数分布图

五、累计频数（累计频率）分配曲线

洛伦兹曲线

累计频数（累计频率）分配曲线可以用来研究财富、土地和工资收入的分配是否公平。这种累计分配曲线图最早是由美国的 M. O. 洛伦兹博士提出来的，所以人们将这类曲线称为洛伦兹曲线，称这类分布为洛伦兹分布。现在洛伦兹曲线专门用以研究国家和社会收入分配的平等程度。

该方法首先将一国总人口所得到的收入由低到高排序，然后考虑收入最低的任意百分比人口所得到的收入百分比。例如，收入最低的 20% 人口、40% 人口所得到的收入百分比分别是 6%、18% 等，见表 3-13。

表 3-13　一国总人口收入分配情况

等级	人口百分比（%）	累计（%）	占总收入的百分比（%）	累计（%）
1	20	20	6	6
2	20	40	12	18
3	20	60	17	35
4	20	80	24	59
5	20	100	41	100

将表 3-13 中累计人口百分比和累计收入百分比的对应关系描绘在坐标图上即得到洛伦兹曲线，如图 3-3 所示。

图中，横轴表示累计人口百分比，纵轴表示累计收入百分比，曲线 B 即为洛伦兹曲线。由此曲线及表 3-13 可以看出，在这个国家中，收入最低的 20% 人口所得到的收入仅占总收入的 6%；而收入低的 80% 人口所得到的收入占总收入的 59%。显而易见，洛伦兹曲线的弯曲程度具有十分重要的意义。一般来讲，它反映了收入分配的不平等程度。曲线弯曲程度越大，收入分配越不平等；弯曲程度越小，收入分配越平等。特别是，如

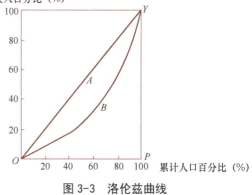

图 3-3　洛伦兹曲线

果收入都集中在某一个人手中,而其余人口一无所获时,收入分配达到绝对不平等,洛伦兹曲线为折线 OPY;另一方面,如果任一人口百分比均等于其收入百分比,从而累计人口百分比等于累计收入百分比,则收入分配就是绝对平等的,洛伦兹曲线为对角线 OY 即直线 A。

六、统计分布的主要类型

由于社会经济现象性质的不同,各种统计总体都有不同的频数分布,形成了类型各异的分布特征。概括起来,主要有三种分布类型:钟形分布、U 形分布和 J 形分布。

1. 钟形分布

钟形分布的特征是"两头小,中间大",即靠近中间的变量值分布的频数多,靠近两边的变量值分布的频数少,曲线的形状如一口古钟,如图 3-4 所示。

钟形分布的种类很多,其中最主要的是对称分布。对称分布的特征是中间变量值分布的频数最多,两侧变量值

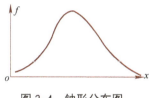

图 3-4 钟形分布图

分布的频数随着与中间变量值距离的增大而逐渐减少,并且围绕中间变量值两侧对称分布。这种分布在统计学中称为正态分布。社会现象中许多事物的分布近似于正态分布,例如学生考试成绩、每人一天中的休息时间、商品的市场价格及农作物的单位亩产量等。因此,正态分布在社会经济统计分析中具有重要地位。

2. U 形分布

U 形分布的特征与钟形分布恰好相反,靠近两边的变量值分布频数多,靠近中间的变量值分布的频数少,曲线的形状像大写英文字母"U",如图 3-5 所示。

例如,人口死亡现象按年龄分布便是如此。由于婴幼儿和老年人死亡人数较多,而中青年死亡人数较少,因而死亡人数按年龄分组便表现为 U 形分布。

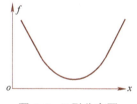

图 3-5 U 形分布图

3. J 形分布

J 形分布有两种类型。一种是频数随着变量的增大而增多,例如农作物产量按土地面积分布,绘成的曲线图犹如大写英文字母"J",所以这种分布称为"正 J 形分布",如图 3-6 所示。另一种是频数随着变量的增大而减少,例如人口总体按年龄大小的分布、单位成本按产品产量的分布,这种分布称为"倒 J 形分布",如图 3-7 所示。

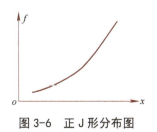

图 3-6 正 J 形分布图

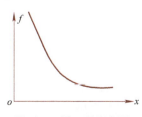

图 3-7 倒 J 形分布图

子项目 3-4 统计表和统计图

一、统计表

1. 统计表的概念

统计表是由纵横交叉的直线组成的左右两边不封口的表示统计资料的表式。统计表分为广义和狭义两种概念。

广义上的统计表是指统计工作各阶段所用的所有表式，包括调查表、汇总表以及公布统计资料的各种表式。狭义上的统计表则仅指在统计工作中，用来记载统计汇总结果及公布统计资料的表式。

统计表能够通过对大量的数字进行选择性的罗列分析，使庞杂无序的统计数据资料变得简单清晰，以便于找到现象或事物的内在联系，以及它们之间的相互关系。它主要有以下几个作用：

（1）使统计资料系统化、条理化、标准化。
（2）便于比较各项目之间的关系，便于计算。
（3）紧凑、简明、醒目、一目了然。
（4）合理、科学地组织统计资料，易于检查数字的完整性和正确性。

2. 统计表的构成

从形式上看，统计表由总标题、横行标题、纵栏标题和数字资料四个要素构成，如图3-8所示。

20××年东海地区企业主要指标

	企业数（个）	亏损企业数（个）
总　计	1 000	87
国有企业	500	60
集团企业	200	15
私营企业	300	12

图 3-8 统计表的构成要素

（1）总标题。它是统计表的名称，用以概括说明统计表中所反映的统计资料的内容，一般位于表的上端正中央。

（2）横行标题。它是指统计表中横行的名称，在统计表中用来说明总体及其各分组的名称，它是统计表要说明的对象，一般在表的左方。

（3）纵栏标题。它是统计表纵栏的名称，在统计表中通常用来表示统计指标的名称，它是表明总体特征的统计指标的名称，一般位于表的右上方。

（4）数字资料。它是指在各横行标题与各纵栏标题交叉处的数字，它是统计表的主要内容，是反映总体特征的各个统计指标的实际数据。

从内容上看，统计表包括主词和宾词两部分。主词用以说明所研究事物的总体，或是总体的各个组、各个单位的名称，一般列于表的左方，即横行标题的位置；宾词用以说明总体及其组成部分数量特征的各种统计指标，一般列于表的右方，即纵栏标题和指标数值的位置。此外，一些统计表还有补充资料、注解、资料来源、填表单位、填表人等内容，一般列在表的下方。

3. 统计表的种类

统计表按主词的分组情况，可以分为简单表、简单分组表和复合分组表。

（1）简单表。简单表是指统计表的主词栏未经任何分组的统计表，即仅对主词进行简单列举并不进行任何其他分类的统计表（见表3-14）。

统计表和统计图

表3-14　联华公司2021—2024年营业收入

年　份	营业收入（万元）
2021	62 975
2022	53 321
2023	73 654
2024	110 005

（2）简单分组表。简单分组表是指统计表的主词栏仅按一个标志进行分组的统计表（见表3-15）。

表3-15　西阳地区2024年总产值报表

产　业　分　类	当年总产值（万元）	上一年总产值（万元）
农业	445 672	577 126
重工业	3 325 972	3 044 709
轻工业	1 094 376	1 086 950
总　　　计	4 866 020	4 708 785

（3）复合分组表。复合分组表是指统计表的主词栏按照两个或两个以上标志进行重叠分组的统计表（见表3-16）。

另外，统计表按宾词可分为简单设计和复合设计；按作用不同可分为调查表、汇总表和分析表。

表3-16　西阳地区2024年企业情况表

企　业　分　类	企业数（个）	亏损企业数（个）
国有企业	232	67
大型	24	3
中型	78	20
小型	130	44
集体企业	214	34
大型	9	1
中型	25	7
小型	180	26
私营企业	339	64
大型	9	1
中型	40	13
小型	290	50
总　　　计	785	165

4. 统计表的设计及编制规则

统计表的设计应合理、科学、实用、简明、美观，因此，编制统计表时必须注意以下规则：

（1）设计表之前，要将列入表中的统计资料进行全面的分析研究，做到主次分明、简洁合理。

（2）统计表形式应长宽适中，上下端端线应用粗线，表中其他线条一律用细线绘制，表的左右为开口式。

（3）"合计"在横行中一般在最后一行，在纵栏中一般为第一栏，必要时也可根据实际情况进行调整。

（4）在纵栏较多时为便于阅读可以按栏的顺序编号。一般习惯，主词栏和计量单位等栏常用甲、乙等文字标明，其他各栏常用（1）（2）（3）等数字编号。

（5）统计表的总标题要简明扼要，能概括表中内容，并需在标题内或标题下说明统计资料所属时间和空间。

（6）表中数字要填写整齐，位数对准。没有数字的格内用"—"表示；缺某项数字或因其数额小可忽略不计时，用"…"标明。统计表的数字部分不能留下空白。

（7）当表内所有指标数值的计量单位相同时，应将计量单位标写在统计表的右上角；若计量单位不统一，但横行的计量单位相同，可单设计量单位栏，纵栏的计量单位相同时可与纵栏标题写在一起。

（8）表内各主词之间、各宾词之间的排列顺序，应按照时间、空间等自然顺序合理地编排，一般是按从小到大、从过去到现在的升序排列。

（9）对于某些需要进行说明的资料，统一在表下面进行说明。

二、统计图

1. 常见统计图的几种形式

（1）条形图与柱形图。条形图（见图 3-9）与柱形图（见图 3-10）两种统计图都可以用来表示与一组或几组分类相关的数值，既可用于不同现象的比较，也可以采用时间顺序描述现象的发展趋势。在条形图或柱形图中，各条形（柱形）的宽度以及各条形（柱形）间的距离分别保持均等，条（柱）的长度与所代表的变量值成比例。

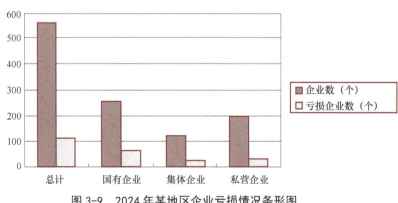

图 3-9 2024 年某地区企业亏损情况条形图

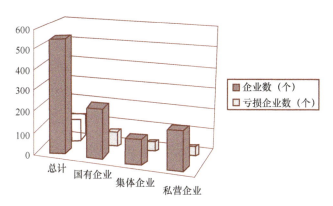

图 3-10　2024 年某地区企业亏损情况柱形图

（2）折线图。折线图（见图 3-11）运用断点的形式来表示相应的数据，并通过以线连接相邻断点的方法来反映事物在断点间的变化情况。

在折线图中，通常各断点间的距离相等，对应相应的数据；各相邻断点相互连接，以表示数据变化趋势。

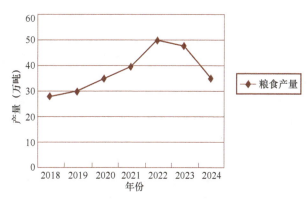

图 3-11　某市 2018—2024 年粮食产量折线图

（3）饼状图。饼状图（见图 3-12）即根据各分组数据所占比例的大小，将与数据对应的调查对象分为相应大小的饼状图形。饼状图一般用于分析数据间的比例情况，它的主要特点是鲜明、直观。

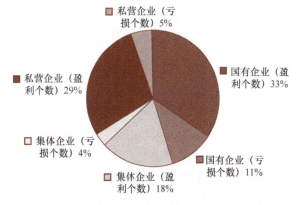

图 3-12　2024 年某地区各类型企业盈亏情况饼状图

2. 绘制统计图应遵循的原则

（1）统计图应能反映客观实际情况。统计图不同于一般的美术图，不允许夸张。绘制统计图所用的统计资料及绘制的统计图都必须准确。

（2）统计图要简明扼要、主题突出、通俗易懂。绘制的统计图要使读者能够一目了然地掌握其所表达的基本内容，每一个图形都应有一个确切的、简明扼要的标题，必要时可对图中的各项内容附加注解和说明。

（3）要根据不同的统计资料和不同的目的绘制不同的统计图，尽量做到内容与形式的协调；在准确反映客观实际的前提下，尽量做到美观，以增加读者的兴趣，提高对读者的吸引力。

本项目小结

本项目包括三大方面的内容：①统计整理的概述；②统计分组和分配数列；③统计图表。

1. 统计整理是对调查资料进行分组、汇总，使其系统化、条理化的过程。统计整理实现了从个别单位的标志值向说明总体数量特征的指标值过渡，是感性认识上升到理性认识的过渡阶段，它在统计研究中起到了承前启后的作用。

2. 统计分组是统计整理的中心。统计分组有两个原则：穷尽原则和互斥原则。统计分组的关键是正确选择分组标志，一般有按品质标志分组和按数量标志分组两种方式。按品质标志分组比较简单，按数量标志分组比较复杂。数量分组分为单项式分组和组距式分组，组距式分组又分为等距分组和异距分组。对于组距式分组，需计算组距、组数、组中值，并确定组限和组的开口与闭口。

3. 分配数列是将总体所有的单位按某一标志归类排列而形成的分布数列，分布数列有两个构成要素：①总体按某一标志所分的组；②各组所出现的单位数，也称为频数。各组频数与总体单位数之比即为频率。频率的数值界于 0～1，各组频率之和等于 1。为消除异距分组中组距大小不同的影响，应计算频数（率）密度。累计频数（率）分为向上累计和向下累计。洛伦兹曲线是一种常用的累计分配曲线，它用于研究社会财富、土地、工资收入的分配是否公平。

4. 统计表是把经过统计整理后的数据按一定的顺序排列在表格上。统计表能够清楚、有条理地显示统计资料。统计表从表式看，包括总标题、横行标题、纵栏标题和数字资料四个方面；从内容看，包括主词和宾词两部分。统计表可按主词分组，也可按宾词设计分组。统计图非常直观地描述频数分布的类型特征，常用的统计图有条形图、柱形图、折线图和饼状图等。

思考与训练

一、简答题

1. 什么是统计整理？为什么要进行统计整理？它在统计研究中的地位如何？
2. 统计整理可分为哪几个具体的步骤？
3. 什么是统计分组？统计分组的作用是什么？

4. 统计分组有哪些不同种类？
5. 单项式分组和组距式分组分别在什么条件下应用？
6. 什么是等距分组？什么是异距分组？说明它们各自的应用场合。
7. 为什么说分组标志的选择非常重要？
8. 说明组距、组限、组数与组中值的含义及其计算方法。
9. 什么是分配数列？它包括哪两个要素？
10. 变量数列有哪些类型？它是怎么编制的？
11. 洛伦兹曲线的社会意义有哪些？

二、单项选择题

1. 将分配数列分为品质数列和变量数列的依据是（　　）。
    A．分组的方法　　　　　　　　B．分组的组限
    C．分组的组距　　　　　　　　D．分组标志的特征
2. 某连续变量数列，其末组为"500及以上"，其邻近组的组中值为480，则末组的组中值为（　　）。
    A．520　　　　B．510　　　　C．530　　　　D．540
3. 对职工的生活水平状况进行分组研究，应选择的最恰当的分组标志是（　　）。
    A．职工月工资总额　　　　　　B．职工的人均月收入额
    C．职工家庭成员平均月收入额　D．职工人均月岗位津贴及奖金
4. 企业按资产总额分组（　　）。
    A．只能使用单项式分组
    B．只能使用组距式分组
    C．可以单项式分组，也可以组距式分组
    D．无法分组
5. 划分连续变量的组限时，相邻的组限必须（　　）。
    A．重叠　　　　B．相近　　　　C．不等　　　　D．没要求
6. 分配数列是（　　）。
    A．按数量标志分组
    B．按品质标志分组
    C．按统计指标分组所形成的数列
    D．按数量标志或品质标志分组所形成的数列

三、多项选择题

1. 统计分组的作用是（　　）。
    A．划分社会经济现象的类型　　B．说明总体的基本情况
    C．研究现象的内部结构　　　　D．说明总体单位的特征
    E．分析被研究现象总体诸标志之间的联系和现象之间的依存关系
2. 统计资料汇总前审核的主要内容是关于资料的（　　）。
    A．系统性　　　B．广泛性　　　C．准确性　　　D．及时性
    E．完整性

3. 在分配数列中，组中值是（　　　）。
   A. 上限与下限之间的中点数值
   B. 用来代表各组标志值的平均水平
   C. 在开放式分组中无法确定
   D. 在开放式分组中，可以参照相邻组的组距来确定
   E. 就是组平均数
4. 在频数分配数列中（　　　）。
   A. 总频数一定时，频数和频率成反比
   B. 各组的频率之和等于 100%
   C. 各组频率大于 0，频率之和等于 1
   D. 频数越小，则该组的标志值所起的作用越小
   E. 频率又称为次数
5. 统计分布的主要类型有（　　　）。
   A. 正态分布　　　B. 钟形分布　　　C. 累计分布　　　D. U 形分布
   E. J 形分布

四、判断题

1. 进行统计分组时，当标志值刚好等于相邻两组上下限数值时，一般把此值归入作为上限的那一组。（　　　）
2. 凡是离散型变量都适合编制单项式数列。（　　　）
3. 连续型变量只能做组距式分组，但其组限可采用重叠和不重叠组限两种。（　　　）
4. 按两个或两个以上标志进行分组的方式称为复合分组。（　　　）
5. 统计资料的表达方式有统计表和统计图，由于统计图形象生动，因此，统计资料的表达主要是统计图而非统计表。（　　　）

五、计算题

1. 某地区工业企业按职工人数分组如下：
100 人以下
100～499 人
500～999 人
1 000～2 999 人
3 000 人及以上
请说明分组的标志变量是离散型的还是连续型的，属于什么类型的组距数列。

2. 某公司职工季度收入水平分组情况和各组职工人数情况见表 3-17。

表 3-17　某公司职工季度收入水平分组资料

季度收入（百元）	职工数（人）
400～500	20
500～600	30
600～700	50
700～800	10
800～900	10

请指出这是什么类型的组距数列，并计算各组的组中值和频率分布状况。

3. 抽样调查某省 20 户城镇家庭平均每人每月可支配收入（单位：百元）如下：

88　77　66　85　74　92　67　84　77　94
58　60　74　64　75　66　78　55　70　66

（1）根据上述资料进行分组整理并编制频数分布数列。
（2）编制向上和向下累计频数、频率数列。
（3）根据所编制的频数分布数列绘制柱形图和折线图。

六、实训题

【实训一】

假定某公司职工提供性别、年龄、工种和月工资收入等方面的资料，试按下列要求设计统计表：

（1）按一个数量标志分组，宾词简单设计。
（2）按一个数量标志分组，宾词复合设计。
（3）按一个品质标志分组，宾词简单设计。
（4）按一个品质标志分组，宾词复合设计。

实训目的：本题训练的目的是掌握统计表设计的技巧。
实训要求：每位同学按照题意设计四张表格，要求上下封顶、左右开口，并符合统计表编制的规则。
考核标准：画出四张符合要求的统计表，线条清楚，统计表表式正确。
实训成果：四张统计表。

【实训二】

请依据项目二最后的实训题调查得到的原始资料进行统计分组，编制分配数列，并把整理后的内容用统计图表表示出来。

实训目的：通过本实训题，掌握统计分组和编制分配数列的一般方法，并会设计统计图表。
实训要求：对原始资料进行分组时，要求进行组距式分组；分配数列的各要素齐备；统计图表设计合理、美观。
考核标准：编制一张统计表，画一张统计图，美观合理，实训成绩合格。
实训成果：一张统计表，一张统计图。

project 4

项目四
统计分析之综合指标法

学习目标

知识目标

- 了解总量指标与相对指标的概念、作用、表现形式和种类，理解常见相对指标的性质特点，掌握其计算方法。
- 理解平均指标的概念、作用及几种平均数的特点，掌握常见平均指标的计算方法。
- 了解变异指标的概念、作用和种类，掌握常见变异指标的计算方法。

技能目标

- 会辨别各种综合指标，特别是时期指标与时点指标。
- 会计算常用的相对指标、平均指标及变异指标。
- 会运用所学的综合指标分析社会经济问题。

素质目标

- 通过总量指标与相对指标的综合运用，养成全面看问题的综合素质。
- 培养学生认真仔细、实事求是的职业素养。

引导案例

2023年农业经济形势总体良好（节选）

2023年，中央实施新一轮千亿斤粮食产能提升行动，开展粮油等主要作物大面积单产提升行动，各地层层压实粮食生产党政同责，进一步加大粮食生产支持力度，提高农民种粮积极性，粮食生产再获丰收。全国粮食总产量13 908.2亿斤，比上年增加177.6亿斤，增长1.3%，全年粮食产量再创历史新高，连续9年稳定在1.3万亿斤以上。全国粮食播种面积17.85亿亩，增加954.6万亩，增长0.5%，连续四年保持增长。全国粮食单产389.7公斤/亩，增加2.9公斤/亩，增长0.8%。

（资料来源：国家统计局，2024年1月18日）

以上资料中涉及了本项目所要介绍的总量指标、相对指标和平均指标，并运用这些综合指标对国内的相关经济问题进行了描述和分析。

子项目4-1 总量指标

统计分析之综合指标法

一、总量指标的概念

总量指标是反映社会经济现象发展的总规模、总水平的综合指标。总量指标以绝对数形式表示，因此也称为统计绝对数。例如，2023年全国粮食总产量13 908.2亿斤就是一个总量指标，反映了我国粮食产量的总规模。

总量指标是对统计调查来的原始资料经过分组和汇总得到的各项总计数，是统计整理阶段的直接成果，是最基本的统计指标，为统计研究进入统计分析阶段提供了可靠的基础。总量指标的数值大小与总体范围大小有关，通常情况下总体范围越大，其总量指标的数值就越大；总体范围越小，其总量指标的数值就越小。

二、总量指标的作用

在社会经济统计中，总量指标有着十分重要的作用，具体表现在以下几个方面。

（1）总量指标是认识社会经济现象的起点。社会经济现象基本情况往往首先表现为总量。例如，2023年我国国民经济发展情况可以从以下总量指标中看出：初步核算，2023年国内生产总值1 260 582亿元，年末国家外汇储备32 380亿美元，全年粮食产量69 541万吨，全年全部工业增加值399 103亿元，全年社会消费品零售总额471 495亿元，对共建"一带一路"国家进出口额194 719亿元，全年全国一般公共预算收入216 784亿元。

（2）总量指标是制定政策、编制计划、进行科学管理的主要依据。无论是宏观调控还是微观管理，都必须从客观实际出发，以反映客观事物现在和历史的相关总量指标作为重要的参考依据。例如，城乡居民储蓄存款余额、全社会固定资产投资总额、货币供应量等总量指标是国家制定货币发行量、存贷款利率、存贷款额度、基本建设投资规模等各项金融政策和财政政策的基础。

（3）总量指标是计算相对指标和平均指标的基础。相对指标和平均指标都是在总量指标的基础上派生出来的，总量指标的计算结果正确与否，直接影响到相对指标和平均指标的计算结果。例如，人口性别比例是男性人口数与女性人口数之比，单位面积产量是总产量与播种面积之比。

三、总量指标的分类

1. 按反映现象总体内容的不同，可分为总体单位总量和总体标志总量

总体单位总量，简称单位总量，是指总体内所有单位的总数，它表示总体本身的规模大小。总体标志总量，简称标志总量，是指总体中各单位标志值的总和。例如，研究某市国有企业的经营情况，则该市国有企业总数是单位总量，而该市国有企业的利税总额、职工人数、工资总额等则是标志总量。

一个总量指标究竟属于总体总量还是属于标志总量，并不是固定不变的，而是随研究目的和研究对象的不同而相对变化的。例如，对各企业工人总数指标来说，当研究企业平均规模时，以企业为总体单位，企业总数为单位总量，各企业工人总数、总产值、实现利税、年末固定资产总值等为标志总量；当研究企业劳动效益时，以工人为总体单位，这时各企业工人总数就转变为单位总量，而各企业工人的总工时、总产量、工资总额等成为标志总量。

2. 按反映时间状况的不同，可分为时期指标和时点指标

时期指标是反映现象在一段时间内某种标志值的累积总量的指标，如一年内的粮食产量、钢产量、人口出生总数、商品销售额等；时点指标是反映现象在某一时点（瞬间）的某种标志总量的指标，如某一时点的人口数、土地面积、商品库存量等。

时期指标具有可加性，连续的各个时期的数量相加的结果表明现象在更长时期内的累计总量。例如，把一个月内每日的产品生产量相加即得到整月的产量，把一年内每个月的产量加起来即得到全年的产量。而时点指标相加无实际意义，如把每日的人口数相加。

时期指标数值的大小与时期的长短有直接关系，对同一现象，累积的时期越长，指标数值越大。例如，一年的产品生产量肯定大于其中某一个月的生产量。而时点指标的数值大小与时间间隔长短无直接关系，如年末人口数不一定大于年初人口数。

时期指标数值一般是通过经常性调查取得，即对各时期内的数据进行连续不断登记、汇总而得到的。而时点指标的数值一般是通过一次性调查取得，即对某一时点的数据进行登记、汇总而得到。

3. 按采用的计量单位不同，可分为实物指标、价值指标和劳动量指标

按计量单位的不同，总量指标可分为实物指标、价值指标和劳动量指标。实物指标是根据事物的自然属性和特点采用实物单位计量的统计指标；价值指标是以货币作为尺度计量社会物质财富或劳动成果的统计指标，如社会商品零售额、国内生产总值等；劳动量指标是以劳动单位即工日、工时等劳动时间计量的统计指标。

实物指标使用的计量单位有如下几种：

（1）自然单位。它是按事物的自然属性或物理属性来描述的计量单位，如人口以"人"、汽车以"辆"、鞋子以"双"为单位等。

（2）度量衡单位。它是按照统一的度量衡制度的规定来度量的一种计量单位。例如，重量

用"吨""千克"等，体积用"立方米""立方厘米"等，长度用"千米""米"等来度量。

（3）复合单位。它是将两个或两个以上单位有机结合在一起进行度量的单位，如货运周转量以"吨公里"、发电量以"千瓦时"、参观人数以"人次"作为计量单位等。

（4）标准实物单位。它是指对同类事物按统一的折算标准来度量的单位。例如，拖拉机有多种型号和功率，可以按 15 马力 / 台 ⊖ 的"标准台"统一计算。按标准实物单位计量使各单位之间具有可比性。

实物指标最大的特点是可以直接反映事物的使用价值或现象的具体内容，能具体表明事物的规模和水平，但指标的综合性能较差，无法进行不同事物间的汇总。价值指标的最大优点是具有最广泛的综合性和概括能力，可以表示现象的总规模和总水平，但它脱离了物质内容。因此实物指标和价值指标要结合应用。劳动量指标是评价劳动时间利用程度和计算劳动生产率的依据，同时也是企业编制生产计划和检查生产计划的依据。

子项目 4-2　相对指标

总量指标虽然可以综合反映社会经济现象的规模、水平和工作总量，但由于现象总体的复杂性，仅根据总量指标仍难以对客观事物做出正确的判断。相对指标就是在总量指标的基础上进行对比而产生的统计分析指标，它有利于反映现象之间的联系状况。

一、相对指标的概念和作用

（一）相对指标的概念

相对指标又称统计相对数，是社会经济现象中两个有联系的统计指标数值的对比值，用以反映现象的发展程度、结构、强度、普遍程度和比例关系等，在国民经济管理、企业经济活动分析和统计研究中应用很广。

（二）相对指标的作用

相对指标反映了社会经济现象之间的相对水平和联系程度，为人们深入认识事物发展的质量与状况提供了客观的依据。我们要分析一种社会经济现象，仅仅利用某一项指标，而不把有关指标联系起来进行比较分析，就难以对事物发展规模的大小、变化速度的快慢、各种比例协调与否有深刻、全面的认识。运用相对指标可以观察某一总体的任务完成程度，内部结构状况，相关指标之间的比例关系，一件事物在另一件事物中的普遍程度、强度和密度，从而有利于分析同类现象在不同空间上的联系与区别，为揭示现象本质和特点提供依据。例如，人们常用计划完成相对数判断一个企业任务的完成情况，用人均国民收入衡量一个国家的经济实力，用耐用消费品的平均拥有量评估一个地方的生活状况。虽然这些相对指标不是唯一的评判标准，但仍然为我们分析研究问题带来了方便。

相对指标提供了现象之间的比较基础。相对指标把总量指标之间的差异抽象化，从而使不可比现象转化为可比现象。例如，要比较两个企业的生产任务完成情况，仅比较产品生产数量

⊖　1 马力 =735.499 瓦。

的多少并不能说明问题。若 A 企业全年产品生产数为 500 件，B 企业全年产品生产数为 580 件，这并不能说明 B 企业生产任务完成情况比 A 企业差，只有再根据各企业的总职工数计算出企业劳动生产率这一相对指标才可比较。

二、相对指标的表现形式

相对指标的表现形式分为有名数和无名数两种，但更多采用无名数来表示。

凡是由两个性质不同而又有联系的绝对数或平均数指标对比计算所得的相对数，一般都是有名数，而且多用复合计量单位。有名数主要用于强度相对指标数值的表示，如平均每人分摊的粮食产量用"千克／人"表示，人口密度用"人／平方千米"表示等。

当对比的两个指标的计量单位相同时，相对指标表现为无名数，无名数可以根据不同的情况分别采用倍数、成数、系数、百分数、百分点、千分数、万分数、翻番数等来表示，它是一种抽象化的数值，如人口出生率、死亡率等。

1. 倍数和系数

倍数和系数是以 1 为对比基数计算的相对数。当分子数值比分母数值大很多时，一般用倍数表示；当分子和分母数值差别不大时，常用系数表示，系数可以大于 1，也可以小于 1。

2. 成数

成数是以 10 为对比基数计算的相对数。例如，某地粮食增产一成，即表示粮食产量增长 1/10。

3. 百分数和百分点

百分数是以 100 为对比基数计算的相对数，在数学中用"%"来表示，在文章中一般写作"百分之多少"。百分数与倍数不同，它既可以表示数量的增加，也可以表示数量的减少。运用百分数时，要注意概念的精确。例如，"比过去增长 20%"，即过去为"100"，现在是"120"；"比过去降低 20%"，即过去是"100"，现在是"80"；"降低到原来的 20%"，即原来是"100"，现在是"20"。还要注意有些相对指标最多只能达到 100%，如产品合格率等；有些相对指标只能小于 100%，如粮食出粉率等；有些相对指标却可以超过 100%，如产品产量计划完成情况等。

百分点是指不同时期以百分数形式表示的相对指标的变动幅度，它在两个百分数相减的情况下应用，是百分数的另一种表述形式。例如，我国国内生产总值中，第一产业所占比重由 2021 年的 7.2% 上升到 2022 年的 7.3%，我们可以说 2022 年第一产业所占比重比 2021 年上升 0.1 个百分点（7.3-7.2=0.1），但不能说上升了 0.1%。

4. 千分数和万分数

千分数是以 1 000 为对比基数计算的相对数。千分数往往在分子数值比分母数值小很多时使用，如人口出生率、死亡率等常用千分数来表示。万分数是以 10 000 作为对比基数计算的相对数，当分子与分母相差很大时使用。

5. 翻番数

翻番数是指两个相比较的数值中，一个数是另一个数的 2^m 倍，其中 m 即是番数。例如，某地区 2025 年的国内生产总值与 2010 年相比翻了两番，则表示该地区 2025 年的国内生产总值是 2010 年的四倍。

三、相对指标的种类与计算方法

相对指标根据相互对比的指标的性质和所能发挥的作用不同，可分为结构相对指标、比例相对指标、比较相对指标、动态相对指标、强度相对指标、计划完成程度相对指标六种。

1. 结构相对指标

结构相对指标又称结构相对数，它是总体各部分数值与总体数值之比。它反映总体内部构成情况，表明总体中各部分所占比重大小，所以又称比重相对数。

相对指标的种类与计算方法

（1）结构相对数的计算方法。结构相对数一般用百分数、成数或系数等无名数表示，计算公式为

$$结构相对数 = \frac{总体某一部分数值}{总体全部数值} \times 100\% \qquad (4-1)$$

由于对比的基础是同一总体的总数值，所以各部分（或组）所占比重之和应当等于100%或1。

> **例4-1** 初步核算，2023年我国国内生产总值1 260 582亿元，其中第一产业增加值89 755亿元，第二产业增加值482 589亿元，第三产业增加值688 238亿元，则
>
> $$第一产业增加值占国内生产总值的比重 = \frac{89\,755}{1\,260\,582} \times 100\% = 7.1\%$$
>
> $$第二产业增加值占国内生产总值的比重 = \frac{482\,589}{1\,260\,582} \times 100\% = 38.3\%$$
>
> $$第三产业增加值占国内生产总值的比重 = \frac{688\,238}{1\,260\,582} \times 100\% = 54.6\%$$

（2）结构相对数的作用。

1）它可以说明在一定的时间、地点和条件下总体结构的特征。例如，从例4-1中可以看出2025年该国国内生产总值的结构特点。

2）不同时期结构相对数的变化可以反映事物性质的发展趋势，分析经济结构的演变规律。例如从表4-1的资料中，可以看出不同年份该国的第三产业就业人数在总就业人数中所占的比重呈现出平稳上升的趋势，这也是伴随经济发展和社会进步而产生的必然结果。

表4-1 某国第三产业就业人数的发展趋势

年 份	2019	2020	2021	2022	2023	2024
总就业人数（万人）	76 420	76 704	76 977	77 253	77 451	77 603
第三产业就业人数（万人）	27 282	27 690	29 636	31 364	32 839	33 757
第三产业就业人数占总就业人数的比重（%）	35.7	36.1	38.5	40.6	42.4	43.5

3）根据各构成部分所占比重大小，可以反映所研究现象总体的质量以及人、财、物的利用情况。例如，文盲率、入学率、青年受高等教育人口比率等可从文化教育方面表明人口的质量；产品的合格率、优质品率、高新技术品率、商品损耗率等可表明企业的产品质量；出勤或缺勤率、设备利用率等则可反映企业的人、财、物的利用状况。

4）利用结构相对数，有助于分清主次，确定工作重点。例如，在存货管理工作中经常采

用的 ABC 分析法，其基本原理就是对影响经济活动的因素进行分析，按各种因素的影响程度大小分为 A、B、C 三类，实行分类管理。采用这种方法的依据就是根据对统计资料的分析，计算结构相对指标，如某企业存货分类表见表 4-2。

表 4-2 某企业存货分类表

类 别	占资金的比重（%）	占数量的比重（%）
A	80	20
B	15	30
C	5	50

可见，该企业应重点抓好 A 类物资的管理，其次要注意 B 类物资的管理，这样就可以控制资金的 95%，收到较好的经济效果。

2. 比例相对指标

比例相对指标又称比例相对数，是总体内部不同部分数量对比的相对指标，用以分析总体范围内各个局部、各个分组之间的比例关系和协调平衡状态。

（1）比例相对数的计算方法。比例相对数是同一总体中某一部分数值与另一部分数值静态对比的结果，其计算公式为

$$比例相对数 = \frac{总体中某一部分数值}{总体中另一部分数值} \times 100\% \qquad (4-2)$$

比例相对数的数值一般用百分数或以比较基数单位为 1、100、1 000 时被比较单位数是多少即几比几的形式表示。例如，2020 年我国第七次人口普查结果显示，大陆 31 个省、自治区、直辖市和现役军人的人口 ⊖ 为 141 178 万人，男性 72 334 万人，女性 68 844 万人，则男、女比例为 1.05:1。

比例相对数一般以总量指标进行对比，但依据分析任务和提供资料的情况，我们也可运用现象总体各部分的平均值或相对数进行对比。

> **例 4-2** 2023 年某地农村居民人均可支配收入为 12 363 元，城镇居民人均可支配收入为 33 616 元，则
>
> $$城乡居民人均收入水平对比 = \frac{33\ 616}{12\ 363} \times 100\% = \frac{2.72}{1}$$

计算各种比例相对数，反映有关事物之间的实际比例关系，有助于我们认识客观事物是否符合按比例协调发展的要求，参照有关标准，可以判断比例关系是否合理。在宏观经济管理中，这对于研究分析整个国民经济和社会发展是否协调均衡具有重要的意义。

（2）比例相对数与结构相对数的关系。

1）两者对比的方法不同。结构相对数的分子和分母表现为包含关系，分子是分母的一部分，分子、分母不可互换；比例相对数也是一种结构性比例，但其分子和分母是并列关系，因而分子、分母可以互换。

2）说明问题不同。结构相对数反映总体内部结构情况，而比例相对数说明总体范围内各个分组之间的比例关系和协调平衡状况。例如，在全国总人口中"女性所占比例"是结构指标，

⊖ 不包括居住在 31 个省、自治区、直辖市的港澳台居民和外籍人员。

而"男女性别比"是比例指标。

在实际工作中，往往把结构相对数和比例相对数结合起来应用，既可以分析总体各部分构成比例的协调程度，也可以研究总体的结构是否合理。

3. 比较相对指标

比较相对指标又称比较相对数或同类相对数，是将不同国家、地区或单位之间同一时间的同类指标数值做静态对比而得出的综合指标，表明同一时间同类事物在不同空间条件下的差异程度、不均衡程度或相对状态。比较相对指标可以用百分数、倍数和系数表示。其计算公式为

$$比较相对数 = \frac{某地某时期某类指标数值}{另一地同一时期同类指标数值} \qquad (4-3)$$

> **例 4-3** 2023 年 A 国的人均国内生产总值为 60 014.895 美元，B 国的人均国内生产总值为 9 481.881 美元，则
>
> $$A\ 国的人均国内生产总值是\ B\ 国的倍数 = \frac{60\ 014.895}{9\ 481.881} = 6.3$$

用来对比的两个性质相同的指标数值，其表现形式不一定仅限于绝对数，也可以是相对数或平均数。但不论采用哪种指标对比，都必须注意分子与分母的可比性，即指标含义、所属时间、计算方法、计算口径、计量单位等必须一致。

比较相对数的分子和分母也是并列关系，因而一般情况下其分子、分母可以互换，便于从不同角度来说明同一问题，具体选哪个作为分母应根据研究目的以及哪种方法能更确切地说明问题的实质而定。

比较相对数广泛应用于经济管理工作中。例如，用各种质量指标在企业、车间或部门之间进行对比，把各项技术经济指标与国家规定的标准条件对比，与同类企业的先进水平或世界先进水平对比，借以找差距、挖潜力、定措施，为提高企业的经营管理水平提供依据。

我们应注意区分比例相对数和比较相对数。比例相对数反映的是同一总体中不同部分之间的比例关系，这个比例有时是有客观标准的，偏离这个标准就会造成比例失调；而比较相对数反映的就是事物之间横向的差异程度或相对不均衡状态，一般不存在比例失调问题。

4. 动态相对指标

动态相对指标又称动态相对数或时间相对数，是将同一现象在不同时期的两个数值进行动态对比而得出的相对数，借以表明现象在时间上发展变动的趋势和程度。其计算公式为

$$动态相对数 = \frac{报告期指标数值}{基期指标数值} \times 100\% \qquad (4-4)$$

其中，基期即作为比较标准的时期，与基期对比的时期即为报告期。动态相对数通常以百分数或倍数表示，也称为发展速度，发展速度减 1 或 100% 为增长速度。

有关动态相对数的详细内容将在项目五和项目六中介绍。

5. 强度相对指标

强度相对指标又称强度相对数，是将在同一地区或单位内，两个性质不同而有一定联系的总量指标数值进行对比得出的相对数，是用来分析不同事物之间的数量对比关系，表明现象的强度、密度和普遍程度的综合指标。

（1）强度相对数的计算方法。根据强度相对数的概念，其计算公式为

$$强度相对数 = \frac{某一总量指标数值}{另一有联系但性质不同的总量指标数值} \qquad (4-5)$$

在多数情况下，强度相对数是一个有名数指标，以分子与分母原有单位组成的复合单位表示，如人口密度用"人/平方千米"表示，人均钢产量用"吨/人"表示等，也有单名数的情况，如商品周转速度用"次"表示。

但有少数的强度相对数是无名数，因其分子与分母的计量单位相同，可以用千分数或百分数表示其指标数值。其特点是分子来源于分母，但分母并不是分子的总体，二者所反映现象数量的时间状况不同。例如，商品流通费用率用"%"表示，人口自然增长率用"‰"表示等。

$$商品流通费用率 = \frac{商品流通费用}{商品销售额} \times 100\%$$

$$人口自然增长率 = \frac{年内出生人口数 - 年内死亡人口数}{年平均人口数} \times 1\,000‰$$

有少数反映社会服务行业的负担情况或保证程度的强度相对指标，其分子和分母可以互换，既可采用正算法计算正指标，又可用倒算法计算逆指标。凡强度相对指标数值与现象的发展水平程度或密度成正比的是正指标，成反比的是逆指标。例如，商业网点密度正指标反映每千人拥有的商业机构数，而逆指标反映每个商业机构服务的人口数。

$$商业网点密度（正指标）= \frac{某地零售商业机构数}{某地人口数}$$

$$商业网点密度（逆指标）= \frac{某地人口数}{某地零售商业机构数}$$

（2）强度相对数的作用。

1）反映事物的密度和普遍程度。人民生活是否便利、舒适，生活水平是否有较大提高，与有些事物的密度和普遍程度密切相关。例如，商业网点密度说明零售商业机构发展的普及程度，电话普及率说明电话的普及程度等。

> **例4-4** 根据第七次全国人口普查结果，2020年全国总人口[一]为1 443 497 378人，按960万平方千米的国土面积计算，则
>
> $$我国人口密度 = \frac{1\,443\,497\,378}{9\,600\,000} = 150.364（人/平方千米）$$

人口密度说明某一国家或地区人口分布的稠密状况。强度相对指标是用来反映现象的密集程度或普遍程度的指标。

2）反映一个国家或地区的经济实力。仅用总量指标来对比国家或地区之间的经济实力是片面的，因为经济实力在很大程度上受所在国家或地区人口数的影响，因此还需要广泛采用人均产量等强度相对数来进行对比。例如，2023年我国国内生产总值达1 260 582亿元，排在世界第二，但是人均国内生产总值只有89 358元，远落后于发达国家。由此看出，强度相对数可以揭示我国与发达国家之间经济实力的差距。人均国内生产总值、人均粮食产量等强度相对

[一] 全国总人口包括大陆31个省、自治区、直辖市和现役军人的人口，以及香港特别行政区人口、澳门特别行政区人口和台湾地区人口。

数的数值越大，表示一个国家的经济发展程度越高，经济实力越强。

3）反映企业经济效益的好坏。考核企业的经济效益不能只用利润总额、上缴税金等指标，而要把它们联系起来进行综合研究。例如，企业可以计算资金利用率，这一强度相对数越高，说明企业资产使用的经济效益越好。还可以计算比较一些其他的强度相对数，如流通费用率、流动资金周转速度、流动资金占用率、商品适销率、成本利润率等。

强度相对数与前四种相对数的根本区别在于它不是同类现象指标的对比。从强度相对数的表现形式上看，带有"平均"的意义，例如，人均产量用"吨/人"表示，人均国民收入用"元/人"表示。但究其实质，强度相对数与统计平均数有根本的区别。平均数是同一总体中的标志总量与单位总量之比，是将总体的某一数量标志的各个变量值加以平均；而如前所述，强度相对数是两个性质不同而有一定联系的总量指标数值之比，它表明两个不同总体或同一总体中的不同标志、指标之间的数量对比关系。

6. 计划完成程度相对指标

计划完成程度相对指标又称计划完成程度相对数，是用来检查、监督计划执行情况的相对指标，是社会经济现象在某时期内实际完成数与计划任务数对比的结果，一般用百分数来表示，其分子与分母数值不可互换。其基本计算公式为

$$计划完成程度相对数 = \frac{实际完成数}{计划任务数} \times 100\% \quad (4-6)$$

（1）计划任务数表现形式不同时计划完成程度相对数的计算方式不同。由于计划任务数在实际计算中可以表现为绝对数、相对数、平均数等多种形式，因此计算计划完成程度相对数的方式也不尽相同，但本质上仍然是用上述基本计算公式。

1）当计划任务数为绝对数时，直接应用上述基本计算公式。

> **例4-5** 已知某企业2024年的产品计划产量为10万吨，实际产量为12万吨，则
>
> $$计划完成程度相对数 = \frac{12}{10} \times 100\% = 120\%$$
>
> 计算结果表明，该企业2024年超额20%完成产量计划，实际产量比计划产量多了2万吨。

2）当计划任务数为相对数时，以这类指标检查计划完成情况的计算方法如下。

> **例4-6** 某公司员工2024年计划出勤率为91%，实际出勤率为93%，则
>
> $$出勤率计划完成程度相对数 = \frac{93\%}{91\%} \times 100\% = 102.2\%$$
>
> 计算结果表明，该公司的出勤率较计划超额完成2.2%。

用于考核各种现象的降低率和提高率的计划完成程度时，计划完成程度相对指标不能用实际提高率（或降低率）除以计划提高率（或降低率）计算，而应包括原有基数（100%）在内，这样才符合计划完成程度的基本公式，即

按提高率规定计划任务时

$$计划完成程度相对数 = \frac{1+实际提高率}{1+计划提高率} \times 100\%$$

按降低率规定计划任务时

$$\text{计划完成程度相对数} = \frac{1-\text{实际降低率}}{1-\text{计划降低率}} \times 100\%$$

例4-7 已知某企业2024年的计划任务规定产品产量要比上年提高5%，而实际提高了7%；计划任务规定产品成本比上年降低5%，实际降低了6%，则

$$\text{产量计划完成程度相对数} = \frac{1+7\%}{1+5\%} \times 100\% = 101.90\%$$

$$\text{成本计划完成程度相对数} = \frac{1-6\%}{1-5\%} \times 100\% = 98.95\%$$

计算结果表明，实际产量比计划多完成了1.9%，实际成本比计划多降低了1.05%。

3）当计划任务数为平均数时，计算公式为

$$\text{计划完成程度相对数} = \frac{\text{实际平均水平}}{\text{计划平均水平}} \times 100\%$$

例4-8 某企业劳动生产率计划达到8 000元/人，某种产品计划单位成本为100元，该企业实际劳动生产率达到9 200元/人，该产品实际单位成本为90元，则其计划完成程度指标为

$$\text{劳动生产率计划完成程度相对数} = \frac{9\ 200}{8\ 000} \times 100\% = 115\%$$

$$\text{单位成本计划完成程度相对数} = \frac{90}{100} \times 100\% = 90\%$$

计算结果表明，该企业劳动生产率实际比计划提高了15%，而产品单位成本实际比计划降低了10%。

（2）计划完成程度相对数可用于短期计划执行情况的检查。短期计划是指一年或一年内的计划，其检查有进度检查和结果检查两种。

在检查短期计划完成情况时，若计划数与实际数是属于同一期间的，则表示该期计划执行的结果；但有时是以计划期中某一段实际累计数与全期计划数对比，用以检查计划执行的进度如何，为下阶段工作安排做准备，其计算公式为

$$\text{计划完成程度相对数} = \frac{\text{累计至本期止实际完成数}}{\text{全期计划数}} \times 100\%$$

例4-9 某商场2024年1月份完成的销售额为1 800万元，2月份为2 500万元，3月份为2 200万元，全年计划完成销售额为20 000万元，则

$$\text{截至3月份的计划执行进度} = \frac{1\ 800+2\ 500+2\ 200}{20\ 000} \times 100\% = 32.5\%$$

若按照销售均衡性的观点来看，该商场计划执行进度走在了时间的前头，即在25%的时间里完成了32.5%的销售任务。

（3）计划完成程度相对数也可用于长期计划执行情况的检查。长期计划有五年计划、十年计划等，以五年计划为主。由于长期计划规定的计划任务有两种情况，一种是规定计划期末所

应达到的水平,另一种是规定计划期内应完成的总数。因此,对长期计划执行情况的检查也有两种方法:水平法和累计法。

1)水平法。所谓水平法就是根据计划期最后一年实际达到的水平与计划规定的同期应达到的水平相比较,来检查计划的完成情况。长期计划中如果只规定了计划期最后一年应达到的水平,如产品产量、社会商品零售额、工业总产值等长期计划执行情况的检查均应使用水平法。其计算公式为

$$计划完成程度相对数 = \frac{计划期最后一年实际达到的水平}{计划规定最后一年应达到的水平} \times 100\%$$

例 4-10 某企业五年计划规定最后一年的产量应达到 720 万件,实际执行情况见表 4-3。

表 4-3 某企业五年计划完成情况 (单位:万件)

年份	1	2	3	4				5			
				1季	2季	3季	4季	1季	2季	3季	4季
产量	320	450	510	160	150	160	180	185	195	200	200

则该企业五年计划完成程度相对数为

$$计划完成程度相对数 = \frac{185+195+200+200}{720} \times 100\% = 108.33\%$$

计算结果表明,该企业超额 8.33% 完成五年计划。

检查长期计划的完成情况时,往往要计算提前完成计划的时间。采用水平法检查长期计划执行情况时,计算提前完成计划的时间是在计划期间从前往后考察,只要有连续一年(不论是否在同一个日历年度,只要连续 12 个月即可)实际完成的水平达到计划规定期末应达到的水平,即视为完成了计划,剩余时间即为提前完成计划的时间。在上例中,实际上该企业从五年计划的第四年第三季度到第五年第二季度连续一年时间的产量已经达到了计划规定的最后一年产量 720 万件的水平,因此,该企业提前半年完成了五年计划。

2)累计法。所谓累计法就是用整个计划期间实际完成的累计数与同期计划数相比较,来确定计划完成程度。若长期计划规定的是计划期内各年累计应完成总量,如基本建设投资额、新增生产能力、造林面积等计划完成情况的检查均应采用累计法。其计算公式为

$$计划完成程度相对数 = \frac{计划期间实际累计完成数}{计划期间计划累计完成数} \times 100\%$$

例 4-11 某地区计划 2020—2024 年五年固定资产投资总额 200 亿元,实际各年投资情况见表 4-4。

表 4-4 某地区 2020—2024 年固定资产投资情况 (单位:亿元)

年份	2020	2021	2022	2023	2024
固定资产实际投资额	36.2	42.8	55.6	65.4	80.0

$$计划完成程度相对数 = \frac{36.2+42.8+55.6+65.4+80}{200} \times 100\% = 140\%$$

计算结果表明,该地区超额 40% 完成五年固定资产投资计划。

采用累计法检查长期计划执行情况时，计算提前完成计划的时间是在计划期间从前往后连续考察，只要实际累计完成数达到计划规定的累计完成数，即视为完成了计划，剩余时间即为提前完成计划的时间。上例中，2020～2023年的累计投资额已完成五年计划规定的200亿元，比计划时间提前一年。

（4）对计划完成程度相对数的评价总结如下：从上述几个例题中可以看出，对计划完成程度相对数进行评价时，要根据指标本身的性质而定。对于指标数值越大越好的正指标，如利润额、产量、劳动生产率等的计划完成程度相对数以大于100%为好，超过100%的部分表示超额完成计划的程度，而不足100%表示计划未完成；对于指标数值越小越好的逆指标，如产品单位成本、单位产品原材料消耗量等的计划完成程度相对数以小于100%为好，超过100%表示计划未完成，而不足100%的部分则是超额完成计划的程度。

四、相对指标的应用原则

1. 严格保持对比指标的可比性

相对指标是两个有联系的指标数值之比，对比结果的正确性直接取决于两个指标数值的可比性。如果违反可比性这一基本原则计算相对指标，将导致不正确的结论。

对比指标的可比性是指进行对比的两个指标在含义、内容、范围、时间、空间和计算方法和口径等方面是否协调一致、相互适应。如果各个时期的统计数字因行政区划、组织机构、隶属关系的变更，或因统计制度方法的改变不能直接对比的，需要统一调整后才能进行对比。

可比性不是机械绝对的，某些指标在这一场合不可比，在另一场合又可能可比，这都必须依据研究目的，对具体条件、具体情况进行具体分析，灵活运用。

2. 多种相对指标综合运用

各种相对指标的具体作用不同，它们从不同的侧面来说明所研究的问题。为了全面而深入地说明现象及其发展过程的规律性，应该根据统计研究的目的，综合应用各种相对指标，构建一个指标体系。例如，为了研究工业生产情况，不仅要利用生产计划的完成情况指标，还要计算生产发展的动态相对数和强度相对数。又如，在分析生产计划的执行情况时，有必要全面分析总产值计划、品种计划、劳动生产率计划和成本计划等多方面的完成情况。

3. 相对指标与总量指标结合运用

绝大多数的相对指标都是两个有关的总量指标数值之比，用抽象化的比值来表明事物之间对比关系的程度，而不能反映事物在绝对量方面的差别。因此在一般情况下，相对指标离开了据以形成对比关系的总量指标，就不能全面反映事物的本质特征。

关于这一点，马克思曾讲到一个经典的例子："如果一个工人原本每星期的工资是两先令，后来提高到四先令，那么工资水平就提高了100%。所以不应当为工资水平提高的动听的百分比所迷惑。我们必须经常这样问：原来的工资数是多少？"

子项目 4-3　平均指标

拓展案例

含含糊糊的平均数

一家公司的员工由于感到自己拿到的薪水不公道，出现了不满情绪。大部分员工周薪为 800 元，少数经理高一些，而总经理每周能拿到 49 000 元。

"公司的平均薪水是每周 2 500 元，而我们只有 800 元。"员工们说，"这不公平，我们要求加薪。"

一位经理听到了这个情况，也和他们一起要求加薪。经理说："公司的平均薪水是每周 1 万元，而我只有 4 000 元。我要加薪。"

总经理看着他们，说道："你们都错了，平均薪水就是 800 元一周，我没亏待谁，快回去干活吧。"

平均薪水是怎么回事？此例中你认为谁是对的？要解决这一问题，就要学习本子项目的各种平均指标。

一、平均指标的概念

平均指标又称平均数，是用来反映同质的社会经济现象总体各单位某一数量标志在一定时间、地点、条件下所达到的一般水平的综合指标。如平均工资、平均收入、平均成本、平均价格等。平均指标可以是同一时间同质社会经济现象的一般水平，称为静态平均数；也可以是不同时间同质社会经济现象的一般水平，称为动态平均数。本节只介绍静态平均数，动态平均数的介绍见项目五。

二、平均指标的特点

在同质的社会经济现象总体中，各单位的某一数量标志的数量取值有大有小、参差不齐，但其差异又由于同质的规定性而制约在一定的范围内，因此我们就能用一定的数量来代表总体各单位数量标志的一般水平。因此，平均指标的特点是：第一，将总体各单位某一数量标志值之间的差异抽象化了；第二，平均指标是个代表值，它可能与各单位任何一个标志值都不相同，但能代表总体各单位标志值的一般水平。

例如，某企业中每个职工的工资水平由于其职称、工龄等因素影响而高低有别，但是我们可以通过计算所有职工的平均工资来反映该企业职工工资的一般水平。

三、平均指标的作用

1. 反映总体各单位变量值分布的集中趋势

社会经济现象总体中，各单位某一数量标志在数值上是有差异的，标志值从小到大形成一定的分布，较多地表现为正态分布。一般情况下，很小或很大的标志值出现次数较少，而靠近平均数的标志值所占的比重较大，所以平均数反映了标志值分布的集中趋势。以某企业职工工资为例，每月工资很低或很高的职工是少数，而工资在中等水平即平均工资周围的人数占有很大比重，因此，可用平均工资代表该企业工资的一般水平。

2. 用于同类现象在不同时间、空间的对比

由于平均指标消除了总体单位数的影响，反映现象的一般水平，故而有利于对同类现象在不同空间、不同时间之间进行对比。例如，评价不同工业企业的生产情况，不宜用工业总产值等总量指标进行直接对比，因为总量指标受企业规模大小的影响，只有用劳动生产率这样的平均指标来进行比较，才能得出客观的评价结论。如果把连续几年的劳动生产率综合起来进行比较，还可以看出生产效率的发展动态和趋势。

3. 分析现象之间的依存关系

社会经济现象中，许多现象之间都是相互联系的，分析现象之间的依存关系必须借助于平均指标。例如，通过对照观察改革开放几十年来我国职工的人均工资水平与各类食品的人均消费量变化，可以发现随着生活水平的提高，人均粮食消费量呈下降趋势，肉、蛋等食品的人均消费量呈上升趋势。又如，在正常范围内农作物的每亩施肥量与平均亩产量成正比。

四、平均指标的种类与计算方法

按照不同的计算方法，平均指标可以分为两大类：①根据总体所有标志值来计算的平均指标称为数值平均数，常用的有算术平均数、调和平均数、几何平均数。②根据标志值所处的位置来确定的平均指标称为位置平均数，主要有众数和中位数。它们都能反映总体各单位标志值的一般水平，但它们有不同的意义、不同的计算方法和不同的应用场合。

平均指标的种类与计算方法

1. 算术平均数

算术平均数是最常用的一种平均指标，通常用"$\bar{x}$"或"$\bar{x}_A$"表示。其基本公式为

算术平均值

$$算术平均数 = \frac{总体标志总量}{总体单位总量}$$

上式是计算算术平均数最基本的形式，许多社会经济现象的平均值都是用这种方法来计算的。例如：

$$平均工资 = \frac{工资总额}{职工人数}$$

$$平均成本 = \frac{总成本}{总产量}$$

注意，算术平均数与强度相对数颇为相似，两者都是反映两个总量指标的对比关系，但它们又有本质区别。算术平均数基本公式中的分子和分母同属于一个总体，反映的是在一个同质总体内标志总量和单位总量的对比关系，两者一一对应，即标志总量必须是总体各单位标志值的总和，否则就不是算术平均数。例如，计算 100 件产品的平均成本，作为分子的总成本只能是这 100 件产品的成本总和。而强度相对数的分子和分母是两个有联系的不同总体的总量指标

的对比，分子与分母之间不存在一一对应关系，只是在经济内容上存在客观联系。例如，人均粮食产量是全国粮食总产量与全国人口总数之比，但粮食产量并非全国每个人都具有的标志，两者之间没有一一对应的依附关系，所以人均粮食产量是一个强度相对数。除此之外，算术平均数用来说明总体单位某一标志的一般水平，而强度相对数用来说明现象的强度、密度和普遍程度，两者的用途也有所不同。

在实际工作中，只有少量的算术平均数可以直接根据取得的标志总量和单位总量运用基本公式来计算。如计算平均亩产所需的粮食总产量、播种面积，和计算平均工资所需的工资总额、职工人数等数据可直接从统计部门获得，我们便可直接套用基本公式进行计算。但还有大量的算术平均数不能用基本公式来计算，根据可以得到的资料的不同，算术平均数有两种计算形式，即简单算术平均数和加权算术平均数。

（1）简单算术平均数。如果已知总体各单位标志值和总体单位数，则可以将各单位标志值一一加总得到标志总量再除以单位总量，即得到简单算术平均数，适用于总体资料未分组的情况。其计算公式为

$$\bar{x} = \frac{x_1 + x_2 + \cdots + x_n}{n} = \frac{\sum_{i=1}^{n} x_i}{n} \quad (4\text{-}7)$$

式中　$\bar{x}$——算术平均数；
　　　x_i——第 i 个单位的标志值；
　　　n——总体单位数。

> **例 4-12**　某企业某部门有八名职工，他们某月的工资分别为 2 050 元、2 280 元、2 190 元、2 320 元、1 960 元、2 530 元、1 870 元、2 100 元，则他们该月的平均工资为
> $$\bar{x} = \frac{2\,050 + 2\,280 + 2\,190 + 2\,320 + 1\,960 + 2\,530 + 1\,870 + 2\,100}{8} = 2\,162.5\,(\text{元})$$

（2）加权算术平均数。简单算术平均数比较适合总体单位数较少的情况。当总体单位数较多时，就需要对它们进行整理分组，形成分配数列，即有些标志值会出现若干次，此时则应该采用加权算术平均数的形式进行计算，其计算公式为

$$\bar{x} = \frac{x_1 f_1 + x_2 f_2 + \cdots + x_n f_n}{f_1 + f_2 + \cdots + f_n} = \frac{\sum_{i=1}^{n} x_i f_i}{\sum_{i=1}^{n} f_i} = \sum_{i=1}^{n} x_i \frac{f_i}{\sum_{i=1}^{n} f_i} \quad (4\text{-}8)$$

式中　$\bar{x}$——算术平均数；
　　　x_i——第 i 组的标志值或组中值；
　　　f_i——第 i 组标志值的绝对权数（标志值出现的次数、频数或单位数）；
　　　$\dfrac{f_i}{\sum_{i=1}^{n} f_i}$——第 i 组标志值的相对权数（标志值出现的频率、比重）；
　　　n——组数。

在分配数列条件下,一般来讲,频数就是权数。但在某些情况下,如已知相对数或平均数求算术平均数时,频数不适合做权数,此时要根据实际选择适合指标性质的权数。

计算加权算术平均数有两种情况:①依据单项式数列计算;②依据组距式数列计算。

1)依据单项式数列计算。已知各组变量的标志值 x_i 和各组标志值出现的频数 f_i,且各组的 f_i 各不相等,则用总体标志总量即每组标志总量的总和 $\sum_{i=1}^{n} x_i f_i$ 除以总体单位总数即各组频数之和 $\sum_{i=1}^{n} f_i$,求得加权算术平均数。

例 4-13 某企业某日工人的日产量资料见表 4-5。

表 4-5 某企业某日工人日产量表

日产量(件) x_i	工人数(人) f_i
10	70
11	100
12	380
13	150
14	100
合　计	800

计算该企业该日全部工人的平均日产量。

解:$\bar{x} = \dfrac{10 \times 70 + 11 \times 100 + 12 \times 380 + 13 \times 150 + 14 \times 100}{70 + 100 + 380 + 150 + 100} = 12.14$(件)

例 4-14 续上例,某企业某日工人的日产量资料见表 4-6。

表 4-6 某企业某日工人日产量表

日产量(件) x_i	工人比重(%) $\dfrac{f_i}{\sum_{i=1}^{n} f_i}$
10	8.75
11	12.50
12	47.50
13	18.75
14	12.50
合　计	100.00

计算该企业该日全部工人的平均日产量。

解:$\bar{x} = 10 \times 8.75\% + 11 \times 12.5\% + 12 \times 47.5\% + 13 \times 18.75\% + 14 \times 12.5\% = 12.14$(件)

从以上两例可以看出,各组标志值（x_i）决定了平均数的范围,但平均数不仅受各组标志值大小的影响,还受各组权数（频数 f_i 或频率 $\dfrac{f_i}{\sum\limits_{i=1}^{n} f_i}$）的影响。

权数大的标志值对平均数的影响较大,而权数小的标志值对平均数的影响较小,平均数的计算结果向权数最大的标志值靠拢。由于标志值出现的频数、频率对平均数的大小起着权衡轻重的作用,所以统称为权数,加权算术平均数的名称也由此而来。当各组单位数相等即标志值出现频数相等时,或各组单位数所占的比重即标志值出现频率相等时,权数对各组的作用都一样,就失去了加权的作用,此时加权算术平均数等于简单算术平均数。也就是说,简单算术平均数是加权算术平均数的特例,即当 $f_1 = f_2 = \cdots = f_n$ 时,

$$\bar{x} = \frac{\sum\limits_{i=1}^{n} x_i f_i}{\sum\limits_{i=1}^{n} f_i} = \frac{f \sum\limits_{i=1}^{n} x_i}{nf} = \frac{\sum\limits_{i=1}^{n} x_i}{n}$$

2）依据组距式数列计算。组距式数列在计算加权算术平均数时按理应该先计算各组的平均数,然后以各组的平均数作为标志值分别乘以各组相应的权数来计算。但在实际中,我们很少计算各组的平均数,而是直接取各组的组中值作为该组的标志值,这样求得的平均数只是其真值的近似值。

例 4-15 某企业职工工资分组资料见表 4-7。

表 4-7 某企业职工工资分组资料

月工资（元）	职工数 f_i（人）	组中值 x_i（元）	工资总额 $x_i f_i$（元）
1 000 ～ 1 500	5	1 250	6 250
1 500 ～ 2 000	10	1 750	17 500
2 000 ～ 2 500	20	2 250	45 000
2 500 ～ 3 000	10	2 750	27 500
3 000 ～ 3 500	5	3 250	16 250
合　计	50	—	112 500

计算该企业职工的月平均工资。

解：$$\bar{x} = \frac{\sum\limits_{i=1}^{n} x_i f_i}{\sum\limits_{i=1}^{n} f_i} = \frac{112\,500}{50} = 2\,250 \text{（元）}$$

算术平均数计算简便、易理解、易掌握,应用也非常广泛。但算术平均数也存在明显的不足：第一,算术平均数易受极端值的影响；第二,当组距数列存在开口组时,组中值根据邻组组距来计算,假定性很大,平均数的代表性也会受到较大影响。

调和平均值

2. 调和平均数

调和平均数又称倒数平均数,是总体各单位标志值倒数的算术平均数的

倒数，通常用字母"H"或"$\bar{x}_H$"表示。

例如，一组变量标志值为 x_1、x_2、x_3、x_4，则根据定义其调和平均数的计算步骤如下：

第一，求各标志值的倒数：$\dfrac{1}{x_1}$、$\dfrac{1}{x_2}$、$\dfrac{1}{x_3}$、$\dfrac{1}{x_4}$；

第二，再求算术平均数：$\left(\dfrac{1}{x_1}+\dfrac{1}{x_2}+\dfrac{1}{x_3}+\dfrac{1}{x_4}\right)/4$；

第三，再求倒数：$4/\left(\dfrac{1}{x_1}+\dfrac{1}{x_2}+\dfrac{1}{x_3}+\dfrac{1}{x_4}\right)$。

调和平均数也有两种计算形式：简单调和平均数与加权调和平均数。在社会经济统计中应用更为广泛的是权数为特定形式的加权调和平均数。

（1）简单调和平均数。简单调和平均数适用于总体各单位的标志值和标志总量等资料未分组的情况，此时各标志值的权数都相等。其计算公式为

$$H=\dfrac{1+1+\cdots+1}{\left(\dfrac{1}{x_1}+\dfrac{1}{x_2}+\cdots+\dfrac{1}{x_n}\right)}=\dfrac{n}{\sum\limits_{i=1}^{n}\dfrac{1}{x_i}} \qquad (4-9)$$

式中　H——调和平均数；
　　　x_i——第 i 个单位的标志值；
　　　n——总体单位数。

> **例 4-16**　在市场上购买某种商品，价格分别为甲级 2.0 元/千克，乙级 1.9 元/千克，丙级 1.7 元/千克，现各花 5 元买每级商品，试计算平均价格。
>
> $$H=\dfrac{5+5+5}{\dfrac{5}{2}+\dfrac{5}{1.9}+\dfrac{5}{1.7}}=1.86（元）$$

（2）加权调和平均数。加权调和平均数适用于总体资料经过分组整理形成变量数列的情况，此时各标志值的权数不等。其计算公式为

$$H=\dfrac{m_1+m_2+\cdots+m_n}{\dfrac{m_1}{x_1}+\dfrac{m_2}{x_2}+\cdots+\dfrac{m_n}{x_n}}=\dfrac{\sum\limits_{i=1}^{n}m_i}{\sum\limits_{i=1}^{n}\dfrac{1}{x_i}m_i} \qquad (4-10)$$

式中　x_i——第 i 组的标志值；
　　　m_i——第 i 组的标志总量。

加权调和平均数常作为加权算术平均数的变形使用，它仍然是依据算术平均数的基本公式——标志总量除以总体单位总量来计算的。

因为　　　　　　　　　　　　$m=xf$

所以　　　　　　　　$H=\dfrac{\sum m}{\sum\dfrac{1}{x}m}=\dfrac{\sum xf}{\sum\dfrac{1}{x}xf}=\dfrac{\sum xf}{\sum f}=\bar{x}$

要使用加权算术平均方式来计算平均数的前提是已知各组标志值 x 和相应单位数 f。当只知各组标志值和标志总量而没有直接提供被平均标志值的相应单位数时，则应该使用加权调和平均方式来计算平均数。例如，已知不同技术级别的工人的月工资和工资总额，但没有直接给定各级别的工人数，则需采取月工资倒数与工资总额相乘得出工人数，即按加权调和平均数方式计算工人月平均工资。也就是说，若只知 x 和 m（即 xf），而 f 未知，则不能使用加权算术平均方式 $\left(\bar{x}=\dfrac{\sum xf}{\sum f}\right)$，只能使用其变形即加权调和平均方式 $\left(H=\dfrac{\sum m}{\sum \dfrac{1}{x}m}\right)$。

例 4-17 现有两种苹果，其销售资料见表 4-8。

表 4-8 苹果销售情况

品　种	单价 x（元）	销售量 f（千克）	金额 m（即 xf）（元）
红富士	2	3	6
红金帅	1.8	5	9

试计算两种苹果的平均价格。

该例中，苹果的单价 x、销售量 f、金额 m（即 xf）都已知，所以可以用两种方式来计算平均价格。

加权算术平均方式：$\bar{x}=\dfrac{2\times 3+1.8\times 5}{3+5}=1.875$（元）

加权调和平均方式：$H=\dfrac{6+9}{\dfrac{1}{2}\times 6+\dfrac{1}{1.8}\times 9}=1.875$（元）

若上例中未知两种苹果的销售量 f，只知单价 x 和金额 m（即 xf），则不能用加权算术平均方式，只能用加权调和平均方式来计算平均价格。

例 4-18 某企业某日工人的日产量资料见表 4-9。

表 4-9 某企业某日工人日产量表

日产量 x（件）	各组工人日总产量 m（件）
10	700
11	1 100
12	4 560
13	1 950
14	1 400
合　　计	9 710

试计算该企业该日全部工人的平均日产量。

解：$H=\dfrac{\sum m}{\sum \dfrac{1}{x}m}=\dfrac{700+1100+\cdots+1400}{\dfrac{1}{10}\times 700+\dfrac{1}{11}\times 1100+\cdots+\dfrac{1}{14}\times 1400}=\dfrac{9\,710}{800}=12.14$（件）

3. 几何平均数

几何平均数是 n 个变量值连乘积的 n 次方根，用字母"G"或"$\bar{x}_G$"表示。几何平均数多用于计算平均比率和平均速度，如平均利率、平均发展速度、平均合格率等。

几何平均值

应用几何平均数应注意以下几个问题：

第一，总体各单位中任何一个标志值不能为 0 或负数，若有一个标志值为 0，则几何平均数为 0；若有一个标志值为负数，则计算出的几何平均数就会成为负数或虚数。

第二，它适用于反映特定总体的平均水平，即总体的标志总量不是各单位标志值的总和，而是各单位标志值的连乘积。对于这类社会经济现象，不能采用算术平均数反映其一般水平，而需采用几何平均数。

第三，算术平均数（X）、调和平均数（H）和几何平均数（G）三者间存在如下数量关系：$H \leqslant G \leqslant X$，并且只有当所有变量值都相等时，这三种平均数才相等。

几何平均数也有简单几何平均数和加权几何平均数之分。

（1）简单几何平均数。简单几何平均数适用于总体资料未经分组整理，尚为原始资料的情况。其计算公式为

$$G = \sqrt[n]{x_1 x_2 \cdots x_n} = \sqrt[n]{\prod_{i=1}^{n} x_i} \tag{4-11}$$

式中　G——几何平均数；
　　　n——变量值的个数；
　　　x_i——第 i 个变量值。

例 4-19　某生产流水线有前后衔接的五道工序。某日各工序产品的合格率分别为 95%、92%、90%、85%、80%，试求整个生产流水线的平均合格率。

设最初投产 A 个单位，则

第一道工序的合格品数为 $A \times 95\%$；

第二道工序的合格品数为 $(A \times 95\%) \times 92\%$；

第三道工序的合格品数为 $(A \times 95\% \times 92\%) \times 90\%$；

第四道工序的合格品数为 $(A \times 95\% \times 92\% \times 90\%) \times 85\%$；

第五道工序的合格品数为 $(A \times 95\% \times 92\% \times 90\% \times 85\%) \times 80\%$。

因该流水线的最终合格品即为第五道工序的合格品，故该流水线最终的合格品数应为 $A \times 95\% \times 92\% \times 90\% \times 85\% \times 80\%$。则该生产流水线产品总的合格率为

$$\frac{最终合格品数}{总产品数} = \frac{A \times 95\% \times 92\% \times 90\% \times 85\% \times 80\%}{A} = 95\% \times 92\% \times 90\% \times 85\% \times 80\%$$

即该流水线总的合格率等于各工序合格率的连乘积，符合几何平均数的适用条件，故需采用几何平均法计算。

$$G = \sqrt[5]{95\% \times 92\% \times 90\% \times 85\% \times 80\%} = \sqrt[5]{0.5349} = 88.24\%$$

例 4-20　若上例中不是由五道连续作业的工序组成生产流水线，而是五个独立作业的车间，且各车间的合格率同前，又假定各车间的产量相等都为 A，求该企业产品的平均合格率。

因各车间彼此独立作业，所以有：

第一车间的合格品数为 $A×95\%$；

第二车间的合格品数为 $A×92\%$；

第三车间的合格品数为 $A×90\%$；

第四车间的合格品数为 $A×85\%$；

第五车间的合格品数为 $A×80\%$。

则该企业全部合格品应为各车间合格品的总和，即

$$总合格品数 = A×95\% + A×92\% + A×90\% + A×85\% + A×80\%$$

该总体不再符合几何平均数的适用条件，又因为各车间产量相等，所以需按照求解简单算术平均数的方法计算平均合格率：

$$\bar{x} = \frac{95\% + 92\% + 90\% + 85\% + 80\%}{5} = 88.4\%$$

需要说明的是，若各车间产量不等，则要以各车间产量为权数对各车间的产品合格率按加权平均的方式计算平均合格率。本例中若第一至第五车间的产量分别为 100 件、180 件、200 件、150 件、120 件，其他条件不变，则平均合格率为

$$\bar{x} = \frac{95\%×100 + 92\%×180 + 90\%×200 + 85\%×150 + 80\%×120}{100 + 180 + 200 + 150 + 120} = 88.55\%$$

（2）加权几何平均数。加权几何平均数适用于总体资料经过分组整理，形成分配数列的情况。其计算公式为

$$G = \sqrt[\sum_{i=1}^{n} f_i]{x_1^{f_1} x_2^{f_2} \cdots x_n^{f_n}} = \sqrt[\sum_{i=1}^{n} f_i]{\prod_{i=1}^{n} x_i^{f_i}} \tag{4-12}$$

式中　G——几何平均数；

　　　f_i——第 i 组的权数（即频数）；

　　　n——组数；

　　　x_i——第 i 组的标志值或组中值。

例 4-21　某金融机构按复利计息，近 12 年的年利率有四年为 3%，两年为 5%，两年为 8%，三年为 10%，一年为 15%，试求平均年利率。

设本金为 V，则至各年末的本利和应为

第一年年末的本利和为 $V(1+3\%)$；

第二年年末的本利和为 $V(1+3\%)(1+3\%)$；

……

第 12 年年末的本利和为 $V(1+3\%)^4(1+5\%)^2(1+8\%)^2(1+10\%)^3(1+15\%)^1$。

注意：这 12 年中哪四年的利率为 3%，哪三年的利率为 10%，对第 12 年年末的本利和大小没有影响。则

$$该笔本金 12 年总的本利率 = \frac{第 12 年年末的本利和}{本金}$$

$$= \frac{V(1+3\%)^4(1+5\%)^2(1+8\%)^2(1+10\%)^3(1+15\%)^1}{V}$$

$$= (1+3\%)^4(1+5\%)^2(1+8\%)^2(1+10\%)^3(1+15\%)^1$$

即12年总的本利率等于各年本利率的连乘积，符合几何平均数的适用条件，又因为各个水平的年本利率出现的年数不一样，故计算平均年本利率应采用加权几何平均方式。

$$G = \sqrt[(4+2+2+3+1)]{(1+3\%)^4 (1+5\%)^2 (1+8\%)^2 (1+10\%)^3 (1+15\%)^1} = \sqrt[12]{2.2154} = 106.85\%$$

$$平均年利率 = G - 1 = 106.85\% - 1 = 6.85\%$$

例 4-22 若上例中不是按复利而是按单利计息，且各年的利率与上例相同，求平均年利率。

设本金为 V，则各年末应得利息为

第一年年末应得利息为 $3\%V$；

第二年年末应得利息为 $3\%V$；

……

第 12 年年末应得利息为 $15\%V$。则

该笔本金12年应得的利息总和 $= V(3\%\times4+5\%\times2+8\%\times2+10\%\times3+15\%\times1)$

$$该笔本金12年总的利息率 = \frac{12年的利息总和}{本金}$$

$$= \frac{V(3\%\times4+5\%\times2+8\%\times2+10\%\times3+15\%\times1)}{V}$$

$$= 3\%\times4+5\%\times2+8\%\times2+10\%\times3+15\%\times1$$

此时的利息率不再符合几何平均数的适用条件，又因为各个水平的年利率出现的年数不一样，所以需按照求解加权算术平均数的方法计算。

$$平均年利率\ \bar{x} = \frac{3\%\times4+5\%\times2+8\%\times2+10\%\times3+15\%\times1}{4+2+2+3+1} = 6.92\%$$

4. 众数

众数是指总体中出现次数最多或最普遍的标志值，用"M_0"表示。只有在数据分布存在明显的集中趋势，且有显著的极端值时，才适合使用众数；当总体单位数很少或数据分布的集中趋势不明显时，众数的测定失去了意义。有时，有两个或两个以上标志值具有最大的频数，出现两个或两个以上明显的分布中心，即出现双众数或多众数，此时，这些标志值往往来源于不同的总体。

众数

众数与前面介绍的平均数一样，可用来反映总体中大多数单位所达到的一般水平，只是精确度不同。例如，五个学生的年龄分别为20岁、18岁、18岁、18岁、18岁，其中18岁出现的次数最多，用它代表五个人年龄的一般水平，18岁就是众数。

（1）依据单项式数列确定众数。依据单项式分组数列确定众数，只需要找出频数最大的那个组的标志值即可。

例 4-23 某企业某日工人的日产量资料见表 4-10。

表 4-10　某企业某日工人日产量表

日产量（件）	工人数（人）
100	15
110	20

日产量（件）	工人数（人）
120	130
130	25
140	10
合　计	200

试计算该企业该日全部工人日产量的众数。

从表 4-10 中可见，日产量 120 件的工人数最多，达 130 人，所以该企业该日全部工人日产量的众数即为 120 件。

（2）依据组距式数列确定众数。依据组距式数列确定众数的方法相对比较复杂。首先要确定众数所在组，即频数最大的组，然后运用插补法根据下限公式或上限公式进行具体计算，得出众数的近似值，也可以用众数所在组的组中值作为概约众数。

下限公式：

$$M_0 = L_{m0} + d_{m0} \frac{f_{m0} - f_{m0-1}}{(f_{m0} - f_{m0-1}) + (f_{m0} - f_{m0+1})} \quad (4\text{-}13)$$

式中　　M_0——众数；
　　　　L_{m0}——众数组下限；
　　　　d_{m0}——众数组组距；
　　　　f_{m0}——众数组的频数；
　　　　f_{m0-1}——众数组前一组的频数；
　　　　f_{m0+1}——众数组后一组的频数。

若将众数组的频数与众数组前一组的频数之差 $(f_{m0} - f_{m0-1})$ 记为 Δ_1，将众数组的频数与众数组后一组的频数之差 $(f_{m0} - f_{m0+1})$ 记为 Δ_2，则下限公式可简化为

$$M_0 = L_{m0} + d_{m0} \frac{\Delta_1}{\Delta_1 + \Delta_2} \quad (4\text{-}14)$$

下限公式的大意是：众数组的下限需要加上众数组组距的一部分数量才能作为分数值，这一部分数量的大小取决于众数组的前一组与后一组频数的大小。

上限公式：

$$M_0 = U_{m0} - d_{m0} \frac{f_{m0} - f_{m0+1}}{(f_{m0} - f_{m0-1}) + (f_{m0} - f_{m0+1})} \quad (4\text{-}15)$$

式中　　U_{m0}——众数组上限，其他符号的含义与下限公式中的符号含义相同。

上限公式同样可以简化为

$$M_0 = U_{m0} - d_{m0} \frac{\Delta_2}{\Delta_1 + \Delta_2} \quad (4\text{-}16)$$

上限公式的大意是：众数组的上限需要减去众数组组距的一部分数量才能作为众数值，这一部分数量的大小取决于众数组的前一组与后一组频数的大小。

例 4-24 某村农民家庭月人均纯收入资料见表 4-11。

表 4-11 某村农民家庭月人均纯收入资料

农民家庭月人均纯收入（元）	农民家庭数（户）
2 000 以下	12
2 000～2 500	29
2 500～3 000	108
3 000～3 500	35
3 500 及以上	16
合　　计	200

由表 4-11 可知，农民家庭月人均纯收入在 2 500～3 000 元的农户最多（为 108 户），所以这一组即为众数组。则

$L_{m0}=2\,500$；$U_{m0}=3\,000$；$d_{m0}=500$；$f_{m0}=108$；$f_{m0-1}=29$；$f_{m0+1}=35$

所以 $\Delta_1=108-29=79$；$\Delta_2=108-35=73$

代入下限公式：$M_0 = 2\,500 + 500 \times \dfrac{79}{79+73} = 2\,759.87$（元）

代入上限公式：$M_0 = 3\,000 - 500 \times \dfrac{73}{79+73} = 2\,759.87$（元）

从计算结果可以看出，按下限公式和上限公式计算确定的众数是一致的，在实际统计工作中只需选用其中一个公式计算即可。

此外也可直接将众数组的组中值（本例为 2 750 元）直接作为概约众数，这与按下限公式和上限公式计算的众数有一定的出入。而且我们发现本例中用下限公式或上限公式计算出来的众数 2 759.87 元比概约众数即众数组的组中值 2 750 元大，其原因就是众数组后一组的频数大于前一组的频数，所以本例的众数更接近于众数组的上限。反之，若众数组前一组的频数大于后一组的频数，则用下限公式或上限公式计算出来的众数将小于众数组的组中值，即更接近于众数组的下限。若众数组前一组的频数等于后一组的频数，则用下限公式或上限公式计算出来的众数与众数组的组中值即概约众数相等。

5. 中位数

中位数是指将总体各单位标志值按大小顺序排列后，处于中点位置的标志值，用"M_e"表示。中位数将总体各单位标志值分为两半：一半标志值小于它，另一半标志值大于它。在社会经济统计中，某些时候总体各单位标志值差异很大，此时，中位数比其他平均数更能代表现象总体的一般水平。例如，我们常用人口年龄中位数而不是平均年龄来反映人口的年龄结构，用居民收入中位数而不是平均收入来反映居民收入水平等。

中位数

在社会经济现象总体中，中位数一定存在，其大小与算术平均数相近，且不受极端标志值的影响。另外，中位数还有一个性质，就是总体各单位标志值与中位数离差的绝对值之和最小，小于各单位标志值与其他任何标志值或平均数之间离差的绝对值之和，这个性质对于解决某些实际问题有重要意义，用公式表示为

$$\sum_{i=1}^{n} |x_i - M_e| = \min \qquad (4-17)$$

（1）依据未分组资料或经分组的单项式数列计算中位数。根据未分组资料计算中位数比较简单，先将总体各单位标志值按照从小到大的顺序排列，然后计算中位数位置（n 代表总体单位数）：

如果 n 为奇数，则处于 $\dfrac{n+1}{2}$ 位置的标志值是中位数；

如果 n 为偶数，则处于 $\dfrac{n}{2}$ 和 $\dfrac{n}{2}+1$ 位置的两个标志值的平均数就是中位数。

> **例 4-25** 某商场有 A、B 两个售货小组：A 组五个人，他们某天的销售额按从小到大的顺序排列为 440 元、480 元、520 元、600 元、750 元；B 组六个人，他们某天的销售额按从小到大的顺序排列为 450 元、480 元、550 元、600 元、660 元、710 元。则
>
> A 组销售额中位数的位置为 $\dfrac{5+1}{2}=3$，
>
> 所以第三个单位的标志值就是中位数，即 520 元。
>
> B 组销售额中位数的位置为 $\dfrac{6}{2}=3$ 和 $\dfrac{6}{2}+1=4$，
>
> 所以第三个单位和第四个单位的标志值的平均数就是中位数，即 $\dfrac{550+600}{2}=575$（元）。

如果总体资料是经过分组的单项式数列，这种情况下中位数的确定方法与总体资料未分组时差不多。因为总体资料已经分组，所以先将各组的标志值按从小到大的顺序排列，用 f_1、f_2、…、f_n 表示各组的单位数，用 $\sum f$ 表示总体单位数，然后计算中位数位置：

如果 $\sum f$ 为奇数，则中位数的位置为 $\dfrac{\sum f+1}{2}$；

如果 $\sum f$ 为偶数，则中位数的位置为 $\dfrac{\sum f}{2}$ 和 $\dfrac{\sum f}{2}+1$。

（2）依据组距式分组资料计算中位数。在组距式数列的条件下计算中位数的方法较为复杂。首先要确定中位数所在组，并假定组内频数呈均匀分布，然后运用下限公式或上限公式进行计算，得出中位数的近似值。

下限公式：

$$M_e = L_{M_e} + d_{M_e} \dfrac{\dfrac{\sum f}{2} - S_{M_e-1}}{f_{M_e}} \qquad (4\text{-}18)$$

式中　M_e——中位数；

　　　L_{M_e}——中位数所在组的下限；

　　　d_{M_e}——中位数所在组的组距；

　　　$\sum f$——总体单位数；

　　　S_{M_e-1}——累计至中位数所在组前一组止的累计频数；

　　　f_{M_e}——中位数所在组的频数。

上限公式：

$$M_e = U_{M_e} - d_{M_e} \frac{\frac{\sum f}{2} - S_{M_e+1}}{f_{M_e}}$$ （4-19）

式中　U_{M_e}——中位数所在组的上限；

S_{M_e+1}——中位数所在组之后各组的累计频数，其余符号的含义同下限公式。

下面，我们将结合前面依据组距式数列确定众数的例4-24来加以说明。

1）确定中位数所在组。首先根据公式$\frac{\sum f}{2}$和$\frac{\sum f}{2}+1$来确定中位数的位置，即200/2=100和200/2+1=101，这说明中位数应为第100户和第101户农民家庭的年人均纯收入的平均值，前提是各组距已按数值大小排列过。根据表4-11计算累计至各组的农民家庭数，累计至第二组止为41户，累计至第三组止为149户。可见第三组包括第42户至第149户，说明第100户和第101户都在第三组里，即中位数应在年人均纯收入2 500～3 000元的组内。

2）计算中位数的近似值。

$$L_{M_e}=2\,500;\quad d_{M_e}=500;\quad \sum f=200;\quad S_{M_e-1}=41$$

$$f_{M_e}=108;\quad U_{M_e}=3\,000;\quad S_{M_e+1}=51$$

代入下限公式：　　$M_e = 2\,500 + 500 \times \dfrac{\dfrac{200}{2} - 41}{108} = 2\,773.15$（元）

代入上限公式：　　$M_e = 3\,000 - 500 \times \dfrac{\dfrac{200}{2} - 51}{108} = 2\,773.15$（元）

从计算结果可以看出，按下限公式和上限公式计算确定的中位数是一致的，在实际统计工作中只需选用其中一个公式计算即可。

运用这两个公式的前提是中位数所在组内的各个数值是均匀分布的，只有这样，我们才能根据中位数在该组内的位次来推算中位数的近似值。以下限公式为例，中位数在其所在组内的位次为100-41=59（户），它与全组农民家庭数的比例为59/108=0.546 3，按该组组距500元加以推算，则有500×0.546 3=273.15（元）。因此，以中位数所在组的下限数值加上这个数字：2 500+273.15=2 773.15（元），即为中位数近似值。上限公式的含义类似，不再赘述。

学习了各种平均数后，就可以来破解本子项目开篇案例中的问题。此例中员工、经理和总经理各自用了不同的平均数：员工采用了中位数，这使得总经理的薪水造成的影响达到最低程度；经理采用了均值，总经理的高薪令数据向右偏斜，均值因此显得虚高；总经理则采用了众数，大部分员工的薪水为每周800元，所以800元就是薪水的众数。那么谁对谁错呢？从某种意义上来说，他们都是对的，但我们不得不说，每一个群体都在使用最有利于达成自己意愿的平均数。由此说明，统计量能够提供信息，但也能造成误导。权衡再三，我们认为最适合用于本案例的平均数是中位数，因为数据中存在异常值。

子项目 4-4 变异指标

变异指标

一、变异指标的概念与作用

总量指标和平均指标用于认识现象总体的规模和一般水平，但不能反映各单位标志值的差异情况。但总体各单位之间的差异是客观存在的，这种差异也是统计总体的重要特征之一。因此，要全面反映一个总体的特征，还必须测定总体各单位在有关标志上的差异程度。变异指标是综合反映总体各单位标志值之间差异程度的综合指标，又称标志变异指标或标志变动度。变异指标显示总体各单位标志值分布的离散趋势，是说明总体特征的重要指标之一，与总量指标、平均指标的作用相辅相成。

变异指标在统计分析研究中的作用主要有以下几个方面：

（1）变异指标可反映平均指标的代表性程度。一般来讲，变异指标越小，说明总体各单位标志值的差异程度越小，则平均指标的代表性越高；反之，变异指标越大，说明总体各单位标志值的差异程度越大，则平均指标的代表性越低。

（2）变异指标可说明现象总体的稳定性和均衡性程度。例如，考察工业企业的生产情况，在研究计划完成程度的基础上，我们可以通过各时期（如每日、每旬、每月等）的产量差异变动大小来衡量生产的均衡性，若各时期产量差异变动很大，则说明该企业生产的均衡性差，执行生产计划忽松忽紧，生产中存在突击现象；反之，则说明各时期产量均衡，生产计划稳步推进，生产过程具有稳定性。

（3）变异指标可反映总体各单位标志值的离中趋势。总体各单位的标志值总是以总体平均值为中心，围绕着总体平均值波动，变异指标就反映各单位标志值距离总体平均值的差异程度，即离中趋势，如价格背离价值的程度等。变异指标越大，总体各单位标志值分布越分散；变异指标越小，总体各单位标志值分布越集中。

二、变异指标的种类与计算方法

常用的变异指标可分为测定标志变异度的绝对量指标和相对量指标两大类。前者包括全距、平均差、标准差等，与总体各单位标志值的计量单位相同，是有名数；后者又称为变异系数，包括全距系数、平均差系数、标准差系数等，表现为无名数。

1. 全距

全距是指所研究的总体各单位标志值中的最大值与最小值之差，又称极差，通常用字母"R"表示，是测定标志变异程度的最简单的指标。其计算公式为

$$R = x_{max} - x_{min} \qquad (4-20)$$

式中　x_{max}——最大变量值或最高组上限或开口组假定上限；
　　　x_{min}——最小变量值或最低组下限或开口组假定下限。

> **例 4-26**　某售货小组五人某天的销售额分别为 440 元、480 元、520 元、600 元、750 元，试计算该组五人销售额的全距。
>
> 解：$\qquad R = x_{max} - x_{min} = 750 - 440 = 310（元）$

例 4-27 某工业企业某季度 18 个相互独立的车间产值计划完成情况见表 4-12，试计算全距。

表 4-12 某工业企业某季度各车间产值计划完成表

计划完成程度（%）	组中值 x（%）	车间数（个）	计划产值 f（万元）
90 以下	85	2	800
90～100	95	3	2 500
100～110	105	10	17 200
110 及以上	115	3	4 400
合　　计	—	18	24 900

解：根据表中分组组距为 10%，可得到开口组假定上限（110%+10%）和下限（90%−10%）。由此可得全距为

$$R = (110\% + 10\%) - (90\% - 10\%) = 120\% - 80\% = 40\%$$

从上例可以看出，全距计算方法简单、易懂，但是它只是极端标志值之间的差异，不受中间标志值的影响，只取决于两个极端标志值的大小，具有偶然性，不能全面反映所有标志值差异程度及分布状况，准确性较差，不能较好地用于评价平均指标的代表性程度。

2．平均差

平均差是总体各单位标志对总体算术平均数的离差绝对值的算术平均数，通常用"MD"表示。它综合反映了总体各单位标志值的变异程度。平均差越大，则表示标志变动度越大，反之则表示标志变动度越小。

根据资料是否分组，平均差有不加权和加权两种计算方法，分别称为简单平均差和加权平均差。

（1）简单平均差。简单平均差适用于资料未分组的情况，其计算公式为

$$\mathrm{MD} = \frac{|x_1 - \bar{x}| + |x_2 - \bar{x}| + \cdots + |x_n - \bar{x}|}{n} = \frac{\sum_{i=1}^{n}|x_i - \bar{x}|}{n} \quad (4\text{-}21)$$

式中　x_i——第 i 个单位的标志值；

　　　n——总体单位数；

　　　$\bar{x}$——总体算术平均数。

例 4-28 某售货小组五个人，某天的销售额分别为 440 元、480 元、520 元、600 元、750 元，求该售货小组销售额的平均差。

解：$$\bar{x} = \frac{440 + 480 + 520 + 600 + 750}{5} = 558（元）$$

$$\mathrm{MD} = \frac{|440 - 558| + |480 - 558| + \cdots + |750 - 558|}{5} = 93.6（元）$$

即该售货小组五个人销售额的平均差为 93.6 元。

（2）加权平均差。加权平均差适用于资料分组的情况，其计算公式为

$$\mathrm{MD} = \frac{|x_1-\bar{x}|f_1+|x_2-\bar{x}|f_2+\cdots+|x_n-\bar{x}|f_n}{f_1+f_2+\cdots+f_n} = \frac{\sum_{i=1}^{n}|x_i-\bar{x}|f_i}{\sum_{i=1}^{n}f_i} \qquad (4-22)$$

式中　x_i——第 i 组的标志值或组中值；

　　　f_i——第 i 组标志值出现的频数；

　　　$\bar{x}$——总体算术平均数。

例 4-29　某公司职工日工资表见表 4-13，试计算该公司职工日工资的平均差。

表 4-13　某公司职工日工资表

日工资（元）	组中值 x（元）	职工数 f（人）
300 以下	250	208
300 ~ 400	350	314
400 ~ 500	450	382
500 ~ 600	550	456
600 ~ 700	650	305
700 ~ 800	750	237
800 ~ 900	850	78
900 及以上	950	20
合　计	—	2 000

解：$\bar{x} = \dfrac{250\times208+350\times314+\cdots+950\times20}{2\,000} = \dfrac{1\,045\,900}{2\,000} = 522.95（元）$

$\mathrm{MD} = \dfrac{|250-522.95|\times208+|350-522.95|\times314+\cdots+|950-522.95|\times20}{2\,000}$

$= \dfrac{277\,893.6}{2\,000} = 138.95（元）$

即该公司职工日工资的平均差为 138.95 元。

标准差

方差

平均差不易受极端数值的影响，能综合反映全部单位标志值的实际差异程度。但其利用取绝对值的方法虽然解决了各标志值与算术平均数离差的代数和为 0（即 $\sum_{i=1}^{n}(x_i-\bar{x})=0$）的问题，但这种方法不符合代数演算的方法，所以在统计分析运算中很少使用。因此，一般情况下都是通过计算另一种标志变异指标——标准差，来反映总体内部各单位标志值的差异状况。

3．标准差

标准差是总体各单位标志值与总体算术平均数的离差平方的算术平均数的平方根，用"σ"表示；标准差的平方称为方差，用"σ^2"表示。标准差综合反映总体各单位标志值的变异程度。标准差越大，表示标志变动度越大，反之则表示标志变动度越小。

根据资料是否分组，标准差也有不加权和加权两种计算方法，分别称为简单标准差和加权标准差。

（1）简单标准差。简单标准差适用于资料未分组的情况，其计算公式为

$$\sigma = \sqrt{\frac{\sum_{i=1}^{n}(x_i - \overline{x})^2}{n}} \quad (4-23)$$

式中　x_i——第 i 个单位的标志值；
　　　n——总体单位数；
　　　$\overline{x}$——总体算术平均数。

> **例 4-30**　某售货小组五个人，某天的销售额分别为 440 元、480 元、520 元、600 元、750 元，求该售货小组销售额的标准差。
>
> 解：$\overline{x} = \dfrac{440+480+520+600+750}{5} = 558（元）$
>
> $\sigma = \sqrt{\dfrac{(440-558)^2+(480-558)^2+\cdots+(750-558)^2}{5}} = \sqrt{\dfrac{60\,080}{5}} = 109.62（元）$
>
> 即该售货小组销售额的标准差为 109.62 元。

（2）加权标准差。加权标准差适用于资料分组的情况，其计算公式为

$$\sigma = \sqrt{\frac{\sum_{i=1}^{n}(x_i - \overline{x})^2 f_i}{\sum_{i=1}^{n} f_i}} \quad (4-24)$$

式中　x_i——第 i 组的标志值或组中值；
　　　f_i——第 i 组标志值出现的频数；
　　　$\overline{x}$——总体算术平均数。

> **例 4-31**　某公司职工日工资表见例 4-29 表 4-13，试计算该公司职工日工资的标准差。
>
> 解：$\overline{x} = \dfrac{250\times 208 + 350\times 314 + \cdots + 950\times 20}{2\,000} = \dfrac{1\,045\,900}{2\,000} = 522.95（元）$
>
> $\sigma = \sqrt{\dfrac{(250-522.95)^2\times 208 + (350-522.95)^2\times 314 + \cdots + (950-522.95)^2\times 20}{2\,000}}$
>
> $= \sqrt{\dfrac{56\,386\,595}{2\,000}} = 167.91（元）$
>
> 即该公司职工日工资的标准差为 167.91 元。

标准差的大小不易受极端数值的影响，能综合反映全部单位标志值的实际差异程度；用平方的方法消除各标志值与算术平均数离差的正负值问题，可方便地用于数学处理和统计分析运算。

由同一资料计算的标准差的结果一般要略大于平均差，由例 4-28 和例 4-30，例 4-29 和例 4-31 中平均差和标准差的计算结果可知。用公式表示为

当 a、b、$c \geqslant 0$ 时，
$$\sqrt{\frac{a^2+b^2+c^2}{3}} \geqslant \frac{a+b+c}{3} \qquad (4\text{-}25)$$

由于标准差计算公式（4-24）中，各单位标志值与算术平均数的离差平方和计算过程较为烦琐。所以，有时为避免这一计算过程，我们就用标准差的简捷计算公式：
$$\sigma = \sqrt{\overline{x^2} - (\overline{x})^2} \qquad (4\text{-}26)$$

式中　$\overline{x^2}$ ——标志值平方的平均数；

$(\overline{x})^2$ ——标志值平均数的平方。

标准差的简捷计算公式也有简单和加权两种形式：

$$\text{简单标准差}\ \sigma = \sqrt{\frac{\sum x^2}{n} - \left(\frac{\sum x}{n}\right)^2} \qquad (4\text{-}27)$$

$$\text{加权标准差}\ \sigma = \sqrt{\frac{\sum x^2 f}{\sum f} - \left(\frac{\sum xf}{\sum f}\right)^2} \qquad (4\text{-}28)$$

变异系数

4. 变异系数

变异系数是测定标志变异度的相对量指标，包括全距系数、平均差系数、标准差系数。如果两个总体的计量单位不同或平均水平不同，要衡量比较两个总体的标志变动度及平均指标的代表性时，就不能采用绝对量指标，而需采用相对量指标，即全距、平均差、标准差分别与平均数的比值，称为变异系数，其数值一般以"%"表示。变异系数越大，说明平均数的代表性越差；相反，变异系数越小，说明平均数的代表性越好。例如，不能因为一群大象的体重的标准差大于一群兔子的体重的标准差就得出大象体重变异程度大于兔子体重变异程度的结论，原因是这两个总体的标志值水平不同，不能用绝对量指标来比较标志变动度。又如，一个班级中所有同学的身高的标准差和体重的标准差之间也不具备可比性，因为身高和体重的计量单位不同，不能用绝对量指标来比较标志变动度。在实际工作中最常用的变异系数是标准差系数，一般用"V_σ"表示，其计算公式为

$$V_\sigma = \frac{\sigma}{\overline{x}} \times 100\% \qquad (4\text{-}29)$$

例 4-32　某年级一、二两班某门课的平均成绩分别为 82 分和 76 分，其成绩的标准差分别为 15.6 分和 14.8 分，试比较两班平均成绩代表性的大小。

分析：从资料看，一班成绩的标准差大于二班成绩的标准差，看起来似乎二班平均成绩的代表性要好于一班。是否真的如此？我们需要通过计算标准差系数来进行说明：

$$V_{\sigma 1} = \frac{\sigma_1}{\overline{x}_1} \times 100\% = \frac{15.6}{82} \times 100\% = 19.02\%$$

$$V_{\sigma 2} = \frac{\sigma_2}{\overline{x}_2} \times 100\% = \frac{14.8}{76} \times 100\% = 19.47\%$$

因为两个班该课程的平均成绩不同，所以不能用标准差这个绝对量指标来比较两总体的标志变动度，而应采用标准差系数这一相对量指标来衡量。计算结果表明，$V_{\sigma 1} < V_{\sigma 2}$，说明一班平均成绩的代表性好于二班，与我们的直观结果相反。

例 4-33 某地科学试验站对 A、B 两个品种的水稻分别在四块田地进行试验,其产量资料见表 4-14。

表 4-14 A、B 两个品种水稻田地面积和产量资料

A 品种			B 品种		
序　号	田地面积(公顷)	产量(千克)	序　号	田地面积(公顷)	产量(千克)
1	0.08	600	1	0.07	497
2	0.05	405	2	0.09	675
3	0.10	725	3	0.05	375
4	0.09	720	4	0.10	700

根据上表资料分别计算两个品种的平均单位面积产量,计算结果见表 4-15。

表 4-15 计算结果

品　种	序　号	田地面积 f_i (公顷)	产量 $x_i f_i$ (千克)	单位产量 x_i (千克/公顷)	$x_i - \bar{x}$	$(x_i - \bar{x})^2 f_i$
A 品种	1	0.08	600	7 500	−156.25	1 953.13
	2	0.05	405	8 100	443.75	9 845.70
	3	0.10	725	7 250	−406.25	16 503.91
	4	0.09	720	8 000	343.75	10 634.77
	合　计	0.32	2 450	—	—	38 937.50
B 品种	1	0.07	497	7 100	−148.39	1 541.31
	2	0.09	675	7 500	251.61	5 697.81
	3	0.05	375	7 500	251.61	3 165.45
	4	0.10	700	7 000	−248.39	6 169.61
	合　计	0.31	2 247	—	—	16 574.19

$$\bar{x}_A = \frac{\sum_{i=1}^{n} x_i f_i}{\sum_{i=1}^{n} f_i} = \frac{2\,450}{0.32} = 7\,656.25 \text{（千克/公顷）}$$

$$\sigma_A = \sqrt{\frac{\sum_{i=1}^{n}(x_i - \bar{x})^2 f_i}{\sum_{i=1}^{n} f_i}} = \sqrt{\frac{38\,937.50}{0.32}} = 348.83 \text{（千克/公顷）}$$

$$V_A = \frac{\sigma_A}{\bar{x}_A} \times 100\% = \frac{348.83}{7\,656.25} = 4.56\%$$

$$\bar{x}_B = \frac{\sum_{i=1}^{n} x_i f_i}{\sum_{i=1}^{n} f_i} = \frac{2\,247}{0.31} = 7\,248.39 \text{（千克/公顷）}$$

$$\sigma_B = \sqrt{\frac{\sum_{i=1}^{n}(x_i - \bar{x})^2 f_i}{\sum_{i=1}^{n} f_i}} = \sqrt{\frac{16\,574.19}{0.31}} = 231.23 \text{（千克/公顷）}$$

$$V_B = \frac{\sigma_B}{\bar{x}_B} \times 100\% = \frac{231.23}{7\,248.39} = 3.19\%$$

经计算得知 $V_A > V_B$，所以 B 品种具有较大的稳定性。

本项目小结

广义上，所有的统计指标都可以称为综合指标。但本项目所讲的综合指标不是广义的综合指标，而是基本的综合指标，包括总量指标、相对指标、平均指标和变异指标，用以反映现象的规模、结构、比重、比例、水平、集中、分散等数量特征。本项目主要介绍了综合指标的概念、作用、种类、计算和运用。

1. 总量指标是反映社会经济现象发展的总规模、总水平的综合指标。总量指标以绝对数形式表示，因此也称为统计绝对数。

2. 相对指标又称统计相对数，是社会经济现象中两个有联系的统计指标数值的对比值，它反映了现象的发展程度、结构、强度、普遍程度和比例关系等，在国民经济管理、企业经济活动分析和统计研究中应用很广。

3. 平均指标又称统计平均数，用以反映社会经济现象总体各单位某一数量标志在一定时间、地点、条件下所达到的一般水平。

4. 变异指标是综合反映总体各单位标志值之间差异程度的综合指标，又称标志变异指标或标志变动度。变异指标显示总体各单位标志值分布的离散趋势，是说明总体特征的另一个重要指标，与总量指标、平均指标的作用相辅相成。

思考与训练

一、简答题

1. 什么是总量指标？它在统计中有什么作用？
2. 相对指标有哪些种类？如何计算和应用？
3. 时期指标与时点指标有何异同？
4. 强度相对指标与平均指标有什么区别？
5. 加权算术平均数与加权调和平均数有何异同？
6. 什么是几何平均数？在什么情况下使用？
7. 什么是众数？什么是中位数？如何确定？

8. 什么是标准差系数？为什么要计算标准差系数？
9. 简要说明平均指标和变异指标在说明总体特征方面的联系和区别。

二、单项选择题

1. 总量指标按其反映的内容不同，可分为（　　）。
   A. 总体指标和个体指标
   B. 时期指标和时点指标
   C. 总体单位总量指标和总体标志总量指标
   D. 总体单位总量指标和标志单位指标
2. 下列指标属于时期指标的是（　　）。
   A. 商品销售额　　B. 商品库存额　　C. 商品库存量　　D. 职工人数
3. 将不同地区、部门或单位之间同一时间的同类指标进行对比所得的综合指标称为（　　）。
   A. 动态相对数　　B. 结构相对数　　C. 比例相对数　　D. 比较相对数
4. 平均数反映了总体分布的（　　）。
   A. 集中趋势　　B. 离中趋势　　C. 变动趋势　　D. 可比程度
5. 在未掌握各组单位数资料，只掌握各组标志值和各组标志总量的情况下，宜采用（　　）。
   A. 加权算术平均数　　　　　B. 加权调和平均数
   C. 几何平均数　　　　　　　D. 简单算术平均数
6. 计算加权算术平均数时，若对各组频数均扩大 10 倍，则算术平均数的数值（　　）。
   A. 扩大 10 倍　　　　　　　B. 缩小到原来的 1/10
   C. 不变　　　　　　　　　　D. 不一定
7. 受极端数值影响最大的变异指标是（　　）。
   A. 全距　　　　B. 平均差　　　C. 标准差　　　D. 方差
8. 2024 年某市下岗职工已安置了 13.7 万人，安置率达 80.6%，其中安置率是（　　）。
   A. 总量指标　　　　　　　　B. 变异指标
   C. 平均指标　　　　　　　　D. 相对指标
9. 甲、乙两数列的平均数分别为 100 和 14.5，它们的标准差分别为 12.8 和 3.7，则（　　）。
   A. 甲数列平均数的代表性高于乙数列
   B. 乙数列平均数的代表性高于甲数列
   C. 两数列平均数的代表性相同
   D. 两数列平均数的代表性无法比较

三、多项选择题

1. 下列指标中，属于时期指标的有（　　）。
   A. 工业总产值　　B. 商品销售额　　C. 职工人数　　D. 商品库存额
   E. 居民储蓄存款余额
2. 下列指标中，属于时点指标的有（　　）。
   A. 企业数　　　　　　　　　B. 在册职工人数
   C. 某种商品的销售量　　　　D. 拥有的机器台数
   E. 某种产品产量

3．分子和分母可以互换的相对指标有（　　　）。
   A．结构相对指标　　　　　　　　B．比例相对指标
   C．强度相对指标　　　　　　　　D．比较相对指标
   E．计划完成程度相对指标
4．由总体所有单位的标志值计算的平均数有（　　　）。
   A．算术平均数　　B．调和平均数　　C．几何平均数　　D．众数
   E．中位数
5．标准差（　　　）。
   A．表明总体单位标志值对总体算术平均数的平均离差
   B．反映总体单位标志值的一般水平
   C．反映总体单位标志值的离散程度
   D．反映总体分布的集中趋势
   E．反映总体分布的离中趋势

四、判断题

1．时期指标与时间长短成正比，时点指标与时点间隔成正比。　　　　　（　　）
2．某地区 2024 年人均粮食产量 1 600 千克，这是一个平均指标。　　　　（　　）
3．某公司 2024 年计划完成利润总额 1 260 万元，实际完成程度为 115%；2024 年利润总额计划比 2023 年增长 10%，则该公司实际利润额 2024 年比 2023 年增长 26.5%。（　　）
4．当各组的单位数相等时，权重相等，加权算术平均数就等于简单算术平均数。（　　）
5．两变量和的平均数等于两变量平均数的和。　　　　　　　　　　　　（　　）
6．几个数值平均数的大小顺序：平方平均数 > 几何平均数 > 算术平均数 > 调和平均数。
　　　　　　　　　　　　　　　　　　　　　　　　　　　　　　　　　（　　）
7．众数一定存在，中位数不一定存在。　　　　　　　　　　　　　　　（　　）
8．组距式分组数列的全距为最高组的下限与最低组下限之差。　　　　　（　　）
9．两个总体的平均数不相等，但标准差相等，则平均数越大，代表性越高。（　　）
10．对于不同水平的总体不能直接用标准差比较其标志变动度，这时需分别计算各自的标准差系数来进行比较。　　　　　　　　　　　　　　　　　　　　　　　　（　　）

五、计算题

1．某企业的工人数及周工资资料见表 4-16。

表 4-16　某企业的工人数及周工资资料表

工人类别	2023 年		2024 年	
	周工资（元）	工人数（人）	周工资（元）	工人数（人）
技术工	1 800	150	2 000	200
辅助工	1 000	100	1 050	300
合　计	1 480	250	1 430	500

要求：（1）计算工人数结构相对指标。
　　　（2）各工种工人的周工资报告期比基期均有提高，但全企业工人的周工资水平却下降了，分析其原因是什么？

2. 根据以下资料：2024年年末A国内地总人口为138 271万人，其中男性为70 815万人，女性为67 456万人。2024年A国国内生产总值为112 183亿美元，B国国内生产总值为185 691亿美元。2024年年末，A国共有卫生机构32.5万个。试计算有关的结构相对指标、比例相对指标、比较相对指标和强度相对指标。

3. 某企业2023年甲产品的产量为1 000台，计划要求2024年产量比2023年增长5%，实际增长6%。试计算：

（1）2024年甲产品产量的计划数与实际数。

（2）2024年甲产品产量计划完成情况相对指标。

4. 某企业生产某种产品，按五年计划规定最后一年产量应达到100万吨。计划执行情况见表4-17。

表4-17 某企业生产某种产品的计划执行情况

年 份	第一年	第二年	第三年		第四年				第五年			
			上半年	下半年	一季	二季	三季	四季	一季	二季	三季	四季
产量（万吨）	78	82	44	45	23.5	24	24.5	25	25	26	26.5	27.5

计算：（1）该产品计划完成情况相对指标。

（2）该企业提前多长时间完成了五年计划规定的指标？

5. 某县2024年粮食产量资料见表4-18。

表4-18 某县2024年粮食产量资料

单位面积产量（千克/公顷）	播种面积比重（%）
3 000以下	5
3 000～3 750	35
3 750～6 000	40
6 000及以上	20

试根据上表资料制表列式计算该县粮食作物平均单位面积产量。

6. 2024年某地甲、乙农贸市场三种农产品价格和销售资料见表4-19。

表4-19 2024年某地甲、乙农贸市场三种农产品价格及销售资料

品 种	价格（元/千克）	甲市场成交额（万元）	乙市场成交量（万千克）
A	1.1	1.1	2
B	1.4	2.8	1
C	1.5	1.5	1
合 计	—	5.5	4

试问哪一个农贸市场的平均价格较高？并说明原因。

7. 某地区抽样调查职工家庭人均月收入资料见表4-20。

表4-20 某地区抽样调查职工家庭人均月收入资料

人均月收入（元）	职工家庭数（户）
1 000～2 000	6
2 000～3 000	10
3 000～4 000	20

（续）

人均月收入（元）	职工家庭数（户）
4 000～5 000	30
5 000～6 000	40
6 000～7 000	240
7 000～8 000	60
8 000～9 000	20

试根据上述资料计算职工家庭人均月收入的平均数、中位数和众数。

8. 某商店员工周工资资料见表 4-21。

表 4-21 某商店员工周工资资料

周工资（元）	员工数（人）
800	11
950	25
1 100	30
1 130	21
1 450	13

计算该商店员工周工资的标准差。

9. 某企业甲车间工人日产量分组资料见表 4-22。

表 4-22 某企业甲车间工人日产量分组资料

日产量（千克）	工人数（人）
20～30	10
30～40	70
40～50	90
50～60	30
合　计	200

要求：（1）计算日产量标准差。

（2）假设乙企业有同类车间的工人生产同种产品，每个工人平均日产量为 60 千克，标准差为 7.81 千克，试比较不同企业两车间工人日产量的均衡性。

（3）请分析在什么情况下只需计算标准差而不必计算标准差系数就可以比较出不同资料平均数代表性的大小。

六、实训题

【实训一】

以四人为一小组，上网调查某一贸易公司，运用综合指标对该公司的经营状况进行描述，撰写描述性调查报告。

实训目的：通过本实训题，学生应掌握用综合指标来描述企业经营的数量状态，并对其进行统计分析。

实训要求：运用综合指标进行简单的分析，每位同学单独写出 2 000 字左右的调查报告。

考核标准：

完 成 情 况	得　　分
调查报告内容较为完整、格式基本准确，能够用到所学综合指标进行分析	60～75 分
调查报告内容完整、格式准确，能较好运用综合指标进行分析，写出的调查报告能体现描述报告的特点	75～90 分
调查报告内容完整、格式准确，能很好运用综合指标进行分析，且分析透彻，调查报告很好地体现了描述性报告的特点	90 分以上

实训成果：描述性调查报告。

【实训二】

上网搜集某家上市公司的财务报表，运用本项目学过的综合指标对该公司的经营状况进行描述，撰写简单的财务分析报告。

实训目的：通过本实训题，学生应掌握用综合指标来描述各种经济现象的数量状态，并进行统计分析。

实训要求：所搜集的统计资料以数量资料为主，指标要涵盖各种综合指标。

考核标准：

（1）结合财务分析报告的撰写特点来完成本实训作业。

（2）报告字数不少于 2 000 字。

实训成果：财务分析报告。

project 5

项目五
统计分析之时间数列法

学习目标

知识目标

- 掌握时间数列的概念、作用、种类和编制原则。
- 了解时间数列的水平指标、速度指标,以及它们在经济分析中的应用。
- 掌握最小二乘法预测法。

技能目标

- 会收集资料编制所需的时间数列。
- 会计算时间数列的一系列分析指标,分析经济问题。
- 能运用时间数列的相关指标,对经济现象的发展做简单的预测分析。

素质目标

- 通过时间数列分析,培养立足当下、着眼未来的发展观。
- 通过对长期趋势及季节变动规律的学习,树立百折不挠、长期奋斗的人生观。

引导案例

预测食品和饮料的销售额

A 饭店经营已超过 30 年，一直在寻求建立以新鲜海味打造高质量正餐的饭店信誉。该饭店及其员工的努力被证实是成功的，它成为本地最好的、营业额增长最快的饭店之一。

为确定饭店未来的增长计划，现需要建立一个系统来提前一年预测今后每个月食品和饮料的销售量。A 饭店现有的相关资料见表 5-1，这些资料是在三年的经营活动中有关食品和饮料的销售总额。

表 5-1 A 饭店三年的经营活动中有关食品和饮料的销售总额

（单位：千元）

月 份	1月	2月	3月	4月	5月	6月	7月	8月	9月	10月	11月	12月
第 一 年	242	235	232	178	184	140	145	152	110	130	152	206
第 二 年	263	238	247	193	193	149	157	161	122	130	167	230
第 三 年	282	255	265	205	210	160	166	174	126	148	173	235

分析 A 饭店的销售资料，为其准备一份包括你的发现、预测和建议的分析报告。其内容包括：

（1）时间数列的图形。

（2）对数据进行季节性分析。指出每个月的季节指数，并讨论各月销售量的高低。季节指数有直观上的意义吗？对此应加以讨论。

（3）预测第四年各月的销售量。

（4）当用来说明新的销售资料时，提出对你所建立的系统的建议。

（5）在你报告的附录中，给出分析评论的结果。

假设第四年 1 月份的销售额为 295 000 元，你的预测误差为多少？如果这个误差太大，A 饭店可能会对你的预测值和实际销售额的差异产生疑虑，你将如何消除其对预测方法的疑虑？

子项目 5-1　时间数列认知

一、时间数列的概念及意义

1. 时间数列的概念

时间数列是指将同类指标在不同时间上的数值按时间的先后顺序排列起来形成的统计数列，也称为时间序列或动态数列，是一种常见的经济数据表现形式。

时间数列在形式上包括两个构成要素：①被研究现象所属的时间，用"t"表示，可以是年份、季度、月份及其他任何时间形式；②与现象所属时间相对应的指标数值。例如，表 5-2 显示的是我国 2013～2023 年若干统计指标的时间数列，从中可以看出时间数列由两个基本要素构成：①统计指标所属的时间；②统计指标在特定时间的具体指标值。

表 5-2 我国 2013 ～ 2023 年的国内生产总值、人口及第三产业增加值

年　份	国内生产总值（亿元）	年末人口数（万人）⊖	年平均人口数（万人）	人均国内生产总值（元）	第三产业增加值（亿元）	第三产业所占比重（%）
(1)	(2)	(3)	(4)	(5)	(6)	(7)
2013	592 963.2	136 726	136 324.0	43 497	277 983.5	46.9
2014	643 563.1	137 646	137 186.0	46 912	310 654.0	48.3
2015	688 858.2	138 326	137 986.0	49 922	349 744.7	50.8
2016	746 395.1	139 232	138 779.0	53 783	390 828.1	52.4
2017	832 035.9	140 011	139 621.5	59 592	438 355.9	52.7
2018	919 281.1	140 541	140 276.0	65 534	489 700.8	53.3
2019	986 515.2	141 008	140 774.5	70 078	535 371.0	54.3
2020	1 013 567.0	141 212	141 110.0	71 828	551 973.7	54.5
2021	1 149 237.0	141 260	141 236.0	81 370	614 476.4	53.5
2022	1 204 724.0	141 175	141 217.5	85 310	642 727.1	53.4
2023	1 260 582.1	140 967	141 071.0	89 358	688 238.4	54.6

2．时间数列的意义

研究时间数列具有重要的作用，通过时间数列的编制和分析可以：

（1）描述社会经济现象的发展状况和结果。

（2）研究社会经济现象的发展速度、发展趋势，探索现象发展变化的规律，并据以进行统计预测。

（3）分析长期趋势、季节变动和循环变动等影响因素，了解和分析社会现象发展变化的规律性。

二、时间数列的分类

时间数列按其统计指标的性质不同，可以分为绝对数时间数列、相对数时间数列和平均数时间数列。其中，绝对数时间数列即总量指标时间数列，是基本数列；而相对数和平均数时间数列是在绝对数时间数列的基础上派生出来的，属于派生数列。

1．总量指标时间数列

总量指标时间数列是指把一系列同类的总量指标按时间先后顺序排列起来形成的时间数列，用以反映社会经济现象在各个时期达到的绝对水平及其变化发展的状态。例如表 5-2 中的国内生产总值、年末人口数和第三产业增加值都属于总量指标时间数列。按照总量指标所反映的内容不同，总量指标时间数列可以分为总体单位总量数列和总体标志总量数列两种。表 5-2 中的年末人口数是总体单位总量数列，而国内生产总值和第三产业增加值是总体标志总量数列。根据总量指标反映的社会经济现象所属的时间不同，又可将总量指标时间数列分为时期数列和时点数列。下面来讨论时期数列和时点数列的特点。

（1）时期数列。各项指标都是反映某种现象在一段时期内发展过程的总量，该时间数列称为时期数列。例如国际收支，是一个流量的概念。表 5-2 中的国内生产总值和第三产业增加值是时期数列，其指标都反映总体在一年内的发展总量。时期数列的特点如下：

存量与流量

⊖　未包括香港、澳门特别行政区和台湾省以及海外华侨人数。

1）可加性。不同时期的总量指标可以相加，所得数值表明现象在更长一个时期的数值。例如，月度国内生产总值相加得到季度国内生产总值，季度国内生产总值相加得到年度国内生产总值。

2）数列中每个指标数值的大小与其所属的时期长短有直接的联系。一般指标所属时期越长，指标值越大。

3）每个指标的数值是通过连续不断的登记而取得的。由于时期指标是反映现象在一段时期内的发展过程总量，因而必须把现象在这段时期内发生的数量逐一登记，并进行累计得到指标值。

（2）时点数列。时点数列是反映现象在某一时点（瞬间）所处的数量水平的时间数列。例如国际储备，是一个存量的概念，一般以截至某一时点的余额来表示或计量国际储备总量。表5-2中的年末人口数就是时点数列。它具有以下特点：

1）不可加性。由于时点数列中每个指标都是表明某一时点上瞬间现象的数量，相加以后无法说明数值属于哪一时点，不具有实际经济意义。

2）指标数值的大小与时点间隔的长短没有直接关系。在时点数列中两个相邻指标在时间上的距离称为"间隔"。时点指标的时间单位是瞬间，因而许多现象时点间隔的长短与指标值的大小没有直接关系。如果现象本身存在长期变化趋势，呈现随时间增长或下降趋势，则指标数值与时点间隔有一定的关系。例如，某国总人口呈增长趋势，则时点间隔越长，总人口指标的数值越大。

3）指标值采取间断统计的方法获得。例如，我国自1990年以来的人口普查就是采取10年一次的间断统计方式获得的。

2. 相对指标和平均指标时间数列

相对指标和平均指标都是由总量指标派生出来的，它们分别反映社会经济现象达到的相对水平和平均水平。将一系列同类的相对指标或平均指标按时间先后顺序排列起来而形成的时间数列，即为相对指标时间数列和平均指标时间数列。例如表5-2中的第三产业所占比重属于相对指标时间数列，人均国内生产总值属于平均指标时间数列。

三、时间数列的编制原则

编制时间数列的目的就是要通过对不同时间的各个指标值的比较，分析社会经济现象的发展规律。因此，保持时间数列中指标值的可比性是编制时间数列的基本原则，具体表现在以下几个方面。

1. 时间长短一致

在时期数列中，由于时间长短直接影响指标值的大小，所以必须保持各指标值所属时期长短一致。在时点数列中，虽然指标值的大小与时点间隔没有直接关系，但为了更好地分析其长期趋势、增加其可比性，应尽量保持时点间隔一致。

2. 总体范围一致

不同时期的研究对象范围要一致。例如，研究某市的人口发展情况，要注意不同时期该市的行政区划有无变动，这种变动会使人口数发生变动。如果各个指标数值所属的总体空间范围不一致，则前后数值就不能直接进行对比，此时应对指标数值进行调整，使总体范围前后保持一致，然后再做动态分析。

3. 指标的经济内容一致

时间数列指标值的经济内容必须一致，才具有可比性。例如，新中国成立以来，我国曾先后采取过工农业总产值、社会总产值、国民收入和国内生产总值等指标反映我国的经济活动总量，这些指标都有不同的经济内容。在编制新中国成立以来的经济活动总量时间数列时，就需要对这些指标加以区别和调整，使经济内容保持一致才具有可比性。

4. 计算方法、计算价格和计量单位应该一致

采用什么方法计算、按照何种价格或单位进行计量，各个指标值都要保持前后一致。例如，国内生产总值的计算有三种方法，即生产法、支出法和收入法，理论上这三种方法的计算结果应该相同，但由于资料获得的渠道不同，三种方法计算的国内生产总值往往存在差异。所以，在编制时间数列时，应注意各指标的计算方法是否统一。另如，在研究工业企业劳动生产率时，产量可以用实物量计算，也可以用价值量计算；人数可以是全部职工数，也可以是生产工人数。编制时间数列时要有明确指示，以保证前后各期的统一。如果按实物指标计算，就应采取统一的计量单位，否则就违背了指标值可比性的原则；如果按价值量计算，就涉及以现行价格或不变价格进行计算的问题，在同一时间数列中，各指标值的计算价格应该保持一致。

保证时间数列中各个时期（时点）指标数值的可比性是认识客观事物发展变化的原则。但是任何事物绝对可比是不存在的，在利用时间数列进行动态分析时，只要能满足统计研究目的的基本要求，就视为可比。

为了研究现象的发展规模和程度，揭示事物发展的规律，需要根据时间数列的资料计算一系列动态分析指标。这些动态分析指标可分为两大类，即水平指标和速度指标。

子项目 5-2 时间数列的水平指标

一、发展水平和平均发展水平

1. 发展水平

在时间数列中，各项具体的指标数值称为发展水平，即该指标反映的社会经济现象在所属时间的发展水平。表 5-2 中，2023 年我国内生产总值（GDP）为 1 260 582.1 亿元即为 2023 年的 GDP 发展水平，2023 年的年末人口数为 140 967 万人即为 2023 年的人口发展水平。在一个时间数列中，各时间上的发展水平按时间顺序可以记为 a_0、a_1、a_2、…、a_{n-1}、a_n。在对各个时间的发展水平进行比较时，把作为比较基础的那个时间称为基期，相对应的发展水平称为基期水平；把所研究考察的那个时间称为报告期，相对应的发展水平称为报告期水平。基期和报告期是根据研究需要而定的。

时间数列水平分析

2. 平均发展水平

为了综合说明社会经济现象在一段时期内的发展水平，需要计算平均发展水平。平均发展水平又称序时平均数，它与平均指标的概念既有相同点也有不同点。相同点是两种指标都是所有变量值的代表数值，表现的都

是现象的一般水平。不同点是平均发展水平平均的是现象在不同时间上指标数值的差别,是从动态上说明现象的一般水平,是根据时间数列计算的;而平均指标平均的是现象各单位在同一个时间上的数量差别,是从静态上说明现象的一般水平,是根据变量数列计算的。

计算平均发展水平的方法需根据时间数列指标的性质来确定,以下将具体介绍总量指标、相对指标和平均指标时间数列的平均发展水平的计算方法。

(1)根据总量指标时间数列计算平均发展水平。总量指标时间数列可分为时期指标数列和时点指标数列,两者计算平均发展水平的方法有所不同。

1)根据时期数列计算平均发展水平。时期数列的平均发展水平的计算比较简单,采取简单算术平均数方法计算。用公式表示为

$$\bar{a} = \frac{a_1 + a_2 + \cdots + a_n}{n} = \frac{\sum_{i=1}^{n} a_i}{n} \tag{5-1}$$

式中　$\bar{a}$——平均发展水平;
$a_1, a_2, \cdots, a_n$——各期的发展水平;
n——时期项数。

> **例5-1**　根据表5-2第(2)列的数据计算2014~2023年期间我国的年均国内生产总值。
> 解:将2014~2023年的国内生产总值代入公式5-1,可得2014~2023年的平均国内生产总值为
> $$\bar{a} = \frac{a_1 + a_2 + \cdots + a_n}{n} = \frac{643\,563.1 + 688\,858.2 + \cdots + 1\,260\,582.1}{10} = 944\,475.87\,(亿元)$$

2)根据时点数列计算平均发展水平。计算时点数列的平均发展水平,理论上要求掌握现象在每一时点上的数据。但是时点数列的各项数据大多是间断统计的。例如,有的是每月、每季或每年统计一次,而有的是现象发生时才统计一次,即不定期统计。对于这些资料的不同情况,时点数列的平均发展水平的计算方法也有所不同。

根据时点数列计算平均发展水平,分为连续时点数列间隔相等和不等、间断时点数列间隔相等与不等四种情况。

①间隔相同的间断时点数列平均发展水平的计算。间隔相同的间断时点数列的平均发展水平的计算采用"首末折半法",公式为

$$\bar{a} = \frac{\frac{a_1+a_2}{2} + \frac{a_2+a_3}{2} + \cdots + \frac{a_{n-1}+a_n}{2}}{n-1} = \frac{\frac{a_1}{2} + a_2 + \cdots + a_{n-1} + \frac{a_n}{2}}{n-1} \tag{5-2}$$

式中　$\bar{a}$——平均发展水平;
$a_1, a_2, \cdots, a_n$——各时点的发展水平;
n——时点个数。

这个公式基于一个假设,假设每个时点间隔间现象数量的变化是均匀的。

> **例5-2**　根据表5-2第(3)列的数据计算2014~2023年期间我国年平均人口数。
> 解:首先要考虑的是首项应该是哪一年的数据,显然,首项不是2014年年末人口数,而是2013年年末人口数。2014年的人口变化从2013年年末开始到2014年年末,所以2014年年末

人口数不能作为2014年人口的代表值。将2013年年末的人口数看作2014年年初的人口数，2014年的年平均人口就是年初和年末人口的简单平均数，即：

2014年的年平均人口数＝（136 726+137 646）/2=137 186（万人）

类似地可以计算2015～2023年的各年平均人口数，计算结果如表5-2中第（4）列所示。然后再对各年平均人口数进行算术平均，可得2014～2023年的年平均人口数为

$$\bar{a} = \frac{\frac{136\,726+137\,646}{2}+\frac{137\,646+138\,326}{2}+\cdots+\frac{141\,175+140\,967}{2}}{11-1}$$

$$= \frac{137\,186+137\,986+\cdots+141\,071}{10} = 139\,925.75（万人）$$

② 间隔不等的间断时点数列平均发展水平的计算。时点间隔不等的时间数列计算平均发展水平的思路与时点间隔相等的时点数列相同，同样假设每个时点间隔间现象数量的变化是均匀的，由于时点间隔不同，需要以时点间隔为权数进行加权计算。其计算公式为

$$\bar{a} = \frac{\frac{a_1+a_2}{2}f_1+\frac{a_2+a_3}{2}f_2+\cdots+\frac{a_{n-1}+a_n}{2}f_{n-1}}{f_1+f_2+\cdots+f_{n-1}} \quad (5-3)$$

式中　$\bar{a}$ ——平均发展水平；

$a_1, a_2, \cdots, a_n$ ——各时点的发展水平；

$f_1, f_2, \cdots, f_{n-1}$ ——时点间隔的距离。

例5-3　下沙农场2024年的生猪存栏数见表5-3，计算该农场的年平均生猪存栏数。

表5-3　下沙农场2024年的生猪存栏数

日　　期	1月1日	3月1日	8月1日	10月1日	12月31日
生猪存栏数（头）	1 420	1 400	1 200	1 250	1 460

解：该农场的年平均生猪存栏数为

$$\bar{a} = \frac{\frac{a_1+a_2}{2}f_1+\frac{a_2+a_3}{2}f_2+\cdots+\frac{a_{n-1}+a_n}{2}f_{n-1}}{f_1+f_2+\cdots+f_{n-1}}$$

$$= \frac{\frac{1\,420+1\,400}{2}\times2+\frac{1\,400+1\,200}{2}\times5+\frac{1\,200+1\,250}{2}\times2+\frac{1\,250+1\,460}{2}\times3}{2+5+2+3}$$

$$\approx 1320（头）$$

③ 间隔相同的连续时点数列平均发展水平的计算。计算公式与式（5-1）相同。

④ 间隔不同的连续时点数列平均发展水平的计算。间隔不同的连续时点数列是指时点资料不是连续每日登记的，而是只在现象发生变动时登记，未登记的时点资料即为保持前一登记水平不变。其计算公式为

$$\bar{a} = \frac{a_1 f_1 + a_2 f_2 + \cdots + a_n f_n}{f_1 + f_2 + \cdots + f_n} \quad (5-4)$$

式中　$\bar{a}$——平均发展水平；
　　　$a_1, a_2, \cdots, a_n$——各时点的发展水平；
　　　$f_1, f_2, \cdots, f_n$——时点间隔的距离。

例 5-4　对某企业 2024 年 6 月份某成品的库存量的变动情况进行登记，见表 5-4，计算该企业 6 月份该成品的平均库存量。

表 5-4　某企业 2024 年 6 月份某成品的库存量变动情况

日期	6月1日	6月8日	6月15日	6月21日	6月30日
库存量（个）	85	6	105	50	20

解：该企业 6 月份该成品的平均库存量为

$$\bar{a} = \frac{85 \times 7 + 6 \times 7 + 105 \times 6 + 50 \times 9 + 20 \times 1}{7+7+6+9+1} \approx 58（个）$$

（2）根据相对指标和平均指标时间数列计算平均发展水平。由于相对指标和平均指标是由总量指标派生出来的，所以相对指标或平均指标的时间数列也都是派生数列，即其中各项指标都是由两个总量指标对比计算出来的。因此在计算相对指标和平均指标的平均发展水平时不能直接计算其各项指标的平均数，而是要分别先计算出两个总量指标数列的平均发展水平，然后再进行对比。其计算公式为

$$\bar{c} = \frac{\bar{a}}{\bar{b}} \tag{5-5}$$

式中　$\bar{c}$——相对指标或平均指标时间数列的平均发展水平；
　　　$\bar{a}$——分子数列的平均发展水平；
　　　$\bar{b}$——分母数列的平均发展水平。

例 5-5　根据表 5-2 的数据计算 2014～2023 年期间我国年平均的人均 GDP。

解：不能对人均 GDP 的各项发展水平直接进行算术平均，而应先计算国内生产总值的平均发展水平和年均人口数，再对比得到年平均的人均 GDP，具体计算如下：

$$\bar{a} = 944\,475.87（亿元），\quad \bar{b} = 139\,925.75（万人）$$

$$\bar{c} = \frac{\bar{a}}{\bar{b}} = \frac{944\,475.87 \times 10\,000}{139\,925.75} = 67\,498.36（元/人）$$

二、增长量和平均增长量

1. 增长量

增长量也称增长水平，是报告期发展水平与基期发展水平之差。增长量有逐期增长量和累计增长量之分。逐期增长量是报告期水平与前一期水平之差，即以前一期为基期。累计增长量是报告期水平与某一固定时间发展水平之差，即将基期固定在某一时间。这两个指标用公式表示为

逐期增长量：$a_1 - a_0,\ a_2 - a_1,\ \cdots,\ a_n - a_{n-1}$ 　　　　　　（5-6）

累计增长量：$a_1 - a_0,\ a_2 - a_0,\ \cdots,\ a_n - a_0$ 　　　　　　（5-7）

逐期增长量与累计增长量的关系是：逐期增长量之和等于累计增长量。

例 5-6 根据表 5-5 的数据计算 2018～2023 年我国国内生产总值的逐期增长量和累计增长量。

表 5-5　2018～2023 年我国国内生产总值的逐期增长量和累计增长量

年　份		2018	2019	2020	2021	2022	2023
国内生产总值（亿元）		919 281.1	986 515.2	1 013 567.0	1 149 237.0	1 204 724.0	1 260 582.1
增长量（亿元）	逐期	—	67 234.1	27 051.8	135 670.0	55 487.0	55 858.1
	累计	—	67 234.1	94 285.7	229 955.9	285 442.9	341 301.0

2．平均增长量

平均增长量也称平均增长水平，它是逐期增长量的平均数。其计算公式为

$$\text{平均增长量} = \frac{\text{逐期增长量之和}}{\text{逐期增长量个数}} = \frac{\text{累计增长量}}{\text{时间数列项数} - 1} \tag{5-8}$$

例 5-7 根据表 5-5 的数据计算 2018～2023 年我国国内生产总值的平均增长量。

$$\text{平均增长量} = \frac{\text{逐期增长量之和}}{\text{逐期增长量个数}} = \frac{67\,234.1 + 27\,051.8 + 135\,670.0 + 55\,487.0 + 55\,858.1}{5}$$
$$= 68\,260.2\,（\text{亿元}）$$

$$\text{或平均增长量} = \frac{\text{累计增长量}}{\text{时间数列项数} - 1} = \frac{341\,301.0}{5} = 68\,260.2\,（\text{亿元}）$$

子项目 5-3　时间数列的速度指标

一、发展速度和增长速度

1．发展速度

发展速度是反映社会经济现象发展快慢的相对指标，用两个不同时期的发展水平相对比而求得，一般用百分比来表示。其计算公式为

$$\text{发展速度} = \frac{\text{报告期水平}}{\text{基期水平}} \tag{5-9}$$

时间数列的速度指标

时间数列速度分析

根据发展速度的基期不同，可以将其分为环比发展速度和定基发展速度。环比发展速度是将基期定为报告期的前一期，反映现象的逐期发展程度。定基发展速度是将基期固定为某一期，反映现象在较长一段时间内的发展程度，也称为总发展速度。这两种发展速度用公式表示为

$$\text{环比发展速度：}\frac{a_1}{a_0},\ \frac{a_2}{a_1},\ \ldots,\ \frac{a_n}{a_{n-1}} \tag{5-10}$$

$$\text{定基发展速度：}\frac{a_1}{a_0},\ \frac{a_2}{a_0},\ \ldots,\ \frac{a_n}{a_0} \tag{5-11}$$

环比发展速度和定基发展速度之间存在一定的数量关系，即：

（1）环比发展速度的连乘积等于相应的定基发展速度。其用公式表示为

$$\frac{a_1}{a_0} \times \frac{a_2}{a_1} \times \cdots \times \frac{a_n}{a_{n-1}} = \frac{a_n}{a_0} \tag{5-12}$$

（2）相邻两个时期的定基发展速度之商等于相应时期的环比发展速度。其用公式表示为

$$\frac{a_i}{a_0} \bigg/ \frac{a_{i-1}}{a_0} = \frac{a_i}{a_{i-1}} \tag{5-13}$$

2. 增长速度

增长速度是表明社会经济现象增长程度的相对指标。它可以根据增长量与基期发展水平对比求得，也可以根据发展速度来求得。其计算公式为

$$增长速度 = \frac{增长量}{基期发展水平} = 发展速度 - 1 \tag{5-14}$$

根据基期不同，增长速度也可分为环比增长速度和定基增长速度。环比增长速度是将基期定为报告期的前一期，用报告期的增长量与前一期的发展水平对比而得，反映现象的逐期增长程度。定基增长速度是将基期固定为某一期，用报告期的增长量与固定基期的发展水平对比而得，反映现象在较长一段时间内的增长程度。两者用公式表示为

$$定基增长速度 = 定基发展速度 - 1 \tag{5-15}$$
$$环比增长速度 = 环比发展速度 - 1 \tag{5-16}$$

> **例5-8** 某企业 2020~2024 年的产量相关数据见表 5-6，已知 2020 年比 2019 年增长 20%，2021 年比 2019 年增长 50%，2022 年比 2021 年增长 25%，2023 年比 2022 年增长 15%，2024 年比 2019 年增长 132.5%。现以 2019 年为基期，计算表 5-6 中空缺的数字。
>
> 表 5-6　某企业 2020~2024 年产量增长速度
>
> | 年份 | 2020 | 2021 | 2022 | 2023 | 2024 |
> |---|---|---|---|---|---|
> | 环比增长速度（%） | 20 | （2） | 25 | 15 | （5） |
> | 定基增长速度（%） | （1） | 50 | （3） | （4） | 132.5 |
>
> 解：由于环比发展速度和定基发展速度之间存在着如式（5-12）和式（5-13）的数量关系，同时增长速度可以根据发展速度求得，所以计算增长速度时先计算各期的发展速度，然后再通过式（5-14），计算出各增长速度。
>
> 2020 年定基增长速度 = 20%
>
> 2021 年环比增长速度 = $\frac{1+50\%}{1+20\%} - 1 = 25\%$
>
> 2022 年定基增长速度 = [(1+20%)×(1+25%)×(1+25%)]-1 = 87.5%
>
> 2023 年定基增长速度 = [(1+87.5%)×(1+15%)]-1 = 115.6%
>
> 2024 年环比增长速度 = [(1+132.5%)/(1+115.6%)]-1 = 7.8%

二、平均发展速度和平均增长速度

平均发展速度是各个时期环比发展速度的平均数，说明社会经济现象在较长时期内发展速

度变化的平均程度。计算平均发展速度有两种方法：水平法和累计法。

水平法又称几何平均法，是以时间数列最后一期的发展水平同基期水平对比来计算平均每年增长（或下降）速度。

累计法又称代数平均法或方程法，是以时间数列内各期发展水平的总和同基期水平对比来计算平均每年增长（或下降）速度，使按平均发展速度计算的各期发展水平的累计总和等于全期的实际总水平。

水平法侧重于考察最末一期的发展水平，按这种方法确定的平均发展速度，推算的最后一期发展水平，等于最末一期的实际发展水平；推算的最末一期的定基发展速度和根据实际资料计算的最末一期定基发展速度是一致的。累计法侧重考察全期发展水平的总和，按这种方法确定的平均发展速度，推算的各期发展水平的总和与实际资料的累计发展总数是一致的；推算的各期定基发展速度的总和与根据实际资料计算的定基发展速度的总和是一致的。

在一般正常情况下，两种方法计算的平均发展速度比较接近；但在经济发展不平衡甚至出现大起大落时，两种方法计算的结果差别较大。在我国的实际统计工作中，除固定资产投资用"累计法"计算外，其余均用"水平法"计算。所以在此我们只对水平法做重点介绍。

水平法的计算公式为

$$a_0 \times X_1 \times X_2 \times \cdots \times X_n = a_n \Rightarrow a_0 \times \overline{X} \times \overline{X} \times \cdots \times \overline{X} = a_n$$

$$\overline{X}^n = \frac{a_n}{a_0} \Rightarrow \overline{X} = \sqrt[n]{\frac{a_n}{a_0}} \tag{5-17}$$

式中 $\overline{X}$——平均发展速度；

X_i——环比发展速度（$i=1, 2, \cdots, n$）；

n——环比发展速度的项数。

式（5-17）是水平法公式的推导过程，其中蕴含的数学依据是：现象发展的总速度不等于各期发展速度之和，而等于各期环比发展速度的连乘积，表明现象从最初的水平通过 n 期的增长（或下降）最终发展到了最末期的水平。

平均增长速度和平均发展速度的关系是：

$$\text{平均增长速度}=\text{平均发展速度}-1 \tag{5-18}$$

> **例5-9** 根据表5-2的数据，按水平法计算我国2019～2023年这五年期间国内生产总值的平均增长速度。
>
> 解：根据题意，基期水平为2018年的国内生产总值，最末水平是2023年的国内生产总值，由此，2019～2023年这五年间国内生产总值的平均发展速度为
>
> $$\overline{X} = \sqrt[n]{\frac{a_n}{a_0}} = \sqrt[5]{\frac{1\,260\,582.1}{919\,281.1}} = 106.52\%$$
>
> 2019～2023年国内生产总值的平均增长速度 = 平均发展速度 −1=6.52%
>
> （注意：这里计算的平均增长速度是按当年价格计算的名义平均增长速度，与按可比价格计算的实际增长速度有所不同。）

三、发展速度分析应注意的问题

时间数列的速度指标是由水平指标对比计算而来的,以百分数表示的抽象化指标。速度指标把现象的具体规模或水平抽象掉了,不能反映现象的绝对量差别,所以运用速度指标时,最好结合基期水平进行分析。按水平法计算的平均发展速度只依赖于最初水平和最末水平,如果期间的环比发展速度很不均衡,那么计算出来的平均发展速度将降低或失去指标的代表性和实际分析意义,所以需要结合各个时期的环比发展速度来补充说明平均发展速度。

子项目 5-4　时间数列变动的趋势分析

一、时间数列变动的构成因素

时间数列的构成因素和组合模型

随着时间推移,客观事物会发生变化,这些变化是受多种因素共同影响的结果。在诸多影响因素中,有的是长期因素,对事物的发展变化起着决定性作用;有的是短期因素,或者只是偶然性因素。例如,一个国家的经济发展可能受到劳动力、资源和生产力水平的长期稳定的影响,同时也可能受到自然灾害、国际环境、政治因素等非长期因素的影响。在分析时间数列的变动规律时,我们很难将这些因素的影响精确地一一区分,但是我们可以对这些影响因素进行归纳分类,以更好地揭示时间数列变动的规律性。影响时间数列变动的构成因素可以归纳为四类:长期趋势、季节变动、循环变动和不规则变动。

1. 长期趋势

长期趋势是指现象在一段相当长的时期内所表现出来的持续上升或下降或不变的趋势。长期趋势是总体受某种根本性的支配因素影响的表现结果。例如,我国的国内生产总值呈现逐年上升的趋势(如图 5-1 所示,根据表 5-2 数据制图)。需要注意的是,这里的长期并非时间意义上的绝对长短,而是针对时间数列的各期间隔而言的。也就是说,当我们的时间数列以年为间隔,那么两年、三年并不属于长期,所表现出来的变化趋势不具有长期规律性;如果时间数列以月为间隔,则一年有 12 个月,也可以从中看出一些长期规律。

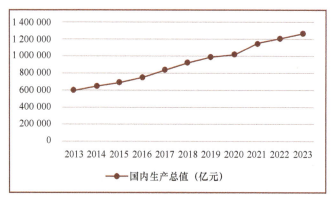

图 5-1　2013～2023 年我国国内生产总值的长期趋势

2. 季节变动

季节变动是指时间数列在一年内随季节更替出现的周期性波动。季节变动最基本的意义是受自然界季节更替影响而发生的年复一年的规律性变化。例如农产品的生产、水电消费的季节变动等。在实际分析中，季节变动也包括一年内由于社会、政治、经济、自然因素影响形成的有规律的、周期性的重复变动，例如民工潮造成交通部门的客流量在一年中的规律性变化。图 5-2 是某农场禽蛋产值一年内随月份变动的折线图。

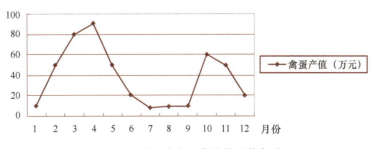

图 5-2 某农场禽蛋产值的季节变动

3. 循环变动

循环变动是指变动周期大于一年的有一定规律的重复变动，如商业周期的繁荣、衰退、萧条、复苏四个阶段的循环变动。循环变动和季节变动都是一种重复出现的周期性变动，不同的是，季节变动是一年内的按月或按季的周期性变动，而循环变动的周期一般超过一年，而且循环变动的周期长短不一致，规律性较不明显。

4. 不规则变动

不规则变动也称随机变动，是指现象受偶然因素的影响而出现的不规则变动。例如，2004年年底发生在东南亚的海啸对东南亚地区旅游业造成的影响表现在旅游人数上就是一种不规则变动。

二、时间数列的组合模型

时间数列变动趋势分析的目的就是对以上的四大构成要素进行测定，揭示现象变动的规律性，为认识和预测事物的发展提供依据。按照四大构成要素影响方式的不同，可以设定为不同的组合模型，主要有乘法模型和加法模型两种。以 Y 表示时间数列的指标数值，T 表示长期趋势成分，S 表示季节变动成分，C 表示循环变动成分，I 表示不规则变动成分，用下标 t 表示时间（$t=1, 2, \cdots, n$），n 为时间数列的项数。乘法模型和加法模型的计算公式为

$$乘法模型：Y_t = T_t \times S_t \times C_t \times I_t \tag{5-19}$$

$$加法模型：Y_t = T_t + S_t + C_t + I_t \tag{5-20}$$

乘法模型假定四个构成要素对现象发展的影响是相互的，长期趋势成分与时间数列原始指标值都是以绝对数的形式存在的，其余成分则均以比例（相对数）形式表示。

加法模型假定四个要素的影响是相对独立的，时间数列总变动体现为各种因素的总和。

三、长期趋势的测定与预测

长期趋势的测定与预测

时间数列的长期趋势是针对一个较长时期而言的,一般来讲,分析长期趋势所选的时期越长越好。对长期趋势的测定和分析,是时间数列的重要工作,其主要目的有三个:①认识现象随时间发展变化的趋势和规律性。②对现象未来的发展趋势做出预测。③从时间数列中剔除长期趋势成分,以便于分解出其他类型的影响因素。时间数列趋势的测定方法有许多种,最常用的是移动平均法和趋势模型法。

1. 移动平均法

简单移动平均法

(1)时距扩大法。在介绍移动平均法之前,我们先来介绍时距扩大法,它是测定长期趋势最原始、最简单的方法。时距扩大法是将原来时间数列中较小时距单位的若干个数据加以合并,得到较大时距单位的数据。当原始时间数列中各指标数值上下波动,使得现象变化规律表现不明显时,可通过扩大数列时间间隔的方法,使得较小时距数据所受到的偶然因素的影响相互抵消,以反映现象发展的长期趋势。

例 5-10 某商场某年商品销售额资料见表 5-7,根据表中数据,用时距扩大法分析该商场商品销售额的长期趋势。

表 5-7 某商场某年商品销售额资料

月 份	1	2	3	4	5	6	7	8	9	10	11	12
销售额(万元)	50	55	48	46	56	57	56	52	57	54	60	66

解:将以月为时距的时间数列合并为以季为时距的时间数列,见表 5-8。原时间数列中并不能很好地观察出长期趋势,而在扩大时距后的新时间数列中,可以明显地看出商场的销售额呈现出增长的趋势。

表 5-8 时距扩大法计算某商场某年商品销售额的长期趋势

季 度	第一季度	第二季度	第三季度	第四季度
商品销售额(万元)	153	159	165	180
平均月销售额(万元)	51	53	55	60

时距扩大法的优点是简便、直观。但是它的缺点也很突出,扩大时距后形成的新时间数列包含的数据数量减少,信息大量流失,不便于做进一步分析。

(2)移动平均法。移动平均法是对时距扩大法的一种改良。它是采取逐期递推移动的方法对原数列按一定时距扩大,得到一系列扩大时距的平均数。它的原理和时距扩大法类似,即通过扩大时距来消除时间数列中的不规则变动和其他变动,揭示出时间数列的长期趋势。其较时距扩大法的优点在于移动平均法可以保留更多的数据信息,对原时间数列的波动起一定的修匀作用。移动平均法的具体步骤如下:

1)扩大原时间数列的时间间隔,选定一定的时距项数 N。

2)采用依次移动的方法对原数列依次移动 N 项计算一系列序时平均数。

例 5-11 表 5-9 是某地粮食产量及其三项移动平均和四项移动平均的计算结果。

表 5-9　某地粮食产量及其移动平均计算结果　　　　（单位：万吨）

年份	粮食产量	三项移动	粮食产量	四项移动	二项移正
2015	2.86	—	2.86		—
2016	2.83	2.91	2.83	—	—
2017	3.05	3.07	3.05	3.02	3.06
2018	3.32	3.19	3.32	3.10	3.16
2019	3.21	3.26	3.21	3.21	3.27
2020	3.25	3.33	3.25	3.33	3.40
2021	3.54	3.55	3.54	3.47	3.58
2022	3.87	3.82	3.87	3.68	3.75
2023	4.07	3.91	4.07	3.82	—
2024	3.79	—	3.79	—	—

在三项移动中，

$$T_{2016} = \frac{Y_{2015} + Y_{2016} + Y_{2017}}{3} = \frac{2.86 + 2.83 + 3.05}{3} = 2.91$$

$$T_{2017} = \frac{Y_{2016} + Y_{2017} + Y_{2018}}{3} = \frac{2.83 + 3.05 + 3.32}{3} = 3.07$$

……

$$T_{2023} = \frac{Y_{2022} + Y_{2023} + Y_{2024}}{3} = \frac{3.87 + 4.07 + 3.79}{3} = 3.91$$

四项移动与三项移动有所不同，四项移动需要移动两次，第一次移动也是按照以上方法求得时间数列的趋势值。

$$T_{2016^*} = \frac{Y_{2015} + Y_{2016} + Y_{2017} + Y_{2018}}{4} = \frac{2.86 + 2.83 + 3.05 + 3.32}{4} = 3.02$$

$$T_{2017^*} = \frac{Y_{2016} + Y_{2017} + Y_{2018} + Y_{2019}}{4} = \frac{2.83 + 3.05 + 3.32 + 3.21}{4} = 3.10$$

……

$$T_{2022^*} = \frac{Y_{2021} + Y_{2022} + Y_{2023} + Y_{2024}}{4} = \frac{3.54 + 3.87 + 4.07 + 3.79}{4} = 3.82$$

然后对以上求得的趋势值再进行两项平均得到长期趋势值。

$$T_{2017} = \frac{T_{2016^*} + T_{2017^*}}{2} = \frac{3.02 + 3.10}{2} = 3.06$$

$$T_{2018} = \frac{T_{2017*} + T_{2018*}}{2} = \frac{3.10 + 3.21}{2} = 3.16$$

……

$$T_{2022} = \frac{T_{2021*} + T_{2022*}}{2} = \frac{3.68 + 3.82}{2} = 3.75$$

指数平滑法

从例 5-11 中我们可以看出，移动平均法具有以下特点：

1）时距项数 N 越大，对时间数列的修匀效果越强，例 5-11 中，三项移动平均的波动较原数列明显削弱了，但是仍存在一些小波动，四项移动平均进一步削弱了波动，时间数列呈现出持续上升的长期趋势。

2）移动平均时距项数 N 为奇数时，只需要进行一次移动平均，其移动平均值即作为移动平均项数中间一期的趋势代表值；当移动平均时距项数 N 为偶数时，移动平均值代表的是相应偶数项的中间位置的水平，无法对正某一时期，所以需要进行一次相邻两项平均值的再次移动平均，如此才能使得平均值对正某一时期，第二次移动平均称为移正平均，也称中心化的移动平均数。

3）N 的选择要考虑周期性波动的周期长短，平均时距 N 应和周期长度一致。当时间数列包含季节变动时，移动平均时距项数 N 应与季节变动长度一致，一般为四个季度或 12 个月。

4）移动平均以后，所得新数列的项数较原数列减少。当原数列的项数为 n 时，移动 N 项，那么，移动后新序列项数为 $n-(N-1)=n-N+1$ 项，比原数列项数减少（$N-1$）项。

5）虽然移动项数越多，修匀效果越强，但是移动项数太大还会造成数据丢失过多的结果。因此，必须综合地考虑以上几个特点来选择适合的移动平均时距项数。

2. 趋势模型法

时间数列的长期趋势可以分为线性趋势和非线性趋势。当时间数列的长期趋势在坐标上近似地呈现为直线，即每期的增减数量大致相同时，则称时间数列具有线性趋势。当时间数列在各时期的变动随时间而不同，各时期的变化率或趋势线的斜率有明显变动但又有一定规律性时，现象的长期趋势就不再是线性趋势，而可能是非线性趋势。在本书中，我们重点介绍线性趋势的模型法。

线性趋势的模型法，是利用以时间 t 作为解释变量和指标值 Y 为被解释变量的线性回归方法，对原时间数列做拟合线性方程，消除其他成分变动，揭示时间数列的长期线性趋势。线性方程的一般形式为

$$\hat{Y}_t = a + bt \qquad (5\text{-}21)$$

式中 $\hat{Y}_t$——时间数列的趋势值；

t——时间标号；

a——趋势线在 y 轴上的截距；

b——趋势线的斜率，表示时间 t 每变动一个单位时，趋势值 $\hat{Y}_t$ 的平均变动数量。

通常利用最小二乘法估计线性趋势方程的参数，即

$$\begin{cases} b = \dfrac{n\sum tY_t - \sum t \sum Y_t}{n\sum t^2 - (\sum t)^2} \\ a = \overline{Y_t} - b\overline{t} \end{cases} \qquad (5\text{-}22)$$

式中　n——时间数列中数据的项数；
　　　Y_t——时间数列中各项的原始数值。

例 5-12　根据表 5-10 中年末人口数据，用最小二乘法确定直线趋势方程，计算出各期的趋势值，预测 2030 年的人口趋势值，并将原数列和各期的趋势值数列绘制成折线图进行比较。

表 5-10　某地区年末人口数及其趋势值

年　份	时间 t	年末人口数 Y_t（万人）	t^2	tY_t	年末人口数的趋势值 $\hat{Y}_t$（万人）
2014	1	131 448	1	131 448	131 424.90
2015	2	132 129	4	264 258	132 097.12
2016	3	132 802	9	398 406	132 769.34
2017	4	133 450	16	533 800	133 441.56
2018	5	134 091	25	670 455	134 113.78
2019	6	134 735	36	808 410	134 786.00
2020	7	135 404	49	947 828	135 458.22
2021	8	136 072	64	1 088 576	136 130.44
2022	9	136 782	81	1 231 038	136 802.66
2023	10	137 462	100	1 374 620	137 474.88
2024	11	138 271	121	1 520 981	138 147.10
合　计	66	1 482 646	506	8 969 820	—

解：利用最小二乘法求得 $b=672.22$，$a=130\ 752.68$，线性趋势方程为
$$\hat{Y}_t = 130\ 752.68 + 672.22t$$

将 $t=1$，2，…，11 分别代入上式中，算出趋势值列在表 5-10 中。

预测 2030 年的人口趋势值，即将 $t=17$ 代入上式中，得到：
$$\hat{Y}_t = 130\ 752.68 + 672.22 \times 17 = 142\ 180.42 \text{（万人）}$$

原数列和各期的趋势值数列绘制成折线图如图 5-3 所示。

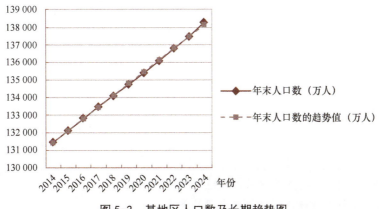

图 5-3　某地区人口数及长期趋势图

四、季节变动的测定与预测

季节变动的测定与预测

季节变动常会给人们的社会经济生活带来某种影响,如影响某些商品的生产、销售与库存等。测定季节变动的意义主要在于通过分析与测定过去的季节变动规律,为当前的经营管理决策提供依据,特别是组织商业活动,避免由于季节变动引起的不良影响;还可以预测未来、制订计划,以提前做好合理安排。由于季节变动的最大周期为一年,所以以年份为间隔单位的时间数列中不可能有季节变动。测定季节变动的方法有很多,下面介绍常用的同期平均法和趋势剔除法。

1. 同期平均法

这种方法是测定季节变动最简便的方法,其特点是测定季节变动时,不考虑长期趋势的影响。它是以若干年资料数据求出同月(季)的平均水平与全年各月(季)水平,将二者对比得出各月(季)的季节指数来表明季节变动的程度。季节指数是用来刻画数列在一个年度内各月(季)的典型季节特征,反映某一月份(季度)的数值占全年平均数值的大小。如果现象的发展没有季节变动,则各期的季节指数应等于100%,季节变动的程度是根据各季节指数与其平均数(100%)的偏差程度来测定,如果某一月份(季度)有明显的季节变化,则各期的季节指数应大于或小于100%。

同期平均法的具体步骤如下:

(1)列表,将各年同月(季)的数值列在同一纵栏内。

(2)将各年同月(季)数值加总,求出同月(季)平均。

(3)将所有月(季)数值加总,求出全期各月(季)总平均。

(4)季节指数 $S = \dfrac{\text{同月(季)平均}}{\text{全期各月(季)总平均}} \times 100\%$

(5)预测未来某年某月(季)数值。

$$\text{预计 } Y \text{ 月(季)数值} = \dfrac{\text{已知同年 } X \text{ 月(季)数值}}{X \text{ 月(季)季节指数}} \times Y \text{ 月(季)季节指数}$$

例 5-13 根据表 5-11 中数据用同期平均法计算季节指数,若今年4月份禽蛋加工增加值100万元,预计今年10月份的禽蛋加工增加值为多少?

表 5-11 某禽蛋加工增加值资料 (单位:万元)

月 份	1月	2月	3月	4月	5月	6月	7月	8月	9月	10月	11月	12月
第 一 年	10	50	80	90	50	20	8	9	10	60	50	20
第 二 年	15	54	85	93	51	22	9	9	11	75	54	22
第 三 年	22	60	88	95	56	23	9	10	14	81	51	23
第 四 年	23	64	90	99	60	30	11	12	15	85	59	25
第 五 年	25	70	93	98	62	32	13	14	19	90	61	28
同月平均	19	59.6	87.2	95	55.8	25.4	10	10.8	13.8	78.2	55	23.6
季节指数(%)	42.7	134.1	196.2	213.7	125.5	57.1	22.5	24.3	31.0	175.9	123.7	53.1

解:第一步:列表,将各年同月的数值列在同一栏内。

第二步:将各年同月数值加总,求出同月平均。

如，1月份的同月平均 = $\frac{10+15+22+23+25}{5}$ = 19（万元）

第三步：将所有月数值加总，求出全期各月总月平均。

全期各月总平均 = $\frac{2\,667}{60}$ = 44.45（万元）

第四步：求出各月季节指数 S= 同月平均 / 全期各月总平均 ×100%。

如，1月份的季节指数 $S = \frac{19}{44.45} \times 100\% = 42.7\%$

第五步：画出季节指数图，如图5-4所示。

第六步：预测今年10月份的禽蛋加工增加值。

预计10月份禽蛋加工增加值 = $\frac{100}{213.7\%} \times 175.9\%$ = 82.31（万元）

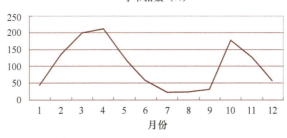

图5-4 禽蛋加工增加值的季节指数

2. 趋势剔除法

在具有明显的长期趋势变动的数列中，为了测定季节变动，必须先将长期趋势变动因素加以剔除。假定长期趋势、季节变动、循环变动和不规则变动对时间数列的影响可以用乘法模型来反映，为了精确计算季节指数，首先设法从数列中消除长期趋势（T），再用平均的方法消除循环变动（S），从而分解出季节变动成分。具体的步骤如下。

（1）计算移动平均值（季度数据采用四项移动平均，月份数据采用12项移动平均），并将其结果进行"中心化"处理，得到各期的长期趋势值 T_t。

（2）计算移动平均的比值，即将数列的各观察值除以相应的长期趋势值，得到包含了循环变动和不规则变动的季节变动指数 $S_t \times C_t \times I_t$。

$$S_t \times C_t \times I_t = \frac{T_t \times S_t \times C_t \times I_t}{T_t} = \frac{Y_t}{T_t} \qquad (5\text{-}23)$$

（3）用平均的方法消除循环变动和不规则变动，根据第二步得出的比值计算各月份（季度）平均值，即季节指数。

（4）季节指数调整，各季节指数的平均数应等于1或100%，若根据第三步计算的季节指数的平均值不等于1时，则需要进行调整，具体方法是：将第三步计算的每个季节指数的平均值除以它们的总平均值。

例 5-14 按趋势剔除法计算表 5-12 中某企业电视机销售量的季节指数。

表 5-12　某企业四年的季度电视机销售量　　　　　　　　　（单位：千台）

年　份	第一季度	第二季度	第三季度	第四季度
第一年	4.8	4.1	6.0	6.5
第二年	5.8	5.2	6.8	7.4
第三年	6.0	5.6	7.5	7.8
第四年	6.3	5.9	8.0	8.4

解：首先，利用移动平均法求得长期趋势值 T_t，然后利用公式 $S_t \times C_t \times I_t = Y_t / T_t$ 计算出各季度包含了循环变动和不规则变动的季节变动指数，见表 5-13。

表 5-13　电视机销售量季节指数计算表（一）

年　份	季　度	销售量 Y_t（千台）	四季移动平均	移正平均 T_t	季节-不规则值 $S_t \times C_t \times I_t$
第一年	一	4.8	—	—	—
	二	4.1	5.350	—	—
	三	6.0	5.600	5.475	1.096
	四	6.5	5.875	5.738	1.133
第二年	一	5.8	6.075	5.975	0.971
	二	5.2	6.300	6.188	0.840
	三	6.8	6.350	6.325	1.075
	四	7.4	6.450	6.400	1.156
第三年	一	6.0	6.625	6.538	0.918
	二	5.6	6.725	6.675	0.839
	三	7.5	6.800	6.763	1.109
	四	7.8	6.875	6.838	1.141
第四年	一	6.3	7.000	6.938	0.908
	二	5.9	7.150	7.075	0.834
	三	8.0	—	—	—
	四	8.4	—	—	—

其次，利用同季平均的方法计算出电视机销售量时间数列的季节指数，消除循环变动和不规则变动。求得的季节指数分别是：93.2%，83.8%，109.3%，113.7%，见表 5-14。

表 5-14　电视机销售量季节指数计算表（二）

年　份	第一季度	第二季度	第三季度	第四季度
第一年	—	—	1.096	1.113
第二年	0.971	0.840	1.075	1.156
第三年	0.918	0.839	1.109	1.141
第四年	0.908	0.834	—	—
各季平均（消除循环变动、不规则变动的季节指数）	0.932	0.838	1.093	1.137

如果上一步求得的四个季节指数的平均数不为 1，还要进行调整，即需先求得四个季节指数的总平均数，再用四个季节指数和总平均数的比值作为最后的季节指数。该例题中上一步计算的四个季节指数的平均数已经为 1，所以不需要再进行调整。

本项目小结

本项目主要介绍了时间数列的概念、意义、种类、水平指标、速度指标和时间数列变动的趋势分析。

1. 时间数列是指将同类指标在不同时间上的数值按时间的先后顺序排列起来形成的统计数列，也称为时间序列或动态数列，是一种常见的经济数据表现形式。

2. 时间数列按其统计指标的性质不同，可以分为绝对数时间数列、相对数时间数列和平均数时间数列。其中，绝对数时间数列是基本数列，相对数和平均数时间数列是在绝对数时间数列的基础上派生出来的，属于派生数列。

3. 在时间数列中，各项具体的指标数值称为发展水平，即该指标反映的社会经济现象在所属时间的发展水平。为了综合说明社会经济现象在一段时期内的发展水平，还需要计算平均发展水平。平均发展水平又称序时平均数，它与平均指标的概念既有相同点也有不同点。

增长量也称增长水平，是报告期发展水平与基期发展水平之差。增长量有逐期增长量和累计增长量之分。逐期增长量是报告期水平与前一期水平之差，即以前一期为基期；累计增长量是报告期水平与某一固定时间发展水平的差，即将基期固定在某一时间。

平均增长量也称平均增长水平，它是逐期增长量的平均数。

4. 长期趋势是指现象在一段相当长的时期内所表现出来的持续上升或下降或不变的趋势。长期趋势是受某种根本性的支配因素影响。季节变动是指时间数列在一年内随季节更替出现的周期性波动。其最基本的意义是受自然界季节更替影响而发生的年复一年的规律性变化。

对长期趋势的测定和分析是时间数列的重要工作，其主要目的有三个：①认识现象随时间发展变化的趋势和规律性。②对现象未来的发展趋势做出预测。③从时间数列中剔除长期趋势成分，以便于分解出其他类型的影响因素。时间数列趋势的测定方法有许多种，最常用的是移动平均法和趋势模型法。

思考与训练

一、简答题

1. 什么是时间数列？时间数列分析的作用是什么？
2. 时间数列的两个构成要素是什么？与变量数列有何不同？
3. 时间数列编制的基本原则是什么？
4. 时间数列有哪些种类？如何判断与区分时期数列和时点数列？
5. 动态平均数有哪些种类？应如何计算？
6. 时间数列速度指标有哪些种类？应如何计算？
7. 用水平法和累计法计算平均发展速度各有何特点？适用条件是什么？
8. 移动平均法的原理是什么？

9. 时距扩大法的原理是什么？

10. 什么是现象发展长期趋势？预测现象发展长期趋势的方法有哪些？

二、单项选择题

1. 已知环比增长速度为 8.12%，6.42%，5.91%，5.13%，则定基增长速度为（　　）。

   A．8.12%×6.42%×5.91%×5.13%　　　　B．8.12%×6.42%×5.91%×5.13%−100%

   C．1.081 2×1.064 2×1.059 1×1.051 3　　　D．1.081 2×1.064 2×1.059 1×1.051 3−100%

2. 某企业 2024 年的利润为 1 000 万元，2025 年增加到 1 800 万元，这里的 1 800 万元是（　　）。

   A．发展水平　　　B．逐期增长量　　　C．累计增长量　　　D．平均增长量

3. 某企业 2024 年各月月末库存额资料如下（单位：万元）：4.8，4.4，3.6，3.2，3.0，4.0，3.6，3.4，4.2，4.6，5.0，5.6；又知 2023 年年末库存额为 5.2。则 2024 年平均库存额为（　　）。

   A．5.2　　　B．4.1　　　C．4.133　　　D．5

4. 某商品销售量去年比前年增长 10%，今年比去年增长 20%，则两年平均增长（　　）。

   A．14.14%　　　B．30%　　　C．15%　　　D．14.89%

5. 某地区连续五年的经济增长率分别为 9%，7.8%，8.6%，9.4%，8.5%，则该地区这五年经济的年平均增长率为（　　）。

   A．$\sqrt[5]{1.09\times1.078\times1.086\times1.094\times1.085}-1$　　　B．$\sqrt[5]{0.09\times0.078\times0.086\times0.094\times0.085}$

   C．$\sqrt[5]{1.09\times1.078\times1.086\times1.094\times1.085}$　　　D．（9%+7.8%+8.6%+9.4%+8.5%）/5

6. 某校学生人数逐年增加，2019 年比 2018 年增长 8%，2020 年比 2019 年增长 7%，2024 年比 2020 年增长 56%，则年平均增长速度为（　　）。

   A．$\sqrt[3]{0.08\times0.07\times0.56}-1$　　　B．$\sqrt[6]{1.08\times1.07\times1.56}-1$

   C．$\sqrt[3]{1.08\times1.07\times1.56}-1$　　　D．$\sqrt[6]{1.08\times1.07\times1.56^4}-1$

7. 某企业第三季度的职工人数：6 月 30 日 438 人，7 月 31 日 452 人，8 月 31 日 462 人，9 月 30 日 578 人。则该企业第三季度的平均职工人数为（　　）。

   A．474　　　B．445　　　C．520　　　D．457

8. 某银行 1 月 1 日存款余额为 102 万元，1 月 2 日为 108 万元，1 月 3 日为 119 万元，则三天平均存款余额为（　　）。

   A．102/2+108+119/2　　　B．（102+108+119）/3

   C．（102/2+108+119/2）/3　　　D．102+108+119

9. 某产品单位成本 2013～2024 年的平均发展速度为 98.5%，说明该产品单位成本（　　）。

   A．平均每年降低 1.5%　　　B．平均每年增长 1.5%

   C．2024 年是 2013 年的 98.5%　　　D．2024 年比 2013 年降低 98.5%

10. 时间数列中，各项指标数值可以直接相加的是（　　）。

    A．时期数列　　　B．时点数列

    C．相对数时间数列　　　D．平均数时间数列

11. 某地区 2010 年国内生产总值为 60 亿元，至 2024 年达到 240 亿元，则 2024 年在 2010 年的基础上（　　）。

    A．翻了四番　　　B．翻了三番　　　C．增长了三倍　　　D．增长了四倍

12. 用最小二乘法拟合线性趋势方程 $\hat{Y}_t=a+bt$，若 b 为负数，则该现象趋势为（　　）。
　　A．上升趋势　　　B．下降趋势　　　C．水平趋势　　　D．不能确定

三、多项选择题

1. 下列指标中分子为时期指标的有（　　）。
　　A．人均粮食产量　　　　　　　　　B．人均钢铁产量
　　C．平均分摊到每吨粮食上的水库容量数　D．平均分摊到每万人的零售商店数
　　E．平均分摊到每万元农业产值上的农业机械马力数

2. 平均增长量是（　　）。
　　A．各期累计增长量的平均　　　　　B．各期逐期增长量的平均
　　C．累计增长量/逐期增长量个数　　　D．累计增长量/（时间数列项数 −1）
　　E．各期累计增长量之和/逐期增长量个数

3. 下列属于时点数列的有（　　）。
　　A．某工业企业历年利税总额　　　　B．某金融机构历年年末贷款余额
　　C．某商业企业历年销售额　　　　　D．某地区历年年末生猪存栏数
　　E．某高校历年招生人数

4. 下列属于时期数列的有（　　）。
　　A．逐年的人口自然增长率　　　　　B．逐年的人口死亡率
　　C．逐年的人口增长量　　　　　　　D．逐年的人口出生数
　　E．逐年的人口死亡数

5. 逐期增长量和累计增长量之间有如下关系（　　）。
　　A．各逐期增长量的和等于相应时期的累计增长量
　　B．各逐期增长量的积等于相应时期的累计增长量
　　C．两相邻时期累计增长量之差等于相应时期的逐期增长量
　　D．两相邻时期累计增长量之商等于相应时期的逐期增长量
　　E．两相邻时期逐期增长量之差等于相应时期的累计增长量

6. 线性趋势方程 $\hat{Y}_t=a+bt$ 中，b 表示（　　）。
　　A．平均增长量
　　B．平均增长速度
　　C．平均发展速度
　　D．时间 t 每增加一个单位，现象 Y_t 平均增加 b 个单位
　　E．现象 Y_t 随着时间增长，每期以 b 的速度发展

四、判断题

1. 构成时间数列的两个基本要素是时间和指标数值。（　　）
2. 各期环比增长速度之和等于定基增长速度。（　　）
3. 两个总量指标时间数列相对比得到的时间数列一定是相对数时间数列。（　　）
4. 累计增长量除以时间数列的项数等于平均增长量。（　　）
5. 若各期的增长量相等，则各期的增长速度也相等。（　　）
6. 某企业产品产值同去年相比增加了四倍，即翻了两番。（　　）
7. 移动平均项数 N 越大，对数列中数据变化的反应就越灵敏。（　　）

五、计算题

1. 某地区 2024 年各月总产值资料见表 5-15。

表 5-15　某地区 2024 年各月总产值资料

月　份	总产值（万元）	月　份	总产值（万元）
1	4 200	7	5 000
2	4 400	8	5 200
3	4 600	9	5 400
4	4 820	10	5 400
5	4 850	11	5 500
6	4 900	12	5 600

请计算各季平均每月总产值和全年平均每月总产值。

2. 某地区工业总产值资料见表 5-16。

表 5-16　某地区工业总产值资料

年　份	2019	2020	2021	2022	2023	2024
工业总产值（万元）	343.3	447.0	519.7	548.7	703.6	783.9

请根据资料计算各种动态指标，并说明如下关系：①发展速度和增长速度；②定基发展速度和环比发展速度；③逐期增长量与累计增长量；④平均发展速度与环比发展速度；⑤平均发展速度与平均增长速度。

3. 某国对外贸易总额 2022 年较 2020 年增长 7.9%，2023 年较 2022 年增长 4.5%，2024 年又较 2023 年增长 20%，请计算 2020~2024 年每年平均增长速度。

4. 某地区 2020~2024 年水稻产量资料见表 5-17。

表 5-17　某地区 2020~2024 年水稻产量资料

年　份	2020	2021	2022	2023	2024
水稻产量（万吨）	320	332	340	356	380

试用最小二乘法配合直线趋势方程，并据此方程预测该地区 2031 年水稻产量。

5. 某企业 2019~2024 年若干指标资料见表 5-18。

表 5-18　某企业 2019~2024 年若干指标资料

年　份	发展水平（万元）	增减量（万元）		平均增减量（万元）	发展速度（%）		增减速度（%）	
		累计	逐期		定基	环比	定基	环比
2019	285	—	—	—	—	—	—	—
2020			42.5					
2021		106.2						
2022							45.2	
2023					136.0			
2024								3.2

试根据上述资料，计算表中所缺的数字。

六、实训题

【实训一】

假设某国历年年末人口数资料见表 5-19,根据表中年末人口数据,用最小二乘法确定线性趋势方程,计算出各期的趋势值,预测 2030 年的人口趋势值,并将原数列和各期的趋势值数列绘制成统计图进行比较。

表 5-19 某国历年年末人口数及其趋势值

年 份	时间 t	年末人口数 Y_t(万人)	年末人口数的趋势值 $\hat{Y}_t$
2014	1	121 000	
2015	2	122 300	
2016	3	123 500	
2017	4	124 700	
2018	5	125 800	
2019	6	126 900	
2020	7	127 600	
2021	8	128 400	
2022	9	129 500	
2023	10	131 200	
2024	11	132 300	

实训目的:通过对本实训题的解答,学生应对最小二乘法有进一步的理解和掌握,并能在实际中应用。

实训要求:掌握趋势分析方法,特别是最小二乘法的实际应用。

考核标准:根据最小二乘法的计算步骤和计算公式,考核每年趋势值的准确性。

实训成果:预测出 2030 年该国的人口数。

【实训二】

上网查找我国近一年 12 个月居民消费价格指数数据,并撰写分析报告。

实训目的:通过本次实训,学生应掌握时间数列的编制方法,并能计算相关动态指标,进行统计分析。

实训要求:找出 12 个月的数据,编成规范的时间数列,计算相关指标,对其进行分析后形成分析报告。

考核标准:

(1)时间数列要素齐全,计量单位一致。

(2)相关指标计算正确。

(3)分析报告不少于 2 000 字。

实训成果:分析报告。

项目六

统计分析之指数分析法

学习目标

知识目标

- 了解统计指数的概念、作用和种类。
- 掌握综合指数与平均指数的编制方法。
- 了解指数在社会经济问题中的应用。
- 能够建立指数体系并从绝对数和相对数两个方面进行因素分析。

技能目标

- 会编制综合指数和平均指数,并把握统计指数的现实意义。
- 能根据实际资料构建总量指标和平均指标的指数体系并进行因素分析。

素质目标

- 通过对同度量因素本质的理解,树立办法总比困难多的工作观。
- 通过对综合指数的学习,培养聚焦主要矛盾、抓大放小的哲学观。

引导案例

2024年前三季度A省居民消费价格指数高于全国平均水平，其中八大类消费品与服务项目价格指数与全国的比较见表6-1。

表6-1　2024年前三季度A省居民消费价格指数与全国比较　（单位：%）

项目名称	A 省	全 国	差 距
居民消费价格指数	102.1	101.5	0.6
一、食品烟酒	100.4	99.4	1.0
二、衣着	102.2	101.3	0.9
三、居住	104.5	102.5	2.0
四、生活用品及服务	100.6	100.9	-0.3
五、交通和通信	101.4	101.1	0.3
六、教育文化和娱乐	102.7	102.5	0.2
七、医疗保健	102.4	105.7	-3.3
八、其他用品和服务	101.4	102.6	-1.2

居民消费价格指数的编制是一个复杂的社会经济现象，其变动往往是由多种因素引起的。统计指数就是用来研究不能直接进行对比的复杂社会经济现象综合变动的方向和程度，分析和测定复杂现象的各个构成因素及其对现象发展变动的影响。统计指数作为一种分析研究的工具，在社会经济活动中的应用越来越广泛。

子项目6-1　统计指数认知

一、统计指数的概念

指数的概念和作用

统计指数简称指数，是动态分析的进一步深入和发展。指数这一概念产生于18世纪的欧洲，当时物价飞涨，社会动荡不安，于是产生了反映物价变动程度的要求，这就是物价指数产生的根源。当时的物价指数主要是指某种价格变动的相对数。随着社会经济的发展，指数的应用已远远超过了对商品价格综合变动的反映，而扩展到社会经济生活、科学研究的各个领域，成为一种专门反映社会经济现象在某一时期综合变动的理论和方法。

迄今为止，指数的概念可以概括为广义和狭义两种。从广义上说，凡说明同类现象数量变动情况的相对数都称为指数。它包括简单现象数量变动的相对数和复杂现象数量变动的相对数。简单现象的数量是指有共同的计量单位，其标志值可以直接加总计算的数量，如某一产品的价格、产量、成本等；复杂现象的数量是指没有共同的计量单位，其标志值不能直接加总计算的数量，如某一企业所有不同产品的价格、产量、成本等。根据统计指数广义的概念，前面讲过的计划完成程度相对数、比较相对数、动态相对数等，都可以称为统计指数。然而，在研究诸如各种商品销售量动态变化时，由于各种商品的计量单位不同，就不能采取直接相加的办法求出各个时期的总销售量，也无法将两个不同时期的总销售量直接进行对比来说明全部商品销售量的总动态，因此，必须利用一种特殊的相对指标，这就是狭义的统计指数。狭义的统计指数就是综合反映不能直接加总计算的多种事物复杂现象数量变动情况的相对数。社会经济问题中常见的指数有居民消费价格指数（CPI）、工业生产指数、股票价格指数等。本项目研究的指数主要指狭义的指数。

二、统计指数的作用

统计指数被广泛用于分析研究社会经济现象的数量关系，其主要作用如下：

（1）综合反映复杂现象总体数量变动的方向和程度。复杂社会经济现象总体往往是由不能直接相加的许多个别事物构成的，统计指数的主要作用就在于能够对这些复杂总体进行科学综合，并反映其总的变动方向和变动程度。例如，某市商品零售价格总指数为110%，它反映该市各种具有不同经济用途和不同计量单位的商品总的零售价格水平报告期比基期上涨了，且上涨幅度为10%。

（2）分析复杂现象总体中各因素的变动对总体变动的影响方向和程度。复杂现象总体的变动是由各因素变动综合影响的，而各因素变动的程度和方向往往并不一致，他们对总体变动的影响也不相同。例如，工业总产值的变动，不仅受工业产品产量多少的影响，而且还要受其价格高低的影响，两个因素的共同影响结果表现为工业产值的总变动。利用指数体系理论，可以深入分析和测定这两个因素的变动及其对工业总产值变动的影响方向和影响程度。

（3）分析复杂现象平均水平变动中各个因素的变动，及其对总平均水平变动的影响方向和程度。总体平均水平的变动不仅受各组水平变动的影响，还受总体内部结构变动的影响。例如，城镇就业人口平均工资水平的变动，既受各行业职工工资水平高低的影响，也受各行业职工构成（比例）变动的影响。利用指数体系理论，可以对全体就业人口的工资水平变动进行分析，同时可以分析各行业职工平均工资变动和各行业职工所占比例的变动及其对全体就业人口平均工资水平变动的影响。

（4）研究现象总体的长期变动趋势。通过编制一系列反映同类现象变动情况的指数形成的指数时间数列，可以反映被研究现象的长期变动趋势。例如，根据2005～2024年这20年的零售商品的价格资料，编制19个环比价格指数，形成零售商品价格指数数列，由此数列可以揭示商品价格在20年内的变动方向、变化程度和变化趋势，从而研究物价变动对经济建设和人民生活水平的影响程度。

三、统计指数的种类

从不同角度出发，统计指数可以做以下几种分类。

1. 统计指数按反映现象的范围不同，分为个体指数和总指数

（1）个体指数。个体指数又称单项指数，是说明个别单项事物数值变动的相对数，一般用符号"k"表示。它适用于同类简单现象数量变动的计算，如某一产品价格指数、销售量指数和成本指数等。个体指数的计算公式为

$$个体指数 = \frac{报告期指标}{基期指标}$$

用符号表示为

$$k_q = \frac{q_1}{q_0}, \quad k_p = \frac{p_1}{p_0} \tag{6-1}$$

式中　k_q——数量指标个体指数；

　　　k_p——质量指标个体指数；

　　　q——数量指标（下标数 1 表示报告期；下标数 0 表示基期）；

　　　p——质量指标（下标数 1 表示报告期；下标数 0 表示基期）。

（2）总指数。总指数是综合说明复杂现象全部要素综合变动的相对数。其特点是多种事物的计量单位不同，不能够直接相加。总指数一般用符号"$\bar{K}$"表示。例如，反映多种商品销售量变动的总指数用符号"$\bar{K}_q$"表示；反映多种商品价格变动的总指数用符号"$\bar{K}_p$"表示。

指数分析常常与统计分组结合运用，即对总体进行分类或分组，并按类（组）编制指数。这样在总指数与个体指数之间又产生了一系列类（组）指数。例如，商品零售价格总指数与每种商品零售价格个体指数之间，还编制了食品类、饮料烟酒类、服装鞋帽类等 14 个类指数。类（组）指数实质上也是总指数，因为它也是对不能直接相加的复杂现象总体的综合反映。

2. 统计指数按反映现象的性质不同，分为数量指标指数和质量指标指数

数量指标指数是综合反映现象总体规模数量变动状况的相对数，如多种商品的销售量指数、职工人数指数等。

质量指标指数是综合反映现象总体内在数量关系变动情况的相对数，如多种商品的价格指数、职工平均工资指数、劳动生产率指数等。

3. 统计指数按对比的基期不同，分为定基指数、环比指数和年距指数

定基指数是反映社会现象的报告期数量与某一固定时期的数量进行对比的相对数。

环比指数是反映社会现象报告期数量与报告期前一期的数量进行对比的相对数。

年距指数是反映报告期数量与上年同期（同日、同月、同季）的同类现象数量对比的相对数。

4. 统计指数按编制的方法不同，分为综合指数和平均指数

综合指数是指通过同度量因素，将两个时期不能同度量的现象指标过渡到能够同度量的指标，然后再计算得出的指数。它是总指数编制的基本形式。综合指数又可分为数量指标综合指数和质量指标综合指数两类。

平均指数是指从个体指数出发，通过对个体指数进行加权平均计算而编制的指数。平均指数又可分为加权算术平均数指数和加权调和平均数指数两类。

子项目 6-2　综合指数和平均指数的编制

综合指数的编制方法

一、综合指数的编制

1. 综合指数的概念

总指数按编制方法可分为综合指数和平均指数。综合指数是计算总指数的一种基本形式。它是将两个同类但不能同度量的复杂现象的数量转化为可同度量的数量,之后再进行加总和对比以说明复杂现象数量变动情况的相对数。

2. 综合指数的编制特点

(1)先综合后对比。编制综合指数需先解决总体中各个个体由于使用价值和计量单位不同而不能直接加总和对比的问题。例如电视机、服装、化妆品等商品,由于其使用价值和计量单位不同,为了观察这些商品销售量或价格的综合变动,不能将其价格或销售量直接相加,必须通过一个中间媒介因素,使这些在经济意义上不能直接加总对比的现象转化为相同的计量单位。

在编制指数过程中,将不能相加的量过渡到可相加并进行综合对比的中间媒介因素称为同度量因素。例如,不同商品虽然使用价值不同、计量单位不同,但作为社会劳动产品都具有价值,而价值是可以相加和进行综合对比的,所以为了观察不同商品的价格、销售量的变动,必须通过同度量因素将其过渡到销售额这个价值量上进行相加和对比。观察价格变化时,销售量即充当了同度量因素;而观察销售量变化时,价格则充当了同度量因素。

(2)将同度量因素固定。计算综合指数时,必须将同度量因素固定,这样才能准确观察指数化因素的变化。例如,研究商品销售量变动时,要将作为同度量因素的价格加以固定,通过销售额的变化来观察销售量的变动,如果价格不固定,直接用报告期销售额比基期销售额,只能观察销售总额的变动,而分不清是由于销售量变化引起的,还是由价格变动引起的;同理,要计算价格指数,需将销售量固定不变,得出的销售额对比变化就是价格这一因素影响的。

(3)需要全面资料。计算综合指数对资料要求较高,需要全面资料。例如,计算商品销售量指数时,需要所有商品报告期和基期的销售量资料,和所有商品在某一固定时期的价格资料。如果缺少某一商品的资料,就无法计算综合指数。

3. 综合指数的分类及其编制

综合指数分为数量指标综合指数和质量指标综合指数。综合指数编制的关键是同度量因素的选择和同度量因素时期的确定。

(1)数量指标综合指数的编制。当编制的综合指数的指数化因素是数量指标时,得到的就是数量指标综合指数。常见的有商品销售量指数、工业产品产量指数、农副产品产量指数、职工人数指数等。下面以计算商品销售量指数为例来说明数量指标综合指数的编制。

例 6-1 某公司三种商品销售资料见表 6-2,试计算三种商品的销售量指数。

表 6-2 某公司三种商品销售资料

商品名称	计量单位	销售量		销售单价(元)	
		基期 q_0	报告期 q_1	基期 p_0	报告期 p_1
甲	件	600	630	20	18
乙	千克	500	500	50	60
丙	米	1 000	850	30	30

分析：三种商品的销售量指数是数量指标综合指数。从资料上看，该公司三种商品的性质、用途、计量单位都不相同，所以不能将三种商品销售量直接加总来进行对比，这种计算是毫无意义的。必须引进同度量因素——商品价格，从而把不能直接加总的商品销售量指标过渡为可以加总的商品销售额指标。作为同度量因素的商品价格可以固定在基期，也可以固定在报告期或者某一固定时期。采用不同时期的商品价格计算商品销售量指数可以得到不同的结果，并且具有不同的经济含义。

（1）以基期价格作为同度量因素。其计算公式为

$$\overline{K}_q = \frac{\sum q_1 p_0}{\sum q_0 p_0} \tag{6-2}$$

式（6-2）是由德国经济学家埃蒂恩·拉斯贝尔于1864年提出来的，因而被称为拉氏数量指数公式。其计算结果说明在基期价格水平下销售量的综合变动情况。分子分母相减的差额（$\sum q_1 p_0 - \sum q_0 p_0$）说明由于商品销售量变动对销售额绝对数的影响。

按表6-2中的资料计算，得

$$三种商品的销售量指数 \overline{K}_q = \frac{\sum q_1 p_0}{\sum q_0 p_0} = \frac{630 \times 20 + 500 \times 50 + 850 \times 30}{600 \times 20 + 500 \times 50 + 1\,000 \times 30}$$

$$= \frac{63\,100}{67\,000} = 94.18\%$$

$$\sum q_1 p_0 - \sum q_0 p_0 = 63\,100 - 67\,000 = -3\,900（元）$$

计算结果表明：虽然三种商品的销售量有升有降，变动程度也不相同，但是将三种商品销售量综合起来看，在基期价格水平下报告期销售量比基期下降了5.82%，分子、分母的差额表明将商品价格固定在基期的条件下，因商品销售量下降导致销售额减少了3 900元。

（2）以报告期价格作为同度量因素。其计算公式为

$$\overline{K}_q = \frac{\sum q_1 p_1}{\sum q_0 p_1} \tag{6-3}$$

式（6-3）是德国经济学家赫尔曼·派许于1874年提出来的，因而被称为派氏数量指数公式。它的计算结果表明在报告期价格条件下的销售量综合变动方向和程度。该公式分子、分母相减所得的差额（$\sum q_1 p_1 - \sum q_0 p_1$）表明了由于销售量变动对销售额影响的绝对值。

按表6-2中的资料计算，得

$$三种商品的销售量指数 \overline{K}_q = \frac{\sum q_1 p_1}{\sum q_0 p_1} = \frac{630 \times 18 + 500 \times 60 + 850 \times 30}{600 \times 18 + 500 \times 60 + 1\,000 \times 30}$$

$$= \frac{66\,840}{70\,800} = 94.41\%$$

$$\sum q_1 p_1 - \sum q_0 p_1 = 66\,840 - 70\,800 = -3\,960（元）$$

计算结果表明：在报告期价格条件下三种商品报告期销售量比基期下降了5.59%，分子、分母的差额表明将商品价格维持在报告期水平不变的条件下，因商品销售量下降导致销售额减少了3 960元。

（3）以某一固定时期价格作为同度量因素。其计算公式为

$$\overline{K}_q = \frac{\sum q_1 p_n}{\sum q_0 p_n} \quad (6\text{-}4)$$

式中　p_n——代表性年份的不变价格。

例6-2　某地区2023年按2010年不变价格计算的工业总产值为1 400亿元，2024年按2010年不变价格计算的工业总产值为1 580亿元，求该地区2024年工业生产指数，并进行分析。

解：
$$\overline{K}_q = \frac{\sum q_1 p_n}{\sum q_0 p_n} = \frac{\sum q_{2024} p_{2010}}{\sum q_{2023} p_{2010}} = \frac{1\,580}{1\,400} = 112.86\%$$

$$\sum q_{2024} p_{2010} - \sum q_{2023} p_{2010} = 1\,580 - 1\,400 = 180（亿元）$$

计算结果表明2024年工业产品产量比2023年增长了12.86%，由于产量的增加使得工业总产值增加180亿元。

显然，上述三个数量指标综合指数公式的计算结果是不同的，究竟用哪一个公式来计算数量指标综合指数较为合理，即同度量因素究竟选择在哪一个时期，这应该由指数的经济含义和指数体系的要求来决定。从商品销售量指数来看，计算商品销售量综合指数的目的在于研究各种商品销售量的综合变动方向和程度，因此在计算商品销售量综合指数时，应该尽可能地排除商品价格变动的影响。如果用拉氏数量指数公式计算，即将同度量因素固定在基期，这样得到的销售额指标的变动中仅包含了商品销售量因素的变动，也就是在原有的价格水平基础上测定商品销售量的综合变动，这与编制商品销售量综合指数的目的相吻合。而如果用派氏数量指数公式计算，即将同度量因素固定在报告期，这时商品价格虽然固定不变，但是报告期价格 p_1 是由基期价格 p_0 变化而来的，而商品销售额指标按照报告期价格计算，这时在销售额指标中实际上已经包含了商品价格的结构变动。这也就意味着用派氏数量指数公式所计算的商品销售量综合指数不仅包含了商品销售量的综合变动，也包含了商品价格的结构变动，这与编制商品销售量综合指数的目的不一致。因此在编制数量指标综合指数时，应将同度量因素固定在基期，这也是编制数量指标综合指数时选择同度量因素的一般原则。

（2）质量指标综合指数的编制。当编制的综合指数的指数化因素是质量指标时，就称为质量指标综合指数。常见的有商品销售价格指数、单位成本指数、劳动生产率指数等。仍以表6-2资料为例，计算该公司三种商品销售价格综合指数，以说明质量指标综合指数的编制方法。

从资料上看，该公司三种商品的性质、用途、计量单位都不相同，所以不能将三种商品价格直接加总来进行对比。由于商品销售价格乘以商品销售量得到商品销售额后即可同度量，所以，计算商品销售价格综合指数，就应引进商品销售量作为同度量因素。与编制数量指标综合指数一样，作为同度量因素的商品销售量既可以固定在基期，也可以固定在报告期或者某一固

定时期。采用不同时期的商品销售量计算商品价格指数可以得到不同的结果,并且也具有不同的经济含义。

1)以基期销售量作为同度量因素。其拉氏质量指数计算公式为

$$\overline{K}_p = \frac{\sum p_1 q_0}{\sum p_0 q_0} \quad (6-5)$$

将表 6-2 资料代入式(6-5),得

$$\overline{K}_p = \frac{\sum p_1 q_0}{\sum p_0 q_0} = \frac{600 \times 18 + 500 \times 60 + 1\,000 \times 30}{600 \times 20 + 500 \times 50 + 1\,000 \times 30} = \frac{70\,800}{67\,000} = 105.67\%$$

$$\sum p_1 q_0 - \sum p_0 q_0 = 70\,800 - 67\,000 = 3\,800 \text{(元)}$$

计算结果表明,在基期销售量条件下三种商品价格平均上升了 5.67%。由于商品销售价格的上升,使该公司商品销售额报告期比基期增加了 3 800 元。

2)以报告期的销售量作为同度量因素。其派氏质量指数计算公式为

$$\overline{K}_p = \frac{\sum p_1 q_1}{\sum p_0 q_1} \quad (6-6)$$

将表 6-2 资料代入式(6-6),得

$$\overline{K}_p = \frac{\sum p_1 q_1}{\sum p_0 q_1} = \frac{630 \times 18 + 500 \times 60 + 850 \times 30}{630 \times 20 + 500 \times 50 + 850 \times 30} = \frac{66\,840}{63\,100} = 105.93\%$$

$$\sum p_1 q_1 - \sum p_0 q_1 = 66\,840 - 63\,100 = 3\,740 \text{(元)}$$

计算结果表明,在报告期销售量条件下三种商品价格平均上升了 5.93%。由于商品销售价格的上升,使该公司商品销售额报告期比基期增加了 3 740 元。

3)以某一固定时期的销售量作为同度量因素。其计算公式为

$$\overline{K}_p = \frac{\sum p_1 q_n}{\sum p_0 q_n} \quad (6-7)$$

式中 q_n——某一固定时期的数量指标(这里指某一固定时期的销售量)。

同理,质量指标指数的同度量因素应该固定在哪一个时期,要由质量指标指数的经济含义和指数体系的要求来确定。编制商品价格综合指数的目的在于测定商品价格的综合变动方向和程度,并以此说明市场价格变化对居民生活水平的影响程度。在编制商品价格综合指数时若采用拉氏质量指数公式,即将同度量因素固定在基期,其计算结果表明在基期商品销售量及商品结构条件下商品价格水平的变动方向和程度。分子、分母相减所得的差额说明由于商品价格水平变动,居民按照基期商品销售量及商品结构购买这三种商品所支出的金额变动情况,这显然是没有现实经济意义的。若用派氏质量指数公式,即将同度量因素固定在报告期,其计算结果表明在报告期商品销售量及商品结构条件下商品价格水平的变动方向和程度。分子、分母相减所得的差额说明由于商品价格水平变动,居民按照报告期商品销售量及商品结构购买这三种商品所支出的金额变动情况,这虽然包含了商品销售量的结构变动,但是它更符合编制商品价格综合指数的意义。因此,计算质量指标综合指数时,同度量因素一般固定在报告期。

上述分析结果同时也表明,同度量因素不仅可以将不能直接加总的现象过渡到可以加总,而且对综合指数的计算结果也起到了权衡轻重的作用,所以,同度量因素又称为权数。

综上所述，编制数量指标综合指数时，同度量因素固定在基期，一般用拉氏计算公式（6-2）；编制质量指标综合指数时，同度量因素固定在报告期，一般用派氏计算公式（6-6）。

二、平均指数的编制

运用综合指数法计算总指数，需要占用全面的统计资料，但在有些情况下却难以取得全面资料。针对物价指数而言，它不仅要有全部商品的价格和销售量资料，而且还要有不同时期的系统记录。在统计工作中，要搜集到全部商品不同时期的价格和销售量资料，显然存在着一定困难。因此，除在范围较小且商品品种较少的情况下直接采用综合指数法编制总指数外，在一般情况下多采用平均指数法来计算总指数。平均指数是以个体指数为基础来计算总指数的，也是总指数的一种重要形式，有其独立应用意义。平均指数根据应用的范围和计算方法不同，分为加权算术平均指数和加权调和平均指数。

平均指数的编制方法

1. 综合指数变形的平均指数的编制与应用

（1）加权算术平均指数的编制。加权算术平均指数是指以个体指数为变量值，以一定时期的总值资料为权数，对个体指数进行加权算术平均得到的总指数。

> **例 6-3** 以表 6-3 为例计算销售量总指数。（注：为理解加权算术平均指数的应用条件，仍使用表 6-2 的例子，但对已知资料的形式做了调整。）
>
> 表 6-3 某公司三种商品销售资料
>
> | 商品名称 | 计量单位 | 销售量 | | | 基期销售额 p_0q_0（元） |
> |---|---|---|---|---|---|
> | | | 基期 q_0 | 报告期 q_1 | 个体指数 $k_q=\dfrac{q_1}{q_0}$（%） | |
> | 甲 | 件 | 600 | 630 | 105 | 12 000 |
> | 乙 | 千克 | 500 | 500 | 100 | 25 000 |
> | 丙 | 米 | 1 000 | 850 | 85 | 30 000 |
> | 合　计 | — | — | — | — | 67 000 |
>
> **解**：由于掌握的资料不全，无法直接运用综合指数的公式计算总指数，需变形使用。
>
> 设 k_q 为商品销售量个体指数，则
>
> $$k_q = \frac{q_1}{q_0}$$
>
> 所以
>
> $$q_1 = k_q q_0$$
>
> $$\overline{K}_q = \frac{\sum q_1 p_0}{\sum q_0 p_0} = \frac{\sum k_q p_0 q_0}{\sum p_0 q_0} \quad (6\text{-}8)$$
>
> 式中　p_0q_0——权数。

将表 6-3 中的资料代入式（6-8），得

$$\bar{K}_q = \frac{\sum k_q p_0 q_0}{\sum p_0 q_0} = \frac{1.05 \times 12\,000 + 1 \times 25\,000 + 0.85 \times 30\,000}{67\,000} = \frac{63\,100}{67\,000} = 94.18\%$$

$$\sum k_q p_0 q_0 - \sum q_0 p_0 = 63\,100 - 67\,000 = -3\,900（元）$$

计算结果表明：三种商品报告期销售量比基期下降了 5.82%，因商品销售量下降使销售额减少了 3 900 元。这与利用数量指标综合指数计算的结果相同。

从上例可知，当已知个体数量指标指数 k_q 和相应的各项基期总价值指标 $p_0 q_0$ 时，就可以利用加权算术平均数的公式计算数量指标总指数，这样可以极大地方便我们的统计工作。

（2）加权调和平均指数的编制。加权调和平均指数是指以个体指数为变量值，以一定时期的总值资料为权数，对个体指数进行加权调和平均得到的总指数。

在计算质量指标指数时，若掌握了质量指标的个体指数 k_p 和报告期各价值量 $p_1 q_1$ 时，就能以 $p_1 q_1$ 为权数，对个体指数 k_p 按加权调和平均指数形式编制质量指标指数。其计算公式为

$$\bar{K}_p = \frac{\sum p_1 q_1}{\sum \frac{1}{k_p} p_1 q_1} \quad (6-9)$$

式中　$p_1 q_1$ ——权数。

由于 $k_p = \dfrac{p_1}{p_0}$，代入式（6-9），可得到如下公式：

$$\bar{K}_p = \frac{\sum p_1 q_1}{\sum p_0 q_1}$$

这就说明，用报告期总价值指标 $p_1 q_1$ 作为权数，采用加权调和平均法得到的加权调和平均指数公式，实际上也是派氏质量指数公式，所以说该公式是质量指标综合指数的变形公式。

例 6-4　根据表 6-4 计算销售价格总指数。（注：仍使用表 6-2 的例子，但对已知资料的形式做了调整。）

表 6-4　某公司三种商品销售资料

商品名称	计量单位	单价（元）			报告期销售额 $p_1 q_1$（元）
		基期 p_0	报告期 p_1	个体指数 $k_p = \dfrac{p_1}{p_0}$ (%)	
甲	件	20	18	90	11 340
乙	千克	50	60	120	30 000
丙	米	30	30	100	25 500
合计	—	—	—	—	66 840

解：由于掌握的资料不全，无法直接运用综合指数的公式计算销售价格总指数，需变形使用。

$$\overline{K}_\mathrm{p} = \frac{\sum p_1 q_1}{\sum p_0 q_1} = \frac{\sum p_1 q_1}{\sum \frac{1}{k_\mathrm{p}} p_1 q_1}$$

将表 6-4 中的资料代入，得

$$\overline{K}_\mathrm{p} = \frac{\sum p_1 q_1}{\sum \frac{1}{k_\mathrm{p}} p_1 q_1} = \frac{66\,840}{\frac{1}{0.9} \times 11\,340 + \frac{1}{1.2} \times 30\,000 + \frac{1}{1} \times 25\,500} = \frac{66\,840}{63\,100} = 105.93\%$$

$$\sum p_1 q_1 - \sum \frac{1}{k_\mathrm{p}} p_1 q_1 = 66\,840 - 63\,100 = 3\,740（元）$$

计算结果表明：三种商品价格平均上升了 5.93%。由于商品销售价格的上升，使该公司商品销售额报告期比基期增加了 3 740 元。这一结果与用派氏质量指数公式计算的结果完全一致。

总之，平均指数与综合指数都是总指数的基本形式，其经济内容是一致的，都是为了说明复杂现象总体数量的综合变动程度。

2. 固定权数平均指数的编制与应用

前面介绍的由综合指数变形而来的加权算术平均指数和加权调和平均指数计算公式中的权数都是以绝对数的形式出现的，但在实际应用中，常常把这些权数以比重的形式固定下来，一段时间内不做变动，这种权数称为固定权数，用字母"w"表示，$\sum w = 100$。

编制固定权数平均指数也可分为固定权数算术平均指数法和固定权数调和平均指数法两种，两种方法的计算公式分别为

$$\overline{K} = \frac{\sum k w}{\sum w} = \frac{\sum k w}{100} \tag{6-10}$$

$$\overline{K} = \frac{\sum w}{\sum \frac{1}{k} w} = \frac{100}{\sum \frac{1}{k} w} \tag{6-11}$$

在我国统计实践中，例如商品零售价格指数、居民消费价格指数、农副产品收购价格指数等都是采用固定加权平均数法编制的。而由于固定权数加权调和平均指数法在实际中极少应用，这里不予举例介绍，仅以编制我国零售商品价格指数为例，介绍固定权数加权算术平均指数的应用。

例 6-5 某地区某年零售商品价格个体指数及固定权数资料见表 6-5（表中各类零售商品为简单分类，最后一栏为计算栏），编制该地区零售商品价格总指数。

表 6-5 某地区某年零售商品价格指数资料

零售商品类型	个体指数 k_p（%）	固定权数 w（%）	$k_p w$
一、食品烟酒	104.1	60	6 246.0
二、衣着	105.4	12	1 264.8
三、日用品	108.3	11	1 191.3
四、文化娱乐用品	99.1	4	396.4
五、书报杂志	97.3	2	194.6
六、药品及医疗用品	96.7	3	290.1
七、建筑材料	101.2	6	607.2
八、燃料	125.5	2	251.0
合　　计	—	100	10 441.4

解：由式（6-10）计算可得，该地区零售商品物价总指数为

$$\overline{K}_p = \frac{\sum k_p w}{\sum w} = \frac{10\,441.4}{100} = 104.41\%$$

计算结果说明，该地区零售商品价格总指数报告期比基期上升了 4.41%。

子项目 6-3　常见经济指数的编制及应用

指数作为一种重要的经济分析指标和方法，在社会经济实践中获得了广泛应用。下面介绍我国及世界其他国家常见的几种经济指数。

一、居民消费价格指数

居民消费价格指数

居民消费价格是指居民支付购买消费品和获得服务项目的价格，这与人民生活水平密切相关，在国民经济体系中占有重要的地位。居民消费价格指数是综合反映各种消费品和生活服务项目价格变动趋势和程度的相对数，通常记为 CPI。它可用来分析居民实际收入水平和生活水平的变化情况，是党和政府研究、制定价格政策和分配政策的重要依据。

我国居民消费价格指数是采用固定加权算术平均指数方法编制的。其主要编制过程和特点如下：

（1）将全国城乡居民消费的商品与服务划分为八大类，包括食品烟酒、衣着、居住、生活用品及服务、交通和通信、教育文化和娱乐、医疗保健以及其他用品和服务。各个大类又分为若干中类，各个中类又分为若干小类。

（2）选择代表规格品，即从以上各类中挑选具有代表性的商品项目（含服务项目）入编指数，利用有关对比时期的价格资料分别计算个体价格指数。

（3）依据有关时期内各种商品的销售额构成比确定代表规格品的比重权数，它不仅包括代表规格品本身的权数（直接权数），而且还要包括该代表规格品所属的那一类消费品中其他消

费品所具有的权数(附加权数),以此提高入编项目对于所有消费品的一般代表性。

(4)按从低到高的顺序,采用固定加权算术平均指数公式,编制各小类、中类的消费价格指数和居民消费价格总指数。其计算公式为

$$\overline{K}_{\mathrm{p}} = \frac{\sum k_{\mathrm{p}} w}{\sum w} \qquad (6\text{-}12)$$

式中的权数 w 通常根据家庭生活收支调查资料确定,一经确定,几年不变。

例6-6 以某市居民生活消费资料为例(见表6-6),介绍居民消费价格指数的编制方法。

表6-6 某市居民生活消费价格指数计算表

商品类别与名称	规格等级	计量单位	平均价格(元)		个体指数 k_p (%)	权数 w (%)	指数×权数 $k_p w$ (%)
			基期	报告期			
一、食品烟酒					104.15	42	43.74
二、衣着					95.46	15	14.32
三、居住					102.70	11	11.30
四、生活用品及服务					110.43	3	3.31
五、交通和通信					98.53	4	3.94
1. 交通工具					104.37	60	62.62
摩托车	100型	辆	8 450	8 580	101.54	45	45.69
自行车	普通	辆	336	360	107.14	50	53.57
三轮车	普通	辆	540	552	102.22	5	5.11
2. 通信工具					89.77	40	35.91
固定电话	中档	部	198	176	88.89	80	71.11
手机	中档	部	1 318	1 230	93.32	20	18.66
六、教育文化和娱乐					101.26	5	5.06
七、医疗保健					103.50	14	14.49
八、其他用品和服务					108.74	6	6.52
总指数					—	100	102.68

解:(1)计算各代表规格品的个体消费价格指数,如手机的个体价格指数为

$$k_{\text{手机}} = \frac{p_1}{p_0} = \frac{1\,230}{1\,318} = 93.32\%$$

(2)将各权数乘以各代表规格品的个体消费指数,即得 $k_p w$,见表中最后一列的数据。如摩托车对应的 $k_p w$ 值为

$$k_p w = 1.015\,4 \times 45\% = 45.69\%$$

(3)根据公式(6-12)计算各中类商品消费价格指数,如交通工具类价格指数和通信工具类价格指数分别为

$$\bar{K}_{交通} = \frac{\sum k_p w}{\sum w} = \frac{45.69 + 53.57 + 5.11}{45 + 50 + 5} = 104.37\%$$

$$\bar{K}_{通信} = \frac{\sum k_p w}{\sum w} = \frac{71.11 + 18.66}{80 + 20} = 89.77\%$$

（4）各中类指数乘以相应的权数后，按公式（6-12）计算大类指数。如交通和通信大类的价格指数为

$$\bar{K}_{交通通信} = \frac{62.62 + 35.91}{60 + 40} = 98.53\%$$

（5）该市居民消费价格总指数为

$$\bar{K}_p = \frac{43.74 + 14.32 + 11.30 + 3.31 + 3.94 + 5.06 + 14.49 + 6.52}{42 + 15 + 11 + 3 + 4 + 5 + 14 + 6} = 102.68\%$$

我国的商品零售价格指数编制程序与居民消费价格指数基本相同，也是采用固定加权算术平均指数公式计算的。目前，商品零售价格指数将商品按用途划分为16个大类，197个基本分类，其中不包括服务项目，对商品的分类方式与居民消费价格指数有所不同。这些都决定了两种价格指数在分析意义上的差别：居民消费价格指数综合反映城乡居民所购买的各种消费品和生活服务的价格变动程度，商品零售价格指数则反映城乡市场各种零售商品（不含服务）的价格变动程度。

二、农副产品收购价格指数

农副产品收购价格指数是反映国家农副产品收购价格变动趋势和程度的相对数，利用该指数可以研究农副产品收购价格变化对农民收入、国家财政支出等的影响，同时也是计算工农业产品综合比价指数的依据。

我国农副产品收购价格指数编制方法是，从11大类农副产品中选择若干种主要产品，以各类农副产品报告期实际收购金额 p_1q_1 作为权数，以各类代表规格品收购价格个体指数 k_p 为变量值，采用加权调和平均得到各类别的农副产品收购价格指数和农副产品收购价格总指数。其计算公式为

$$\bar{K}_p = \frac{\sum p_1 q_1}{\sum \frac{1}{k_p} p_1 q_1} \quad (6\text{-}13)$$

三、货币购买力指数

货币购买力指数是指单位货币所能购买到的消费品和服务的数量。

货币购买力的变动可以直接反映币值的变动。根据货币流通的规律，如果货币发行量过多，货币就会贬值，货币购买力就会下降。显然，货币购买力的大小同商品和服务价格成反比关系，根据这种统计关系，即可以通过编制居民消费价格指数来反映货币购买力的变动。其计算公式为

$$货币购买力指数 = \frac{1}{居民消费价格指数} \times 100\% \quad (6-14)$$

由于物价的变动影响货币购买力，所以在计算居民（职工）收入（工资）水平变化时，必须考虑物价变动或货币购买力的变化，它们之间存在如下关系：

$$实际收入（工资）指数 = 货币收入（工资）指数 \times 货币购买力指数$$

四、股票价格指数

股票价格指数是指用来表示多种股票价格一般变化趋势的相对数，一般由证券交易所、金融服务机构、咨询研究所或者新闻单位编制和发布。编制股票价格指数的步骤如下：

股票价格指数

（1）根据上市公司的行业分布、经济实力、资信等级等因素，选择适当数量的有代表性的股票作为编制指数的样本股票。样本股票可以随时更换或做数量上的增减，以保持良好的代表性。

（2）按期到股票市场上采集样本股票的价格，简称采样。

（3）利用科学的方法和先进的手段计算指数值。

（4）通过新闻媒体向社会公众公开发布股票价格指数信息。

股票价格指数的编制方法有如下几种。

1. 总和法

总和法是指将报告期的股价总和与基期股价总和直接对比来计算股票价格指数。其计算公式为

$$总和股价指数 = \frac{\sum p_1}{\sum p_0} \quad (6-15)$$

式中　p_1——报告期某种样本股票的价格；

　　　p_0——基期同种样本股票的价格。

著名的美国道琼斯指数就是用这种方法编制的。道琼斯指数目前的入编股票有65种，其中包括30种工业股、20种运输业股和15种公用事业股。

2. 简单平均法

简单平均法是指将所有样本股票的个体股价指数按简单算术平均法，计算求得股票指数。其计算公式为

$$简单平均股价指数 = \frac{1}{n} \sum \frac{p_1}{p_0} \quad (6-16)$$

使用此法求出的股价指数可以灵敏地反映股价的短期波动。英国《经济学家》杂志普通股股价指数就是采用此方法编制的。

3. 加权综合法

加权综合法是指以样本股票的发行量或交易量为同度量因素计算股价指数。其计算公式按同度量因素所属时期不同分为两种：

$$\bar{K}_{p拉氏} = \frac{\sum Q_0 P_1}{\sum Q_0 P_0} \qquad (6-17)$$

$$\bar{K}_{p派氏} = \frac{\sum Q_1 P_1}{\sum Q_1 P_0} \qquad (6-18)$$

式中　P_1——报告期某种样本股票的价格；

P_0——基期同种样本股票的价格；

Q_1——报告期的发行量或交易量；

Q_0——基期的发行量或交易量。

其中，以发行量加权计算的综合股价指数称为市价总指数；以交易量加权计算的综合股价指数称为成交总指数。

下面举一个简单的例子来说明它的编制原理。

例 6-7　设有三种股票，其股价和发行股数资料见表 6-7。

表 6-7　股价和发行股数

股票名称	发行量 Q（股）	股价（元/股）				
		基日 P_0	计算日			
			P_1	P_2	P_3	P_4
甲	12 000	13	15	14	14	16
乙	20 000	6	6	7	8	8
丙	25 000	5	7	8	8	9

根据标准资料，计算四个计算日的股价指数如下：

一日　$\dfrac{\sum P_1 Q}{\sum P_0 Q} = \dfrac{15 \times 12\,000 + 6 \times 20\,000 + 7 \times 25\,000}{13 \times 12\,000 + 6 \times 20\,000 + 5 \times 25\,000} = \dfrac{475\,000}{401\,000} = 118.45\%$

二日　$\dfrac{\sum P_2 Q}{\sum P_0 Q} = \dfrac{14 \times 12\,000 + 7 \times 20\,000 + 8 \times 25\,000}{13 \times 12\,000 + 6 \times 20\,000 + 5 \times 25\,000} = \dfrac{508\,000}{401\,000} = 126.68\%$

三日　$\dfrac{\sum P_3 Q}{\sum P_0 Q} = \dfrac{14 \times 12\,000 + 8 \times 20\,000 + 8 \times 25\,000}{13 \times 12\,000 + 6 \times 20\,000 + 5 \times 25\,000} = \dfrac{528\,000}{401\,000} = 131.67\%$

四日　$\dfrac{\sum P_4 Q}{\sum P_0 Q} = \dfrac{16 \times 12\,000 + 8 \times 20\,000 + 9 \times 25\,000}{13 \times 12\,000 + 6 \times 20\,000 + 5 \times 25\,000} = \dfrac{577\,000}{401\,000} = 143.89\%$

这说明到第四日股价上涨 43.89 点。

目前，世界各国的主要证券交易所都有自己的股票价格指数，下面简单介绍几种影响大、计算方法具有代表性的股价指数。

第一种，美国的标准普尔 500 指数（简称 S&P500 指数）。它是反映美国股票市场价格变化的指数。其入编股票有 500 种（其中包括 400 种工业股、40 种公用事业股、40 种金融业股和 20 种运输业股），采用拉氏指数公式计算，以发行量为权数，以 1941～1942 年为基期，基期指数定为 10。标准普尔 500 指数具有采样面广、代表性强、精确度高、连续性好等特点，被普遍认为是一种理想的股价指数。

第二种,美国的道琼斯平均股价指数(简称道琼斯指数)。它是反映美国股票市场价格变化的指数。目前入编股票有 65 种(其中包括 30 种工业股、20 种运输业股和 15 种公用事业股)。其采用对入编指数的各种股票价格进行简单算术平均(按不同时间),再将两个不同时间的平均价格对比的计算方法。虽然该指数没有加权,计算方法上存在明显不足,但是由于道琼斯指数的编制历史悠久,且入编股票的代表性较强,它至今仍然被认为是一种权威性的股价指数,有着广泛的应用。

第三种,我国香港的恒生指数。它是反映我国香港地区股票市场价格变化的指数。其入编股票已增至50种(其中包括12种金融业股、5种公用事业股、11种地产业股和22种工商业股),总市值占香港联合交易所市场资本总额相当大的比重。它采用帕氏指数公式计算,以发行量为权数,最初以 1964 年 7 月 31 日为基期,基点为 100;后来由于技术原因改为以 1984 年 1 月 13 日为基期,基期指数定为 975.47。恒生指数现已成为反映香港政治、经济和社会状况的主要风向标。

第四种,我国的上证综合指数和上证成分指数(简称上证 180 指数)。它们是反映上海证券市场股票价格变化的指数。其中,上证综合指数包括上海证券交易所的全部上市股票,以报告期发行量为权数,以 1990 年 12 月 19 日为基期,基点为 100。上证 180 指数是从上海证券市场所有 A 股股票中选取最具市场代表性的 180 种股票,以报告期流通量为权数,以 2002 年 6 月 28 日上证 30 指数的收盘指数 3 299.05 为基点。

第五种,我国的深证综合指数和深证成分指数(简称深证 100 指数)。它们是反映深圳证券市场股票价格变化的指数。其中,深证综合指数包括深圳证券交易所的全部上市股票,以报告期发行量为权数,以 1991 年 4 月 3 日为基期,基点为 100。深证 100 指数是从深圳证券市场所有 A 股股票中选取最具市场代表性的 100 种股票,以报告期流通量为权数,以 2002 年 12 月 31 日为基期,基点为 1 000。

子项目 6-4 指数体系与因素分析

如前所述,指数不仅可以反映社会经济现象总体数量的变动程度,而且还可以分析影响总量变动的各个因素的作用。因素分析是借助于指数体系来进行的。

一、指数体系

1. 指数体系的概念和特点

社会经济现象之间相互联系、相互影响的关系是客观存在的。有些社会经济现象之间的联系可以用经济方程式表现出来。例如:

$$商品销售额 = 商品销售量 \times 商品销售价格$$
$$生产总成本 = 产品产量 \times 单位产品成本$$
$$原材料费用总额 = 产品产量 \times 单位产品原材料消耗量 \times 单位产品原材料价格$$

上述的这种关系,按指数形式表现时,同样也存在这种对等关系,即:

$$商品销售额指数 = 商品销售量指数 \times 商品销售价格指数$$
$$生产总成本指数 = 产品产量指数 \times 单位产品成本指数$$
$$原材料费用总额指数 = 产品产量指数 \times 单位产品原材料消耗量指数 \times 单位产品原材料价格指数$$

在统计分析中，将上述这种由三个或三个以上具有内在联系，且彼此在数量上存在推算关系的统计指数所构成的有机整体称为指数体系。这种指数体系内部的数量对等关系，不仅表现在相对数之间，也表现在绝对数之间，即：

$$商品销售额的增减额 = 销售量变动影响的增减额 + 销售价格变动影响的增减额$$
$$生产总成本的增减额 = 产品产量变动影响的增减额 + 单位成本变动影响的增减额$$
$$原材料费用额的增减额 = 产量变动影响的增减额 + 单位产品消耗原材料数量变动影响的增减额 + 原材料价格变动影响的增减额$$

在一个指数体系中，等式左边为分析对象总指数，等式右边为各因素指数连乘积。指数体系有如下特点：

（1）具备三个或三个以上的指数。

（2）体系中的指数之间在数量上能相互推算，如在两因素体系的三个指数中，已知其中任意两个指数即可以推算出第三个指数。

（3）现象总指标变动总差额等于各个因素引起总指标变动差额的和。

2. 指数体系的作用

指数体系主要有以下三方面的作用：

（1）指数体系是进行因素分析的依据。统计指数的重要作用之一就是分析受多因素影响的现象变动中，各因素影响的方向和程度。而指数体系正是从数量上反映现象的总变动与其各影响因素之间的联系。利用指数体系可以从相对数和绝对数两个方面分析各因素变动对现象总变动的影响。

（2）可以利用指数间的相互联系进行指数间的相互推算。指数体系表现为一个数量对等关系式，根据已经掌握的若干个指数，可以依据其组成的体系等式推算出体系中的某一个未知指数。例如，我国商品销售量指数往往就是根据商品销售额指数和价格指数进行推算的，即

$$商品销售量指数 = \frac{销售额指数}{价格指数}$$

（3）为确定同度量因素时期提供依据。指数体系是进行因素分析的根据，这就要求各个指数之间在数量上要保持一定的联系。因此，编制产品产量指数时，如用基期价格作为同度量因素，那么编制产品价格指数时就必须用报告期的产品产量作为同度量因素；如果编制产品产量指数用报告期价格作为同度量因素，那么编制产品价格指数时，就必须用基期的产品产量作为同度量因素。

二、因素分析

1. 因素分析的含义

因素分析是指根据指数体系理论，通过对因素进行分解来分析各个因素在社会经济现象总变动中的影响方向和程度的一种方法。例如，用指数体系来分析价格、销售量的变动对销售额

的影响；分析工资水平、职工结构、职工人数的变动对工资总额的影响等。

因素分析的研究对象是复杂的经济现象，这些复杂现象受两个或两个以上的因素变动的共同影响。因素分析的目的，就是测定各个因素对总体的影响方向和程度。

因素分析的基本依据是指数体系。现象总指数等于若干因素指数的连乘积，现象总变动的差额等于若干因素影响差额的总和，这是因素分析法计算的依据。

因素分析的基本特点是以假定一个因素变动、其余因素不变为前提。如果是三个因素对总体有影响，必须假定其中两个因素不变，只测定另一个因素的影响。依因素分步进行，每一步只测定诸因素中的一个因素的影响方向和程度。

因素分析的作用是揭示复杂现象总变动和影响复杂现象变动的各种因素变动的相对数和绝对数的变动方向与程度，为经济活动分析和决策提供可靠依据。

2．因素分析的种类

（1）按分析时包含的因素多少，可分为两因素分析和多因素分析。

两因素分析是指研究对象仅包含两个因素变动的分析，它是因素分析的基本方法。例如，销售额受销售价格和销售量两因素影响的分析。

多因素分析是指研究对象包含有两个以上因素变动的分析。例如，原材料支出额受产量、原材料单耗、原材料价格三个因素影响的分析。

（2）按分析的指标种类不同，可分为有总量指标因素分析和平均指标因素分析。

总量指标因素分析是指对复杂现象总量指标和总量指标分解后各类因素的分析。例如，产值受产量、出厂价格因素影响的分析。

平均指标因素分析是指对现象的平均指标及其影响因素的分析。例如，同一单位不同时期职工平均工资受各类职工工资水平和职工人数构成因素影响的分析。

3．因素分析的程序

因素分析首先应建立指数体系，并根据指数体系从相对数与绝对数两个方面进行计算分析。其具体程序为：

（1）根据现象之间的经济关系建立指数体系。
（2）计算被分析指标的总变动程度和增减变动的绝对数。
（3）计算各因素的变动程度及其对分析指标影响的绝对数。
（4）对指数体系间的等量关系进行综合说明。

三、总量指标的因素分析

总量指标的两因素分析法

1．总量指标的两因素分析

总量指标的两因素分析是指一个现象的总变动受两个因素影响时，每个因素的变动对总变动影响方向和程度的分析。

在两因素的分析中，指数体系及绝对量的关系式为

$$\bar{K}_{qp} = \frac{\sum q_1 p_1}{\sum q_0 p_0} = \frac{\sum q_1 p_0}{\sum q_0 p_0} \times \frac{\sum q_1 p_1}{\sum q_1 p_0} = \bar{K}_q \times \bar{K}_p \quad (6-19)$$

$$\sum q_1 p_1 - \sum q_0 p_0 = \left(\sum q_1 p_0 - \sum q_0 p_0\right) + \left(\sum q_1 p_1 - \sum q_1 p_0\right) \quad (6-20)$$

若上述指数体系表示商品销售额指数、销售量指数和销售价格指数间的关系，则：

（1）销售额指数 $\bar{K}_{qp} = \dfrac{\sum q_1 p_1}{\sum q_0 p_0}$ 说明商品销售额的变动方向和程度，分子与分母的差额 $\sum q_1 p_1 - \sum q_0 p_0$ 说明报告期销售额比基期销售额实际增加或减少的数额。这里，商品销售额是被研究的总量指标。

（2）销售量指数 $\bar{K}_q = \dfrac{\sum q_1 p_0}{\sum q_0 p_0}$ 说明商品销售量的变动程度及其对销售额变动的影响，分子与分母的差额 $\sum q_1 p_0 - \sum q_0 p_0$ 说明了销售量的上升或下降引起销售额增加或减少的数额。

（3）销售价格指数 $\bar{K}_p = \dfrac{\sum q_1 p_1}{\sum q_1 p_0}$ 说明商品销售价格的变动程度及其对销售额变动的影响，分子与分母的差额 $\sum q_1 p_1 - \sum q_1 p_0$ 说明了销售价格的变动引起销售额增加或减少的数额。

例6-8 某企业产品产量和出厂价格资料见表6-8，要求据此分析产品产量和出厂价格两因素对该企业产值的影响。

表6-8 某企业产品产量和出厂价格资料

产品名称	计量单位	产品产量		出厂价格（元）		产值（元）		
		基期 q_0	报告期 q_1	基期 p_0	报告期 p_1	基期 $q_0 p_0$	报告期 $q_1 p_1$	假定的 $q_1 p_0$
甲	吨	2 000	2 200	15	13	30 000	28 600	33 000
乙	件	3 000	3 500	17	20	51 000	70 000	59 500
丙	台	4 000	3 600	30	31	120 000	111 600	108 000
合计	—	—	—	—	—	201 000	210 200	200 500

解：根据表中产品产量和出厂价格资料，计算出 $p_0 q_0$、$p_1 q_1$、$p_0 q_1$，见表6-8中后三列。分别求和得到 $\sum q_0 p_0 = 201\,000$，$\sum q_1 p_1 = 210\,200$，$\sum q_1 p_0 = 200\,500$，见合计栏。由式（6-19）和式（6-20）可计算出：

（1）该企业产品产值指数为 $\bar{K}_{qp} = \dfrac{\sum q_1 p_1}{\sum q_0 p_0} = \dfrac{210\,200}{201\,000} = 104.58\%$

产值的增加数为 $\sum q_1 p_1 - \sum q_0 p_0 = 210\,200 - 201\,000 = 9\,200$（元）

（2）该企业产品产量指数为 $\bar{K}_q = \dfrac{\sum q_1 p_0}{\sum q_0 p_0} = \dfrac{200\,500}{201\,000} = 99.75\%$

由于产量减少而增加的产值为 $\sum q_1 p_0 - \sum q_0 p_0 = 200\,500 - 201\,000 = -500$（元）

（3）该企业产品出厂价格指数为 $\bar{K}_p = \dfrac{\sum q_1 p_1}{\sum q_1 p_0} = \dfrac{210\,200}{200\,500} = 104.84\%$

由于出厂价格上升而增加的产值为 $\sum q_1 p_1 - \sum q_1 p_0 = 210\,200 - 200\,500 = 9\,700$（元）

（4）计算结果分析：

从相对数分析：$\bar{K}_{qp} = \bar{K}_q \times \bar{K}_p$，即 $104.58\% = 99.75\% \times 104.84\%$

从绝对数分析：$\sum q_1 p_1 - \sum q_0 p_0 = (\sum q_1 p_0 - \sum q_0 p_0) + (\sum q_1 p_1 - \sum q_1 p_0)$，即

$$9\ 200\ 元 = -500\ 元 + 9\ 700\ 元$$

从以上分析得知，该企业报告期产值比基期增长了4.58%，增加了9 200元。这是产量下降0.25%导致产值下降500元以及价格上升4.82%导致产值上升9 700元两个因素共同作用的结果。

2. 总量指标的多因素分析

总量指标的多因素分析是指一个现象总变动受三个或三个以上因素影响时，每个因素的变动对总变动方向和程度影响的分析。例如，商品利润额变动受商品销售额和利润率的影响，而销售额又受销售量和销售价格变动的影响，因此商品利润额就受商品销售量、销售价格和利润率三个因素变动的共同影响。又如，工业总产值的变动受职工人数、工人占职工人数比重和工人劳动生产率三个因素变动的共同影响。上述这些指标之间的数量关系，都可以利用指数体系进行多因素分析。

利用指数体系对总量指标的变动进行多因素分析，其分析方法和两因素分析法基本相同。但由于包括的因素较多，有如下几个问题需要注意：

（1）多因素分析要正确排序。要根据现象总体的经济内容和经济联系，按照"数量指标因素在前，质量指标因素在后"的原则对各因素进行排序。

（2）注意相邻因素之间的经济意义。各因素的排序还要考虑相邻因素相乘后的经济意义。例如在分析企业利润额变动时，影响利润额变动的各因素排列的顺序应为销售量、销售价格、利润率。这样，销售量乘以销售价格等于销售额，销售额乘以利润率等于利润额，都有明确的经济意义。如果按销售量、利润率、销售价格的顺序排列，销售量乘以利润率的经济含义就难以确定，不符合指标分解逻辑。

（3）使用连环代替法原则逐项确定同度量因素。在多因素分析中，为了分析某一因素的影响，要求将其余因素固定不变。具体方法是，当分析第一个因素的影响时，把其他所有因素固定在基期；当分析第二个因素的变动影响时，则已经分析过的因素要以报告期代替基期，没有分析过的因素仍固定在基期，以此类推，各因素顺次逐项代替、逐项分析；当分析最后的影响因素时，将之前所有的因素都固定在报告期。

在多因素的分析中，指数体系及绝对量的关系为

$$\overline{K}_{qmp} = \frac{\sum q_1 m_1 p_1}{\sum q_0 m_0 p_0} = \frac{\sum q_1 m_0 p_0}{\sum q_0 m_0 p_0} \times \frac{\sum q_1 m_1 p_0}{\sum q_1 m_0 p_0} \times \frac{\sum q_1 m_1 p_1}{\sum q_1 m_1 p_0} \qquad (6\text{-}21)$$
$$= \overline{K}_q \times \overline{K}_m \times \overline{K}_p$$

$$\sum q_1 m_1 p_1 - \sum q_0 m_0 p_0 = (\sum q_1 m_0 p_0 - \sum q_0 m_0 p_0) + (\sum q_1 m_1 p_0 - \sum q_1 m_0 p_0) \\ + (\sum q_1 m_1 p_1 - \sum q_1 m_1 p_0) \qquad (6\text{-}22)$$

利用式（6-21）和式（6-22），就可以对受三个因素影响的总量指标形成的指数体系进行因素分析。

例6-9 假设某企业产品的相关资料见表6-9，要求运用指数体系分析产品产量、单位产品原材料消耗量及单位原材料价格对原材料费用总额的影响。

表6-9 某企业产品产量及原材料消耗资料

产品名称	计量单位	产品产量 q_0	产品产量 q_1	原材料单耗（千克）m_0	原材料单耗（千克）m_1	原材料单价（元）p_0	原材料单价（元）p_1	$q_0 m_0 p_0$	$q_1 m_0 p_0$	$q_1 m_1 p_0$	$q_1 m_1 p_1$
甲	台	100	120	20	21	45	48	90 000	108 000	113 400	120 960
乙	件	300	360	18	17	35	34	189 000	226 800	214 200	208 080
丙	米	1 000	1 500	15	14	28	27	420 000	630 000	588 000	567 000
合计	—	—	—	—	—	—	—	699 000	964 800	915 600	896 040

解：根据表中产品产量、原材料单耗和原材料单价资料，计算出 $q_0 m_0 p_0$、$q_1 m_0 p_0$、$q_1 m_1 p_0$、$q_1 m_1 p_1$，见表中后四列，分别求和得到：$\sum q_0 m_0 p_0 = 699\ 000$、$\sum q_1 m_0 p_0 = 964\ 800$、$\sum q_1 m_1 p_0 = 915\ 600$、$\sum q_1 m_1 p_1 = 896\ 040$，见合计栏。根据式（6-21）和式（6-22）可计算出：

（1）原材料费用总额指数为 $\overline{K}_{qmp} = \dfrac{\sum q_1 m_1 p_1}{\sum q_0 m_0 p_0} = \dfrac{896\ 040}{699\ 000} = 128.19\%$

原材料费用总额增加值为 $\sum q_1 m_1 p_1 - \sum q_0 m_0 p_0 = 896\ 040 - 699\ 000 = 197\ 040$（元）

（2）产品产量指数为 $\overline{K}_q = \dfrac{\sum q_1 m_0 p_0}{\sum q_0 m_0 p_0} = \dfrac{964\ 800}{699\ 000} = 138.03\%$

由于产品产量增加而增加的原材料费用总额为

$$\sum q_1 m_0 p_0 - \sum q_0 m_0 p_0 = 964\ 800 - 699\ 000 = 265\ 800（元）$$

（3）单位原材料消耗量指数为 $\overline{K}_m = \dfrac{\sum q_1 m_1 p_0}{\sum q_1 m_0 p_0} = \dfrac{915\ 600}{964\ 800} = 94.90\%$

由于单位原材料消耗量上升而增加的原材料费用总额为

$$\sum q_1 m_1 p_0 - \sum q_1 m_0 p_0 = 915\ 600 - 964\ 800 = -49\ 200（元）$$

（4）单位原材料价格指数为 $\overline{K}_p = \dfrac{\sum q_1 m_1 p_1}{\sum q_1 m_1 p_0} = \dfrac{896\ 040}{915\ 600} = 97.86\%$

由于单位原材料价格上升而增加的原材料费用总额为

$$\sum q_1 m_1 p_1 - \sum q_1 m_1 p_0 = 896\ 040 - 915\ 600 = -19\ 560（元）$$

（5）计算结果分析：

从相对数分析：$\overline{K}_{qmp} = \overline{K}_q \times \overline{K}_m \times \overline{K}_p$，即 $128.19\% = 138.03\% \times 94.90\% \times 97.86\%$

从绝对数分析：

$$\sum q_1 m_1 p_1 - \sum q_0 m_0 p_0 = \left(\sum q_1 m_0 p_0 - \sum q_0 m_0 p_0\right) + \left(\sum q_1 m_1 p_0 - \sum q_1 m_0 p_0\right) + \left(\sum q_1 m_1 p_1 - \sum q_1 m_1 p_0\right)$$

即　　　　　197 040 元 = 265 800 元 - 49 200 元 - 19 560 元

上述分析表明，该企业原材料费用总额报告期比基期增长了28.19%，其绝对量增加了197 040元。这是由于：①三种产品的产量增长了38.03%，使原材料费用总额增加了265 800元；②三种产品单位原材料消耗量减少了5.10%，使原材料费用总额减少了49 200元；③三种商品原材料单价下降了2.14%，使原材料费用总额减少了19 560元。原材料费用总额的变动是上述三个因素共同影响的结果。

四、平均指标指数的因素分析

由综合指数的定义可知，当一个总量指标可以分解为两个因素的乘积时，可以计算出每一个因素变动对总量指标的影响。同样，对于加权算术平均数 $\bar{x} = \dfrac{\sum xf}{\sum f} = \sum x \dfrac{f}{\sum f}$ 来说，由于受变量值 x 和频数结构 $\dfrac{f}{\sum f}$ 两个因素的影响，所以，要测定平均指标 $\bar{x}$ 的动态变化（$\dfrac{\bar{x}_1}{\bar{x}_0}$），也可以采用上述方法，即利用指数体系，根据变量值 x 及频数结构 $\dfrac{f}{\sum f}$ 的变动对平均指标变动的影响进行分析。

与编制综合指数的原理相似，要分析变量值 x 及频数结构 $\dfrac{f}{\sum f}$ 的变动对总平均数 $\bar{x}$ 变动的影响，需要编制关于变量 x 的指数及频数结构 $\dfrac{f}{\sum f}$ 的指数，从而形成指数体系，进而进行平均指标变动的绝对数和相对数分析。

编制平均指标指数体系，必须遵循如下原则：

（1）编制关于变量 x 的指数时，把同度量因素 $\dfrac{f}{\sum f}$ 固定在报告期。

（2）编制关于频数结构 $\dfrac{f}{\sum f}$ 的指数时，把同度量因素 x 固定在基期。

按照这一原则，平均指标两因素分析的指数体系为

$$\frac{\sum x_1 \dfrac{f_1}{\sum f_1}}{\sum x_0 \dfrac{f_0}{\sum f_0}} = \frac{\sum x_1 \dfrac{f_1}{\sum f_1}}{\sum x_0 \dfrac{f_1}{\sum f_1}} \times \frac{\sum x_0 \dfrac{f_1}{\sum f_1}}{\sum x_0 \dfrac{f_0}{\sum f_0}}$$

即
$$\frac{\bar{x}_1}{\bar{x}_0} = \frac{\bar{x}_1}{\bar{x}_n} \times \frac{\bar{x}_n}{\bar{x}_0} \qquad (6\text{-}23)$$

式中　$\bar{x}_0 = \sum x_0 \dfrac{f_0}{\sum f_0}$ ——基期算术平均数；

$\bar{x}_n = \sum x_0 \dfrac{f_1}{\sum f_1}$ ——假定算术平均数；

$\bar{x}_1 = \sum x_1 \dfrac{f_1}{\sum f_1}$ ——报告期算术平均数。

上述指数的含义如下。

（1）$\dfrac{\bar{x}_1}{\bar{x}_0}$ 称为可变构成指数，用符号"$\bar{K}_{可变}$"表示，它反映了平均指标由基期到报告期的实际变动方向和程度，分子与分母的差值 $\bar{x}_1 - \bar{x}_0$ 表示平均指标报告期相对基期增减的绝对量。

（2）$\dfrac{\bar{x}_1}{\bar{x}_n}$ 称为固定构成指数，用符号"$\bar{K}_{固定}$"表示，它固定了频数结构 $\dfrac{f}{\sum f}$ 的影响，反映

了变量 x 由基期到报告期的变动方向和程度，分子与分母的差值 $\bar{x}_1 - \bar{x}_n$ 表示变量 x 报告期相对基期变动对总平均指标影响的绝对数。

（3）$\dfrac{\bar{x}_n}{\bar{x}_0}$ 称为结构影响指数，用符号"$\bar{K}_{结构}$"表示，它反映了频数结构 $\dfrac{f}{\sum f}$ 变动的方向和程度，分子与分母的差值 $\bar{x}_n - \bar{x}_0$ 表示频数结构 $\dfrac{f}{\sum f}$ 报告期相对基期变动对平均指标影响的绝对数。

三个指数在相对数上的关系为 $\bar{K}_{可变} = \bar{K}_{固定} \times \bar{K}_{结构}$ （6-24）

在绝对数上的关系为 $\bar{x}_1 - \bar{x}_0 = (\bar{x}_1 - \bar{x}_n) + (\bar{x}_n - \bar{x}_0)$ （6-25）

例 6-10 某企业职工工资情况如见表 6-10。根据表中资料分析职工工资水平和职工结构的变动对企业职工总平均工资的影响。

表 6-10 某企业职工工资情况表

职工类别	月平均工资（元）		职工数（人）			
	基期 x_0	报告期 x_1	基期		报告期	
			频数 f_0	频率 $\dfrac{f_0}{\sum f_0}$（%）	频数 f_1	频率 $\dfrac{f_1}{\sum f_1}$（%）
工种 A	450	500	60	12.5	180	30
工种 B	500	600	180	37.5	270	45
工种 C	1 000	1 100	240	50.0	150	25
合　计	—	—	480	100.0	600	100

解：（1）可变构成指数为

$$\bar{K}_{可变} = \dfrac{\sum x_1 \dfrac{f_1}{\sum f_1}}{\sum x_0 \dfrac{f_0}{\sum f_0}} = \dfrac{500 \times 0.3 + 600 \times 0.45 + 1100 \times 0.25}{450 \times 0.125 + 500 \times 0.375 + 1000 \times 0.5} = \dfrac{695}{743.75} = 93.45\%$$

平均工资的增加额为 $\sum x_1 \dfrac{f_1}{\sum f_1} - \sum x_0 \dfrac{f_0}{\sum f_0} = 695 - 743.75 = -48.75$（元）

（2）固定构成指数为

$$\bar{K}_{固定} = \dfrac{\sum x_1 \dfrac{f_1}{\sum f_1}}{\sum x_0 \dfrac{f_1}{\sum f_1}} = \dfrac{500 \times 0.3 + 600 \times 0.45 + 1100 \times 0.25}{450 \times 0.3 + 500 \times 0.45 + 1000 \times 0.25} = \dfrac{695}{610} = 113.93\%$$

平均工资的增加额为 $\sum x_1 \dfrac{f_1}{\sum f_1} - \sum x_0 \dfrac{f_1}{\sum f_1} = 695 - 610 = 85$（元）

（3）结构影响指数为

$$\overline{K}_{结构} = \frac{\sum x_0 \frac{f_1}{\sum f_1}}{\sum x_0 \frac{f_0}{\sum f_0}} = \frac{450 \times 0.3 + 500 \times 0.45 + 1\,000 \times 0.25}{450 \times 0.125 + 500 \times 0.375 + 1\,000 \times 0.5} = \frac{610}{743.75} = 82.02\%$$

平均工资的增加额为 $\sum x_0 \frac{f_1}{\sum f_1} - \sum x_0 \frac{f_0}{\sum f_0} = 610 - 743.75 = -133.75$（元）

（4）计算结果分析：

从相对数分析：$\overline{K}_{可变} = \overline{K}_{固定} \times \overline{K}_{结构}$，即 $93.45\% = 113.93\% \times 82.02\%$

从绝对数分析：

$$\sum x_1 \frac{f_1}{\sum f_1} - \sum x_0 \frac{f_0}{\sum f_0} = \left(\sum x_1 \frac{f_1}{\sum f_1} - \sum x_0 \frac{f_1}{\sum f_1}\right) + \left(\sum x_0 \frac{f_1}{\sum f_1} - \sum x_0 \frac{f_0}{\sum f_0}\right)$$

即 $-48.75 \text{ 元} = 85 \text{ 元} - 133.75 \text{ 元}$

计算结果说明，该企业全体职工月平均工资报告期比基期下降了 6.55%，其绝对额减少了 48.75 元，原因是：①职工工资水平提高了 13.93%，使月平均工资增加了 85 元；②各工种职工人数结构发生了变动，使月平均工资减少了 133.75 元。月平均工资水平的变动是上述两个因素共同影响的结果。

本项目小结

本项目介绍的统计指数主要是指狭义的统计指数，是指综合反映不能直接进行加总计算的多种事物复杂现象数量变动情况的相对数。狭义指数都是总指数，主要有两种表现形式：综合指数和平均指数。统计指数主要作用表现为：综合反映复杂现象总体数量变动的方向和程度；分析复杂现象总体中各因素的变动及其对总体变动的影响方向和程度；分析复杂现象平均水平的变动中各个因素的变动及其对总平均水平变动的影响方向和程度。

1．指数的编制方法分为综合指数法和平均指数法。综合指数又分为数量指标综合指数和质量指标综合指数，综合指数编制的关键是同度量因素的选择和同度量因素时期的确定。编制数量指标综合指数一般选择质量指标作为同度量因素，且将其固定在基期，选用拉氏公式；编制质量指标综合指数一般选择数量指标作为同度量因素，且将其固定在报告期，选用派氏公式。

2．平均指数法较综合指数法灵活，便于实际工作中的应用，可以把平均指数法看作综合指数法的变形。平均指数的计算方法有两种：加权算术平均指数和加权调和平均指数。实际工作中究竟采用哪种方法，要依据资料取得的条件而定。

3．指数体系一般保持两个对等关系，即各影响因素指数的乘积等于现象总体指数；各影响因素引起总指标变动额之和等于现象总指标变动额。建立指数体系的基本要求是：被研的对象内部各影响因素间存在必然联系；确定质量指标指数和数量指标指数及相互关系；区分各指数中的指数化因素和同度量因素。

4. 根据经济方程式建立指数体系作为因素分析的基础，因素分析一般从两个方面进行，即相对数分析和绝对数分析。一般按四个步骤展开：①根据现象之间的经济关系建立指数体系；②计算被分析指标的总变动程度和增减变动的绝对数；③计算各因素的变动程度以及对分析指标影响的绝对数；④对指数体系间的等量关系进行综合说明。

5. 现实中常见的经济指数有居民消费价格指数、农副产品收购价格指数、货币购买力指数和股票价格指数等。

思考与训练

一、简答题

1. 什么是统计指数？统计指数的作用有哪些？
2. 什么是综合指数？它有什么特点？
3. 编制综合指数时，选择同度量因素的一般原则是什么？
4. 指数体系是什么？有什么作用？
5. 什么是因素分析？因素分析主要有哪些步骤？
6. 什么是居民消费价格指数？居民消费价格指数有何意义？

二、单项选择题

1. 反映个别事物动态变化的相对指标称为（　　）。
   A. 总指数　　　　B. 综合指数　　　C. 定基指数　　　D. 个体指数
2. 统计指数按其所反映经济指标性质的不同，分为（　　）。
   A. 个体指数和总指数　　　　　　　B. 数量指标指数和质量指标指数
   C. 定基指数和环比指数　　　　　　D. 综合指数和平均指数
3. 编制综合指数的一个重要问题是（　　）。
   A. 选择基期问题　　　　　　　　　B. 选择报告期问题
   C. 选择计算单位问题　　　　　　　D. 选择同度量因素问题
4. 编制销售量指数时，一般是用（　　）。
   A. 基期价格作为同度量因素　　　　B. 报告期价格作为同度量因素
   C. 报告期销售量作为同度量因素　　D. 基期销售量作为同度量因素
5. 编制价格指数时，一般是用（　　）。
   A. 基期价格指数作为同度量因素　　B. 报告期价格指数作为同度量因素
   C. 基期销售量作为同度量因素　　　D. 报告期销售量作为同度量因素
6. 销售价格综合指数 $\dfrac{\sum q_1 p_1}{\sum q_1 p_0}$ 表示（　　）。
   A. 综合反映多种商品销售量变动程度
   B. 综合反映多种商品销售额变动程度
   C. 报告期销售的商品，其价格综合变动的程度
   D. 基期销售的商品，其价格综合变动的程度

7. 算术平均指数是（   ）。
   A．对个体数量指标指数进行平均   B．对个体数量指标进行平均
   C．对个体质量指标进行平均   D．对个体质量指标指数进行平均
8. 调和平均指数是（   ）。
   A．对个体数量指标指数进行平均   B．对个体数量指标进行平均
   C．对个体质量指标指数进行平均   D．对个体质量指标进行平均
9. 总指数有两种计算形式，即（   ）。
   A．个体指数和综合指数   B．综合指数和平均指标指数
   C．算术平均指数和调和平均指数   D．综合指数和平均指数
10. 若销售量增长 5%，零售价格增长 2%，则商品销售额增长（   ）。
    A．7%   B．7.1%   C．10%   D．2.1%
11. 某企业生产费用今年比去年增长 50%，产量增长 25%，则单位成本增长（   ）
    A．25%   B．2%   C．75%   D．20%
12. 某地区职工工资水平本年比上年提高了 6%，职工人数增加了 3%，则工资总额增加了（   ）。
    A．1.8%   B．18%   C．9.18%   D．9%
13. 报告期同基期比较商品销售量增长 5%，价格降低 5%，则商品销售额（   ）。
    A．增加 5%   B．减少 5%   C．减少 0.25%   D．没有变动
14. 某企业今年的产值比去年增长 21%，其原因可能是（   ）。
    A．产品价格上升 9%，产量增加了 12%
    B．产品价格上升 10%，产量增加了 11%
    C．产品价格上升 10.5%，产量增加了 10.5%
    D．产品价格上升 10%，产量增加了 10%
15. 在分别掌握三个企业报告期和基期的劳动生产率和职工人数资料的条件下，要计算三个企业劳动生产率总平均水平的变动，应采用（   ）。
    A．质量指标指数   B．可变构成指数
    C．固定构成指数   D．结构影响指数

三、多项选择题

1. 编制总指数的方法有（   ）。
   A．综合指数   B．平均指数   C．质量指数   D．数量指数
   E．平均指标指数
2. 某商场全部商品的销售量报告期为基期的 115%，这个指数是（   ）。
   A．个体指数   B．总指数   C．动态指数   D．数量指标指数
   E．质量指标指数
3. 某商品基期售出 50 千克，报告期售出 60 千克，指数为 120%，该指数是（   ）。
   A．个体指数   B．总指数   C．动态指数   D．数量指标指数
   E．质量指标指数
4. 平均指标变动因素分析体系中包括的指数有（   ）。
   A．可变构成指数   B．固定构成指数

C．结构影响指数　　　　　　　　D．加权算术平均指数
E．加权调和平均指数

5．编制综合指数的一般原则是（　　　）。
A．数量指标指数以基期数量指标为同度量因素
B．数量指标指数以基期质量指标为同度量因素
C．数量指标指数以报告期数量指标为同度量因素
D．质量指标指数以报告期数量指标为同度量因素
E．质量指标指数以基期数量指标为同度量因素

四、判断题

1．因素分析的目的就是测定各个因素对总体的影响程度。　　　　　　　（　　）
2．数量指标作为同度量因素，时期一般固定在基期。　　　　　　　　　（　　）
3．在单位成本指数 $\dfrac{\sum q_1 p_1}{\sum q_1 p_0}$ 中，$\sum q_1 p_1 - \sum q_1 p_0$ 表示单位成本增减的绝对额。（　　）
4．平均指数也是编制总指数的一种重要形式，有它的独立应用意义。　　（　　）
5．因素分析内容包括相对数和平均数分析。　　　　　　　　　　　　　（　　）
6．股价指数都是通过拉氏综合指数公式编制的。　　　　　　　　　　　（　　）
7．我国居民消费价格指数的编制，一般采用固定权数的加权算术平均法。（　　）

五、计算题

1．某企业产品成本资料见表6-11。

表6-11　某企业产品成本资料

产品名称	计量单位	单位成本（元）		报告期产品产量
		基　期	报　告　期	
甲	件	10	9	1 500
乙	米	15	20	2 000
丙	千克	18	20	1 500

计算：（1）单位成本个体指数。
（2）单位成本总指数及由于单位成本变动而影响总成本变动的绝对值。

2．某商店商品销售资料见表6-12。

表6-12　某商店商品销售资料

商品名称	计量单位	商品销售量		基期价格（元）
		基　期	报　告　期	
甲	千克	800	1 000	20
乙	米	200	180	15

计算：（1）商品销售量个体指数。
（2）商品销售量总指数及由于销售量变动而影响销售额变动的绝对值。

3．已知某商店三种商品的销售量个体指数和基期商品销售额资料见表6-13。

表 6-13　某商店三种商品的销售量个体指数和基期商品销售额资料

产 品 名 称	基期销售额 p_0q_0（元）	销售量个体指数（%）
甲	40 000	120.0
乙	90 000	97.5
丙	11 200	110.0
合　计	141 200	—

根据上表资料计算销售量总指数，以及由于销售量的变动而增加的销售额。

4．已知某商店三种商品的价格个体指数和销售额资料见表 6-14。

表 6-14　某商店三种商品的价格个体指数和销售额资料

产品名称	计量单位	销售额（万元）		个体价格指数（%）
		基期 p_0q_0	报告期 p_1q_1	
甲	件	50	95	102
乙	米	20	20	95
丙	千克	100	120	100
合　计	—	170	235	—

根据上表资料计算商品价格总指数和销售量总指数。

5．某企业两种产品的单位成本及产量资料见表 6-15。

表 6-15　某企业两种产品的单位成本及产量资料

产品名称	计量单位	单位成本（元）		产　量	
		基　期	报告期	基　期	报告期
甲	台	500	550	500	510
乙	件	200	190	1 000	1 200

从相对数和绝对数两方面分析单位成本和产量变动对总成本的影响。

6．某企业三种产品原材料费用资料见表 6-16。

表 6-16　某企业三种产品原材料费用资料

产品名称	计量单位	产品产量		原材料单耗（千克）		原材料单价（元/千克）	
		q_0	q_1	m_0	m_1	p_0	p_1
甲	台	100	120	8	7	18	22
乙	件	25	30	10	12	15	20
丙	米	60	65	3	5	40	45
合　计	—	—	—	—	—	—	—

根据上表资料，运用指数体系分析产品产量、单位产品原材料消耗量及原材料单价对原材料费用总额的影响。

7. 某企业工人的日工资资料见表 6-17。

表 6-17 某企业工人的日工资资料

工人组别	日平均工资（元）		职工数（人）	
	基期 x_0	报告期 x_1	基期 f_0	报告期 f_1
技术工	880	920	245	250
辅助工	700	720	120	800
合计	—	—	365	1 050

根据上表资料，分析工人结构及组平均工资变动对总平均工资变动的影响。

8. 根据表 6-18 某市居民消费价格指数及权数资料，计算该市食品类价格指数及居民消费价格总指数。

表 6-18 某市居民消费价格指数及权数资料

类别	指数	权数（%）
一、食品烟酒		52
（一）粮食	102.2	20
（二）副食品	108.5	50
（三）烟酒	103.4	16
（四）其他食品	107.0	14
二、衣着	115.0	21
三、家庭设备及用品	108.7	10
四、医疗保健	98.5	4
五、娱乐教育文化	105.4	8
六、服务项目	113.0	5

9. 某县今年粮食产量比去年增长 12%，粮食播种面积增加 9%，问粮食作物单位面积产量的变动如何？

六、实训题

【实训一】

通过上网查找资料，以本省 2020 年的出口总值为基期，编制本省 2024 年的出口总值指数并进行因素分析。

实训目的：

通过查阅文献资料，学生能运用统计指数的相关知识进行分析。

实训要求：

运用统计指数的相关知识，每位同学单独写出 2 000 字左右的分析报告。

考核标准：

完 成 情 况	得　　分
分析报告内容完整，格式基本准确，能用到所学统计指数知识进行分析	60～75 分
分析报告内容完整，格式准确，能较好运用统计指数知识进行分析，写出的分析报告能体现描述性报告的特点	75～90 分
分析报告内容完整，格式准确，能很好运用统计指数知识进行分析，且分析透彻，分析报告很好地体现了描述性报告的特点	90 分以上

实训成果：分析报告。

【实训二】

商品房价格是房地产业的一个重要指标，它不但对居民的购买力有直接的影响，而且对房地产的供给结构和需求结构也都有很大的影响。请你运用统计指数的相关知识，以本市 2020 年的商品房价格为基期，编制本市当年商品房价格指数并进行因素分析。

实训目的：

通过查阅文献资料，学生对社会生活中的房地产热点问题能运用统计指数的相关知识进行分析。

实训要求：

（1）理解指数的基本概念及指数的使用范围、作用。

（2）熟练掌握指数计算的一些基本技能，如个体指数的计算、总指数的计算，掌握对总指数进行因素分析的方法。

考核标准：

（1）会编制某一类商品房价格个体指数。

（2）会编制某类商品房销售结构的个体指数。

（3）会以某类商品房销售面积占总销售面积的比重为权数，计算商品房销售价格总指数。

（4）会对某类商品房价格指数进行因素分析。

实训成果：分析报告。

project 7

项目七
统计分析之抽样推断法

学习目标

知识目标

○ 理解抽样推断的概念和特点。
○ 掌握抽样推断中的几个基本概念。
○ 理解抽样误差产生的原因。
○ 掌握简单随机抽样组织形式的区间估计方法。

技能目标

○ 能根据公式计算抽样平均误差、抽样极限误差。
○ 能以一定的概率保证程度进行简单随机抽样组织形式的区间估计。
○ 能熟练使用 Excel 进行抽样估计和分析。

素质目标

○ 通过随机抽样、领悟部分反映事物全貌的实质,养成科学严谨的工作态度。
○ 通过部分推断总体,领悟统计的科学性,培养求真务实的职业观。

> **引导案例**
>
> **人口普查和人口抽样调查**
>
> 根据统计调查制度，我国每十年，也就是尾数逢"0"的年份，开展一次人口普查。2020年我国开展了第七次全国人口普查。逢"5"的年份开展一次1%的人口抽样调查，也被称为"小普查"。除此之外的其他年份，每年开展1‰的人口抽样调查。
>
> 根据《全国人口普查条例》和《国务院办公厅关于开展2025年全国1%人口抽样调查的通知》，我国以2025年11月1日零时为标准时点进行全国1%的人口抽样调查。这次调查对象为我国境内抽中住户的全部人口，全国共抽取约500万住户、1 400万人。调查内容为人口和住户的基本情况，主要包括姓名、公民身份号码、性别、年龄、民族、受教育程度、行业、职业、迁移流动、婚姻、生育、死亡、住房情况等。
>
> 考虑到支出成本，普查和规模比较大的抽样调查无法每年开展。进行人口变动情况抽样调查，通过抽样调查的方式收集和反映当期人口总量、结构变化，包括出生率、死亡率、人口基本特征等，能够科学准确地反映人口的变化情况，为中央以及相关部门制定人口政策提供科学依据。

为什么可以用人口抽样数据来估计推断全国的总人口数？采用什么方法估计？这种推断的可信度又有多大？误差程度怎样？人口抽样调查的样本是如何选取的？上述种种问题的答案我们都可以通过本项目的学习而找到。

子项目 7-1　抽样推断认知

一、抽样推断的概念和特点

抽样推断

抽样推断是统计研究中的一种重要方法，是一种非全面调查。它是指按照随机原则，从总体中抽取一部分单位进行调查，并以其结果对总体某一数量特征做出具有一定可靠程度的估计和推断的一种统计方法。例如，我们要了解某高职院校3 000名女生的平均身高，对她们一一进行测量不仅麻烦，而且浪费人力和物力。为此，我们可以采用抽样推断的方法，随机抽其中100名女生，测得其平均身高为160厘米，则可以用这100名女生的平均身高说明该高校3 000名女生的平均身高为160厘米。再比如，根据少数职工家庭生活情况的调查资料，推算全国职工生活的真实水平。

抽样推断的特点如下：

（1）按随机原则抽取一部分单位进行调查。随机原则也称机会均等原则，是指在抽取样本单位时，总体中的每一个单位都有同等被抽中的机会，这样就使得样本单位的选取完全排除了人的主观意识，从而保证样本对总体的代表性，使抽样推断更加精确。

（2）以部分单位的指标数值去推断总体的指标数值。抽样推断是以概率论为理论依据，抽取足够的样本单位，使样本统计量成为总体参数的较好估计量。根据这一特点，可把抽样推断和重点调查、典型调查区分开来。虽然重点调查也是一种非全面调查，但它不能用来推断总体的指标数值。典型调查虽然可用来推断总体的数量特征，但这种推断缺乏科学性，而抽样推断则是采用科学的推断方式，以部分单位的指标数值去推断总体的指标数值。

（3）抽样推断的误差可以计算并加以控制。抽样推断虽然存在着一定的误差，但与其他统计估算不同的是，由于抽样推断中样本统计量的抽样分布可以描述，因此其误差范围可以事先估计，并能够通过一定的方法把它缩小到最低限度，或把它控制在允许的范围内（如增加样本单位数、改善抽样组织方式等），从而保证抽样推断的结果达到一定的可靠程度。

二、抽样推断的作用

抽样推断具有省时、省力、省费用，估计准确，判断可靠和资料详细等优点，在社会经济研究中得到广泛的应用。其作用主要包括以下几点：

（1）抽样推断可以解决不能或难以进行全面调查的问题。对于无限总体、动态总体、范围过大或分布很散的有限总体，以及具有破坏性的产品质量检验等，都不能或难以进行全面调查。对于这些现象的认识，只有采用抽样推断的方法，才能达到认识其总体特征的目的。例如，灯泡的耐用时间试验、人体白细胞数量的化验等具有破坏性的检验；又如，要了解全国城镇居民的家庭生活状况、城镇居民收支水平现行结构及社会商品购买力等状况，从理论上讲，可以每家每户进行调查，但调查的范围太大，调查单位太多且太分散，实际上难以办到，也没有必要。

（2）抽样推断可以对全面调查的资料进行验证和补充。从某种意义上来说，抽样推断的数据比全面调查的数据更加准确、可靠。其原因在于：①在抽样推断中样本是按照随机原则来抽取的，并运用科学的方法进行估计和推断；②由于抽样调查的调查单位少，参加调查的人员往往经过严格的培训，因此发生登记性误差的可能性较小。例如我国进行的1%人口抽样调查，就可以作为全面人口普查的验证和补充。

（3）抽样推断可以对生产过程中的产品质量进行监测和控制。抽样推断不但广泛用于生产结果的核算和估计，而且也可以在生产过程中对成批或大量连续生产的工业产品进行有效的质量控制，检查生产过程是否正常，及时提供有关的信息，保证生产质量稳定。

（4）抽样推断可以对总体的某种假设进行检验，以判断其真伪，决定方案取舍。例如，要判定某项新工艺或新配方在生产中的推广是否具有显著性效果，可以通过抽样推断来进行假设检验，决定是采用还是放弃。

抽样调查是必不可少的一种调查方法，但是，抽样调查也有它的弱点。例如，它只能提供说明整个总体情况的统计资料，而不能提供说明各级状况的详细的统计资料，这就难以满足各级领导和管理部门的要求。抽样调查也很难提供各种详细分类的统计资料。因此，抽样调查和全面调查是不能互相代替的。

三、抽样推断中的几个基本概念

1. 全及总体和样本总体

（1）全及总体。全及总体也称母体或简称"总体"，一般用大写的英文字母"N"表示。全及总体既是我们所要研究的对象，又是样本所赖以抽取的母体。如从20 000桶婴儿奶粉中随机抽取200桶进行质量检测，来考察产品的合格率，则20 000桶婴儿奶粉就是一个全及总体。

（2）样本总体。样本总体也称子体或简称"样本"，它是指从全及总体中随机抽取出来用来调查或观察的那部分单位的集合体。一般用小写英文字母"n"表示。对于全及总体单位数 N 来说，n 是个很小的数，它可以是 N 的几十分之一、几百分之一、几千分之一或是几万分之一。如前所述从 20 000 桶婴儿奶粉中随机抽取 200 桶进行产品质量检查的例子中，抽取的 200 桶即构成一个样本总体。

全及总体是唯一确定的，而样本总体是非唯一的，一个全及总体可以抽取很多个样本总体，全部样本的可能数目和每一样本的容量有关，也和随机抽样的方法有关。采用不同的样本容量和取样方法，样本的可能数目也有很大的差别。

2. 全及指标和样本指标

（1）全及指标。全及指标也称总体参数，它是根据全及总体各单位的标志值或标志特征计算的反映全及总体某种属性特征的综合指标。由于全及总体是唯一确定的，根据全及总体计算的全及指标也是唯一确定的。常见的全及指标有以下几种：

1）对于总体中的数量标志，可以计算的全及指标有总体平均数、总体方差和总体标准差。

总体平均数是指全及总体的标志总量和总体单位总量对比得到的平均数。一般计算公式有两种表示方法：

$$\bar{X} = \frac{\sum X}{N} \quad 或 \quad \bar{X} = \frac{\sum XF}{\sum F} \tag{7-1}$$

式中　$\bar{X}$ —— 总体平均数；
　　　X —— 总体各标志值；
　　　N —— 总体单位数；
　　　F —— 总体各标志值的权数。

总体方差为

$$\sigma^2 = \frac{\sum(X-\bar{X})^2}{N} \quad 或 \quad \sigma^2 = \frac{\sum(X-\bar{X})^2 F}{\sum F} \tag{7-2}$$

总体标准差为

$$\sigma = \sqrt{\frac{\sum(X-\bar{X})^2}{N}} \quad 或 \quad \sigma = \sqrt{\frac{\sum(X-\bar{X})^2 F}{\sum F}} \tag{7-3}$$

2）对于总体中的品质标志，由于各单位品质标志不能用数量表示，因此可以计算的全及指标有总体成数、总体成数方差和总体成数标准差。

当总体的一个现象有两种属性时，其中具体某一种属性的单位数占总单位数目的比重称为总体成数，它是一种特殊的相对数，通常用大写的英文字母"P"表示。而总体中不具有某种标志表现的单位数占总体单位数的比重用"Q"表示。设总体单位数为 N，具有某种标志表现的单位数为 N_1，不具有该种标志表现的单位数为 N_0，即 $N_1+N_0=N$，则

$$P = \frac{N_1}{N} \quad Q = \frac{N_0}{N} \quad P+Q=1 \tag{7-4}$$

总体成数方差为 $$\sigma^2 = P(1-P) \tag{7-5}$$

总体成数标准差为 $$\sigma = \sqrt{P(1-P)} \tag{7-6}$$

如某公司生产的 10 000 件产品中，有 500 件不合格，则产品的不合格率为

$$P = \frac{N_1}{N} = \frac{500}{10\,000} = 5\%$$

产品的合格率为 $$Q = 1 - P = 1 - 5\% = 95\%$$

产品合格率的标准差为 $\sigma = \sqrt{P(1-P)} = \sqrt{5\% \times (1-5\%)} = 0.22$

（2）样本指标。样本指标也称样本统计量，它是根据样本总体各单位的标志值或标志特征计算的反映样本总体某种属性特征的综合指标。由于一个总体可以有多个不同的样本，因此样本指标是非唯一的，随样本的不同而变化，是随机变量。但对于某一个具体的样本而言，其样本指标是确定的，可以计算的，并且可用它来对未知的全及指标做出估计和推断。

与全及指标相对应，样本指标也可分为样本平均数、样本成数和样本标准差。

样本平均数是指样本总体各单位标志值的平均数，通常也有两个计算公式

$$\bar{x} = \frac{\sum x}{n} \quad \text{或} \quad \bar{x} = \frac{\sum xf}{\sum f} \tag{7-7}$$

式中 $\bar{x}$ ——样本平均数；
x ——样本各标志值；
n ——样本单位数；
f ——样本各标志值的权数。

其相应的标准差（s）也有两个计算公式，分别为

$$s = \sqrt{\frac{\sum(x-\bar{x})^2}{n}} \quad \text{或} \quad s = \sqrt{\frac{\sum(x-\bar{x})^2 f}{\sum f}} \tag{7-8}$$

样本成数是指样本中具有某种标志表现的单位数占总体单位数的比重，通常用小写的英文字母"p"表示，不具有某种标志表现的单位数占总体单位数的比重用"q"表示。若以 n_1 表示具有某一种标志的单位数，以 n_0 表示不具有该种标志的单位数，即 $n_1 + n_0 = n$，则

$$p = \frac{n_1}{n} \quad q = \frac{n_0}{n} \quad p + q = 1 \tag{7-9}$$

样本成数标准差为 $$s = \sqrt{p(1-p)} \tag{7-10}$$

全及指标与样本指标的比较见表 7-1。

表 7-1　全及指标与样本指标比较表

	总　体		样　本	
平均指标	$\overline{X} = \dfrac{\sum X}{N}$	$\overline{X} = \dfrac{\sum XF}{\sum F}$	$\overline{x} = \dfrac{\sum x}{n}$	$\overline{x} = \dfrac{\sum xf}{\sum f}$
成数指标	$P = \dfrac{N_1}{N}$	$Q = \dfrac{N_0}{N}$	$p = \dfrac{n_1}{n}$	$q = \dfrac{n_0}{n}$
标准差	$\sigma = \sqrt{\dfrac{\sum(X-\overline{X})^2}{N}}$	$\sigma = \sqrt{P(1-P)}$	$s = \sqrt{\dfrac{\sum(x-\overline{x})^2}{n}}$	$s = \sqrt{p(1-p)}$

3. 样本容量和样本个数

（1）样本容量。样本容量是指一个样本所包含的单位数，故也称样本单位数，通常用小写的英文字母"n"表示。在抽样推断中，为了保证样本的代表性，一般要求样本容量达到一定数量标准。当样本容量足够大，可以用来代表总体的属性时，称为大样本；否则称为小样本。

（2）样本个数。样本个数是指一个总体最多可能抽取的样本的数量，即一个总体一共可以有多少个不同的样本，也称样本数目，通常用小写的英文字母"m"表示。样本个数的大小取决于抽样方法和样本容量的大小。

4. 重复抽样和不重复抽样

（1）重复抽样。重复抽样也称重置抽样或放回抽样。它是指从全及总体中抽取样本时，随机抽取一个样本单位，登记其序号或标志值之后，又将其放回全及总体中去重新抽样，再从全及总体中又随机抽取第二个样本单位，同样登记其序号或标志值之后，又将其放回全及总体中去，如此反复抽样、反复放回，直到抽完 n 个样本单位为止，因此一个样本单位有多次重复抽中的可能。

重复抽样的特点是：①在抽样过程中，各次抽样相互独立，总体单位数始终不变，都为 N；②总体各单位被抽中的概率在每次抽样中都相同，都为 $1/N$；③可构成的样本个数为 N^n 个。

（2）不重复抽样。不重复抽样也称不重置抽样或非回置抽样。它是指从全及总体的 N 个单位中随机抽取一个容量为 n 的样本，但每次从总体中抽取一个单位登记其序号或标志值之后，不再放回总体中去重新抽样，如此连续抽取 n 个单位组成样本。因此，不重复抽样实际上是一次同时从总体中抽取 n 个单位组成样本。

不重复抽样的特点是：①在抽样过程中，各次抽样不是相互独立的，每一次抽样结果都影响下一次抽样，每抽一次总体单位数就减少一个；②总体各单位被抽中的概率在各次抽样中是不同的；③可构成的样本个数为 P_N^n 或 C_N^n。

子项目 7-2　抽样误差

一、抽样误差的概念及影响因素

（一）统计误差的种类和抽样误差的概念

1. 统计误差的种类

在实际抽样调查过程中会产生两种统计误差，即登记性误差和代表性误差。

登记性误差也称调查误差或工作性误差,它是在任何统计调查过程中都可能发生的,由于主客观原因在登记、记录、汇总和计算上所产生的人为误差。这种误差是完全可以避免的。

代表性误差又可分为系统性误差和偶然性误差两种。系统性误差是指由于违背抽样调查的随机原则,有意选择较好或较差的单位进行调查,从而造成样本的结构不完全等同于总体的结构,即样本的代表性不足所引起的误差。这种误差是可以防止和避免的。

偶然性误差则是抽样调查所特有的误差,称为抽样误差。这种误差是由于抽样调查时只抽取一部分单位进行调查,不论样本选取有多么公正、设计多么完善,都必然会损失掉一些信息,或多或少地存在着一些误差,这种误差是无法避免的,只能加以控制。

2. 抽样误差的概念

抽样误差是指由于随机抽样的偶然因素使样本各单位结构不足以代表总体各单位结构,从而引起的样本指标与总体指标之间的离差,如样本平均数与总体平均数的离差($\bar{x} - \bar{X}$),样本成数与总体成数的离差($p-P$)等。

抽样误差是抽样所特有的误差,凡进行抽样就一定会产生抽样误差,并且这种抽样误差是无法计算的,因为全及总体平均数$\bar{X}$或全及总体成数P是无法得知的未知数,所以实际的抽样误差无从求得。

(二)影响抽样误差的主要因素

影响抽样误差的主要因素有以下几个方面:

(1)全及总体各单位标志值的变异程度。在其他条件不变的情况下,抽样误差的大小与标志变异的程度成正比。变异程度越大,则抽样误差越大;反之抽样误差就越小。这是因为全及总体标志变异越小,表明各单位标志值之间的差异也越小,样本指标与总体指标之间的差异也就越小。如果全及指标的各单位标志值都相等,即标志变异程度等于0,这时样本指标和总体指标的差异也就不存在了。

(2)样本单位数的多少,即样本容量的大小。在其他条件不变的情况下,所抽取的样本单位数越多,则抽样误差越小;反之抽样误差就越大。即样本单位数与抽样误差成反方向变化。如果抽样数目等于总体单位数N,则抽样调查就变为全面调查,抽样误差也就不存在了。

(3)抽样方法。抽样的方法不同,抽样误差也不同,一般来讲,重复抽样的抽样误差比不重复抽样的抽样误差要大些。

(4)抽样的组织形式。不同的抽样组织形式有不同的抽样误差。一般而言,进行分类随机抽样时,由于总体经过分组,同组内各单位之间的差异比较小,因而它的抽样误差要比简单随机抽样误差和等距抽样误差小;而整群抽样的误差受样本单位分布极不均匀的影响,其误差是最大的。

二、抽样平均误差

(一)抽样平均误差的概念

抽样实际误差是每一个样本指标与总体真实指标之间的离差,它虽然是客观存在的,但也是无法测算的,并且它随着样本的随机性变化而变化,是一个随机变量,有多少种可能的样本就有多少种可能的抽样实际误差。实际工作中是以抽样平均误差来衡量抽样误差大小的。

抽样平均误差是指所有可能样本的样本指标与全及总体指标之间的平均离差,即所有可能出现的样本指标的标准差。

根据抽样平均误差的概念可得其理论计算公式,即

$$\mu_{\bar{x}} = \sqrt{\frac{\sum(\bar{x}-\bar{X})^2}{M}} \quad (7\text{-}11)$$

$$\mu_{p} = \sqrt{\frac{\sum(p-P)^2}{M}} \quad (7\text{-}12)$$

式中　$\mu_{\bar{x}}$ ——抽样平均数的平均误差;

　　　μ_{p} ——抽样成数的平均误差;

　　　$\bar{x}$ ——样本平均数;

　　　$\bar{X}$ ——总体平均数;

　　　p ——样本成数;

　　　P ——总体成数;

　　　M ——全部可能的样本个数。

上述公式从理论上说明了抽样平均误差的计算方法,但由于总体平均数和总体成数是未知的,而且也不可能计算出全部的样本指标,所以按上述公式来计算抽样平均误差是无法实现的。

(二)抽样平均误差的计算

1. 样本平均数的抽样平均误差(即样本平均数的抽样误差)

在重复抽样条件下,样本平均数的抽样平均误差计算公式为

$$\mu_{\bar{x}} = \sqrt{\frac{\sigma^2}{n}} = \frac{\sigma}{\sqrt{n}} \quad (7\text{-}13)$$

式中　$\mu_{\bar{x}}$ ——样本平均数的抽样平均误差;

　　　σ^2 ——全及总体平均数方差;

　　　σ ——全及总体平均数标准差;

　　　n ——样本单位数。

由上述公式可以看出,抽样平均误差的大小与总体标准差成正比,而与样本单位数的平方根成反比。

在不重复条件下,样本平均数的抽样平均误差计算公式为

$$\mu_{\bar{x}} = \sqrt{\frac{\sigma^2}{n}\left(\frac{N-n}{N-1}\right)} \quad (7\text{-}14)$$

在总体单位数 N 很大的情况下,上述公式可近似地表示为

$$\mu_{\bar{x}} = \sqrt{\frac{\sigma^2}{n}\left(1-\frac{n}{N}\right)} \qquad (7\text{-}15)$$

式中 $1-\dfrac{n}{N}$ ——修正系数。

从上述公式可以看出，抽样平均误差与总体标准差成正比，而与样本单位数成反向变动。由于总体标准差是不能改变的，因此，要减少抽样平均误差只能增大样本单位数 n。另外由于修正系数值是大于 0 而小于 1 的正数，所以不重复抽样平均误差必然小于重复抽样平均误差。

应用上述公式时应注意：公式中的 σ 是全及指标的标准差，但事实上，全及指标是未知的，所以通常都用样本总体的标准差来代替。实践证明，用样本的标准差来代替总体的标准差，只要组织工作得当，抽样数目足够，一般都能获得满意的效果。

> **例 7-1** 大关乡有 10 000 户农民，对其进行日收入调查，随机抽取 1% 农户进行抽样调查，其有关资料见表 7-2。试计算样本平均数的抽样平均误差。
>
> 表 7-2 大关乡农户日收入调查表
>
> | 日收入（元） | 农户数（户） |
> |---|---|
> | 200 以下 | 5 |
> | 200～400 | 18 |
> | 400～600 | 30 |
> | 600～800 | 25 |
> | 800～1 000 | 12 |
> | 1 000 及以上 | 10 |
> | 合　计 | 100 |
>
> 解：根据上表资料，计算样本的平均日收入和标准差分别为
>
> $$\bar{x} = \frac{\sum xf}{\sum f} = 602 \text{（元）}$$
>
> $$s = \sqrt{\frac{\sum(x-\bar{x})^2 f}{\sum f}} = 264.57 \text{（元）}$$
>
> 在重复抽样条件下，抽样平均误差为
>
> $$\mu_{\bar{x}} = \sqrt{\frac{\sigma^2}{n}} = \frac{\sigma}{\sqrt{n}} = \frac{264.57}{\sqrt{100}} = 26.46 \text{（元）}$$
>
> 在不重复抽样条件下，抽样平均误差为
>
> $$\mu_{\bar{x}} = \sqrt{\frac{\sigma^2}{n}\left(1-\frac{n}{N}\right)} = \sqrt{\frac{264.57^2}{100}\left(1-\frac{100}{10\,000}\right)} = 26.32 \text{（元）}$$

2. 样本成数的抽样平均误差（即样本成数的抽样误差）

在重复抽样条件下，样本成数的抽样平均误差计算公式为

$$\mu_p = \sqrt{\frac{P(1-P)}{n}} \qquad (7-16)$$

式中　μ_p——样本成数的抽样平均误差；
　　　P——总体成数；
　　　n——样本单位数。

在不重复抽样的情况下，样本成数的抽样平均误差计算公式为

$$\mu_p = \sqrt{\frac{P(1-P)}{n}\left(1-\frac{n}{N}\right)} \qquad (7-17)$$

同样，若得不到总体成数资料时，也可以用实际抽样的样本成数来代替。

> **例 7-2**　有一批零件共 5 000 个，随机抽取 100 个进行抽查，发现有五个不合格，求合格率的抽样平均误差。
>
> 解：合格率为 $p = \dfrac{100-5}{100} = 0.95 = 95\%$
>
> 在重复抽样条件下，合格率的抽样平均误差为
>
> $$\mu_p = \sqrt{\frac{P(1-P)}{n}} = \sqrt{\frac{0.95(1-0.95)}{100}} = 0.0218 = 2.18\%$$
>
> 在不重复抽样条件下，合格率的抽样平均误差为
>
> $$\mu_p = \sqrt{\frac{P(1-P)}{n}\left(1-\frac{n}{N}\right)} = \sqrt{\frac{0.95(1-0.95)}{100}\left(1-\frac{100}{5\,000}\right)} = 0.0216 = 2.16\%$$

三、抽样极限误差

（一）抽样极限误差的概念

抽样极限误差是从另一个角度来考虑抽样误差的问题。用样本指标推断总体指标时，要想达到完全准确和毫无误差几乎是不可能的，样本指标和总体指标之间总会有一定的差距，所以在估计总体指标时就必须同时考虑误差的大小。

抽样极限误差是指样本指标和总体指标之间抽样误差的可能范围，通常用符号"Δ"表示。由于总体指标是一个确定的数，而样本指标是围绕着总体指标变动的量，它与总体指标可能产

生正的离差,也可能产生负的离差,样本指标与总体指标之差的绝对值就可以表示为抽样误差的可能范围。

设 $\Delta_{\bar{x}}$ 与 Δ_p 分别表示样本平均数和样本成数的抽样极限误差,则有

$$|\bar{x} - \bar{X}| \leq \Delta_{\bar{x}} \quad |p - P| \leq \Delta_p \tag{7-18}$$

如用不等式表示,则有

$$\bar{X} - \Delta_{\bar{x}} \leq \bar{x} \leq \bar{X} + \Delta_{\bar{x}} \tag{7-19}$$

$$P - \Delta_p \leq p \leq P + \Delta_p \tag{7-20}$$

上述公式表明样本平均数 $\bar{x}$(或成数 p)是以总体平均数 $\bar{X}$(或总体成数 P)为中心,在 $\bar{X} - \Delta_{\bar{x}}$ 至 $\bar{X} + \Delta_{\bar{x}}$(或 $P - \Delta_p$ 至 $P + \Delta_p$)之间变动的,区间 $[\bar{X} - \Delta_{\bar{x}}, \bar{X} + \Delta_{\bar{x}}]$(或区间 $[P - \Delta_p, P + \Delta_p]$)称为样本平均数(或样本成数)的估计区间,在这个区间内样本平均数(或样本成数)和总体平均数(或总体成数)之间的绝对离差不超过 $\Delta_{\bar{x}}$ 或 Δ_p。

由于总体平均数和总体成数是未知的,需要用实测的样本平均数和样本成数来估计,因此抽样极限误差的实际意义是希望估计区间 $[\bar{x} - \Delta_{\bar{x}}, \bar{x} + \Delta_{\bar{x}}]$ 能以一定的可靠程度覆盖总体平均数 $\bar{X}$,区间 $[p - \Delta_p, p + \Delta_p]$ 能以一定的可靠程度覆盖总体成数 P,因而上面的不等式应变为

$$\bar{x} - \Delta_{\bar{x}} \leq \bar{X} \leq \bar{x} + \Delta_{\bar{x}} \tag{7-21}$$

$$p - \Delta_p \leq P \leq p + \Delta_p \tag{7-22}$$

从这两个不等式中可以看出,只要知道样本平均数和样本成数以及抽样极限误差,就可以估计全及总体平均数和全及总体成数。

(二)抽样极限误差的计算

基于概率估计的要求,抽样极限误差通常需要以抽样平均误差 $\mu_{\bar{x}}$ 或 μ_p 为标准单位来衡量,即 $\Delta_{\bar{x}} = t\mu_{\bar{x}}$ 或 $\Delta_p = t\mu_p$,t 即为 $\dfrac{\Delta_{\bar{x}}}{\mu_{\bar{x}}}$ 或 $\dfrac{\Delta_p}{\mu_p}$,表示误差范围是抽样平均误差的若干倍,称为抽样误差的概率度。而总体平均数 $\bar{X}$(或总体成数 P)落在区间 $[\bar{x} - t\mu_{\bar{x}}, \bar{x} + t\mu_{\bar{x}}]$(或区间 $[p - t\mu_p, p + t\mu_p]$)的概率称为概率保证程度或可靠程度,用"$F(t)$"表示。由上式可知,当 μ 已知,t 数值越大,抽样极限误差的范围越大(即估计的精确度越低),则总体指标落在 $(\bar{x} \pm \Delta_{\bar{x}})$ 或 $(p \pm \Delta_p)$ 的可能性越大,即概率保证程度越大;t 数值越小,抽样极限误差的范围越小(即估计的精确度越高),则总体指标落在 $(\bar{x} \pm \Delta_{\bar{x}})$ 或 $(p \pm \Delta_p)$ 的可能性越小,即概率保证程度越小。由此可见,估计的精确度与概率保证程度是一对矛盾的概念,进行抽样估计时必须在两者之间谨慎权衡。在统计抽样推断中常用的概率度与概率保证程度(即可靠程度)的对照见表 7-3。

表 7-3　常用概率度 t 与概率保证程度 $F(t)$ 对照表

概率度 t	概率保证程度 $F(t)$（%）
0.50	38.29
1.00	68.27
1.96	95.00
2.00	95.45
2.58	99.00
3.00	99.73

根据抽样误差范围估计的可靠程度，可知在重复抽样条件下抽样极限误差的计算公式为

$$\Delta_{\bar{x}} = t\mu_{\bar{x}} = t\frac{\sigma}{\sqrt{n}} \quad 或 \quad \Delta_p = t\mu_p = t\sqrt{\frac{P(1-P)}{n}} \tag{7-23}$$

在不重复抽样条件下计算公式为

$$\Delta_{\bar{x}} = t\mu_{\bar{x}} = t\sqrt{\frac{\sigma^2}{n}\left(1-\frac{n}{N}\right)} \tag{7-24}$$

$$\Delta_p = t\mu_p = t\sqrt{\frac{P(1-P)}{n}\left(1-\frac{n}{N}\right)} \tag{7-25}$$

> **例 7-3**　仍用例 7-1 大关乡农民日收入的例子，计算该乡农民平均日收入的抽样极限误差，并要求抽样的可靠程度为 95.45%。
>
> 解：根据表 7-3 可知 $t=2$，则
>
> 在重复抽样条件下：$\Delta_{\bar{x}} = t\mu_{\bar{x}} = 2 \times 26.46 = 52.92$（元）
>
> 在不重复抽样条件下：$\Delta_p = t\mu_p = 2 \times 26.32 = 52.64$（元）

子项目 7-3　抽样推断的方法

抽样推断是用样本统计量推断估计总体参数的方法，即以计算的样本指标来推断估计相应总体指标的方法。一般抽样推断的方法有两种：点估计和区间估计。

一、点估计

点估计也称定值估计，是用样本指标直接作为总体指标的估计值，如用样本平均数直接估计总体平均数，用样本成数直接估计总体成数，即 $\bar{x} = \bar{X}$ 或 $p = P$。如例 7-1 中用 100 户农户的平均日收入作为该乡 10 000 户农户的日收入。再如，估计某市在校小学生的近视率，根据随机样本计算

出的近视率是 75%，那么我们就将 75% 作为该市所有在校小学生近视率的一个估计值，认为该市在校小学生的近视率是 75%。

点估计简单易行、计算方便，但这种方法不考虑抽样误差及概率保证程度，只适用于推断的准确度和可靠程度要求不高的情况。

二、区间估计

区间估计是根据点估计量和它的抽样平均误差，并结合推断的概率保证程度来估计总体指标的可能区间范围的估计方法。其基本特点是，根据给定的概率保证程度 $F(t)$ 的要求，利用实际样本资料，给出总体指标估计值的上限和下限，即总体指标的区间范围；区间估计所表明的只是一个可能的范围，而不是一个绝对可靠的范围。

1. 区间估计必须具备的三个要素

（1）点估计量，可以是样本平均数也可以是样本成数。

（2）误差范围，即抽样极限误差范围 Δ，通常都用样本指标（点估计量）加减抽样极限误差来表示总体指标的估计区间，这个区间也叫置信区间。

（3）概率度 t，反映抽样极限误差的相对程度，据其可确定总体指标落在估计区间的概率保证程度。

2. 区间估计的步骤

（1）抽取样本，计算样本指标，即样本平均数、样本成数、样本标准差。

（2）根据样本资料，计算抽样平均误差。

（3）根据概率保证程度，确定概率度 t，从而计算抽样极限误差。

（4）根据抽样极限误差，确定总体指标的估计区间。

例 7-4 对我国某城镇进行居民 12 月的人均旅游消费支出调查，该城镇总共有居民 100 000 人，随机抽取 1 600 人，调查得知居民 12 月人均旅游消费支出额为 700 元，标准差为 150 元，试以 95.45% 的可靠程度推断该城镇 12 月人均旅游消费支出额。

解：已知 $\bar{x} = 700$　$\sigma = 150$　根据 $F(t) = 95.45\%$ 查表可知 $t = 2$

则

$$\mu_{\bar{x}} = \sqrt{\frac{\sigma^2}{n}\left(1 - \frac{n}{N}\right)} = \sqrt{\frac{150^2}{1\,600}\left(1 - \frac{1\,600}{100\,000}\right)} = 3.72 \text{（元）}$$

$$\Delta_{\bar{x}} = t\mu_{\bar{x}} = 2 \times 3.72 = 7.44 \text{（元）}$$

该城镇 12 月人均旅游消费支出额的上限为 700 + 7.44 = 707.44（元）

该城镇 12 月人均旅游消费支出额的下限为 700 − 7.44 = 692.56（元）

即以 95.45% 的可靠程度估计该城镇居民 12 月人均旅游消费支出额在 692.56 ~ 707.44 元。

例 7-5 阳光纱厂某时期内生产了 10 万个单位的纱,按纯随机抽样方式抽取 2 000 个单位进行检验,检验结果合格率为 97%,废品率为 3%,试以 95% 的可靠程度估计全部纱合格品率的区间范围。

解:已知 $p = 0.97$ $q = 0.03$ $N = 100\ 000$ $n = 2\ 000$

根据 $F(t) = 95\%$,查表可知 $t = 1.96$

则

$$\mu_p = \sqrt{\frac{p(1-p)}{n}\left(1 - \frac{n}{N}\right)} = \sqrt{\frac{0.97(1-0.97)}{2\ 000}\left(1 - \frac{2\ 000}{100\ 000}\right)} = 0.38\%$$

$$\Delta_p = t\mu_p = 1.96 \times 0.38 = 0.74\%$$

区间下限:$p - \Delta_p = 97\% - 0.74\% = 96.26\%$

区间上限:$p + \Delta_p = 97\% + 0.74\% = 97.74\%$

即以 95% 的可靠程度估计全部纱合格品率的区间范围在 96.26% ~ 97.74%。

三、对全及总量指标的推算

抽样估计只能估计出总体平均数或总体成数,而不能直接得到总体的总量指标,因此,还有必要根据样本平均数或样本成数与另外一个有关的总量指标之间的关系,直接或间接地对全及总体总量指标进行推算。常用的方法有直接推算法和修正系数法。

1. 直接推算法

直接推算法就是利用样本指标乘以全及总体单位数,推算总体的总量指标。

(1) 利用点估计资料计算。其基本公式为

总体总量指标 = 样本平均数点估计值 × 总体单位数

总体总量指标 = 样本成数点估计值 × 总体单位数

用符号表示为

$$Q = \bar{x}N\ ;\ Q = pN \tag{7-26}$$

式中 Q —— 总体总量指标推算值,其他符号同前。

例 7-6 某地区有居民家庭 50 000 户,根据抽样调查的结果,该地区居民家庭户均储蓄额为 9.5 万元,试推算该地区居民家庭总储蓄额。

解:该地区居民家庭总储蓄额 = 50 000 × 9.5 = 475 000(万元)

(2) 利用区间估计资料计算。其基本公式为

总体总量指标 = 总体指标的区间估计值 × 总体单位数

总体总量指标 = 总体成数的区间估计值 × 总体单位数

用符号表示为

$$Q = [(\bar{x} - \Delta_{\bar{x}})N,\ (\bar{x} + \Delta_{\bar{x}})N]\ ;\ Q = [(p - \Delta_p)N,\ (p + \Delta_p)N] \tag{7-27}$$

例 7-7 以例 7-4 的资料为例,以 95.45% 的可靠性推断该市旅游消费年总支出额的区间范围。

解:已知该城镇 12 月人均旅游消费支出额(单位:元)估计区间为 [692.56, 707.44],因此,推算该城镇旅游消费 12 月总支出额(单位:元)的区间范围为 [69 256 000, 70 744 000]。

2. 修正系数法

修正系数法又称系数换算法。它是用抽样调查资料与相应范围的全面调查资料对比,计算出修正系数,并以此修正、补充全面调查的结果。该方法有两大作用:①用来推算未知的总量指标;②用来修正已有的总量指标。

例 7-8 某市 2020 年人口普查时总人口数为 653 520 人,抽取 10% 的人口数进行复查,复查登记人口数为 37 900 人,而普查时登记人数为 37 560 人,试问该市修正后的人数应为多少?

解:修正系数为 37 900/37 560 = 1.009 1

该市修正后的人数应为 653 520 × 1.009 1 ≈ 659 467(人)

子项目 7-4　必要样本单位数的确定

在抽样调查中,抽样一般采用大样本,但样本单位数的多少不仅仅与抽样误差有关,还与调查经费有直接关系。如果样本单位数过大,虽然抽样误差小,但抽样调查的工作量增大,耗用的时间和费用也会增多,体现不出抽样调查的优点;反之,如果样本单位数太小,抽样误差增大,抽样推断就失去意义。因此,在抽样设计中应该重视研究现象的变异程度、估计误差的要求和样本单位数之间的关系,做出科学的选择。

必要样本单位数的确定

必要的样本单位数,就是指在抽样误差不超过给定的允许范围的条件下至少应抽取的样本单位数。

一、确定样本单位数的方法

由于样本单位数 n 是抽样极限误差公式的组成部分,因此可以根据抽样极限误差公式推导出样本单位数。以简单随机抽样为例,确定总体平均数或总体成数所必需的样本单位数 n 公式如下:

(1)重复抽样下的必要样本单位数计算公式为

$$n_{\bar{x}} = \frac{t^2 \sigma^2}{\Delta_{\bar{x}}^2} \quad \text{或} \quad n_p = \frac{t^2 P(1-P)}{\Delta_p^2} \tag{7-28}$$

(2)不重复抽样下的必要样本单位数计算公式为

$$n_{\bar{x}} = \frac{N t^2 \sigma^2}{N \Delta_{\bar{x}}^2 + t^2 \sigma^2} \quad \text{或} \quad n_p = \frac{N t^2 P(1-P)}{N \Delta_p^2 + t^2 P(1-P)} \tag{7-29}$$

在确定必要样本单位数时应注意，公式中的总体指标一般可以用以前的经验数据或样本数据来代替，原则上一切抽样调查在计算必要样本单位数时，都可以用重复抽样公式计算。

> **例 7-9** 新希望公司要检验本月生产的 10 000 袋成人奶粉的重量，根据上月资料，这种产品每袋重量的标准差为 16 克，要求在 95.45% 的概率保证程度下，平均每袋重量的误差范围不超过 5 克，问应抽取多少袋作为样本？
>
> 解：已知 $\sigma=16$　$\Delta_{\bar{x}}=5$　$t=2$　$N=10\,000$
>
> 采用重复抽样法：$n_{\bar{x}}=\dfrac{t^2\sigma^2}{\Delta_{\bar{x}}^2}=\dfrac{2^2\times16^2}{5^2}=40.96\approx41$（袋）
>
> 采用不重复抽样法：$n_{\bar{x}}=\dfrac{Nt^2\sigma^2}{N\Delta_{\bar{x}}^2+t^2\sigma^2}=\dfrac{10\,000\times2^2\times16^2}{10\,000\times5^2+2^2\times16^2}=40.79\approx41$（袋）

二、影响样本单位数的因素

影响样本单位数的因素主要有以下几个。

1. 总体标准差

在其他条件不变的情况下，总体标准差与必要样本单位数成正比。总体标准差越大，说明总体各单位标志值的差异程度越大，则必要的样本单位数就越多；反之，总体标准差越小，则必要的样本单位数就越少。

2. 抽样极限误差

在其他条件不变的情况下，抽样极限误差与必要样本单位数成反比。允许的误差范围越大，意味着推断的精确度要求越低，必要的样本单位数就越少；反之，允许误差范围越小，意味着推断的精确度要求越高，必要的样本单位数就越多。

3. 抽样方法及抽样的组织形式

根据抽样方法和抽样的组织形式不同，必要样本单位数的多少也不同。在其他条件不变的情况下，重复抽样条件下的必要样本单位数多于不重复抽样条件下的必要样本单位数；一般类型抽样比简单随机抽样的必要样本单位数少。

子项目 7-5　抽样调查的组织形式

抽样调查的组织形式

抽样推断是根据事先规定的要求而组织设计，并以所抽取的样本资料的结果来推断总体数量特征的一种调查形式。在进行具体抽样时，由于研究的目的不同，调查对象的特点和工作条件不同，需采用不同的调查组织形式，常用的组织形式有简单随机抽样、机械抽样、分类抽样和整群抽样等。

一、简单随机抽样

简单随机抽样又称纯随机抽样,是一种最基本的抽样方式。这种方式对总体中的所有单位不进行任何分组、排队,而直接从总体 N 个单位中随机抽取 n 个单位作为样本。它适用于平均总体,即具有某种特征的单位平均地分布于总体的各个部分。简单随机抽样的具体做法有以下几种。

1. 直接抽样法

直接抽样法就是直接从全及总体中随机抽取样本单位。例如,从采购的原材料中任意抽取部分材料进行质量检查。

2. 抽签法

抽签法就是先给全及总体每个单位编上序号、代号或标记,掺和均匀后进行抽签,签上的号码对应的就是抽取的样本单位。该种方法在实际应用中具有一定的局限性,因为全及总体的所有单位都需一一编号,而当总体单位数很多时,编号会很困难,甚至是不可能的。

3. 随机数表法

所谓随机数表是指含有一系列组别的随机数字的表格。用随机数表法抽取样本,就是利用 0～9 十位阿拉伯数字,随意打乱设计成十位、百位、千位、万位等 n 多种数表,再根据需要抽取合适的样本容量,即抽取合适的样本单位数,组成样本总体。例如,要在一个由 50 个学生组成的班级里,随机抽取 10 个同学组成一个小样本总体,由于每位学生都有一个学号,且学号是两位数,即从 01～50 不等,利用随意设计好的任何一种数表,只要从表上依次选择两位数,凡选择到的数字在 01～50 以内即为有效样本单位,抽够 10 个即完成抽样任务。

二、机械抽样

机械抽样又称系统抽样或等距抽样。它是先将全及总体各单位按某一标志排列,根据总体单位数和样本单位数计算出抽选间隔(或抽选距离),然后按照一定的间隔抽选样本单位的一种抽样方法。设 N 为全及总体单位数,n 为样本单位数,k 为间隔距离,则 $k=N/n$。

在机械抽样中,将总体按一定标志排列时有两种情况:

(1)按有关标志排列,如工业产品产量抽样调查时按预计产量由低到高排列或由高到低排列。

(2)按无关标志排列,如职工工资抽样调查时按姓氏排列。

由于机械抽样可使样本单位在总体中的分布比较均匀,具有一定的代表性,所以机械抽样的误差一般小于简单随机抽样的误差。在机械抽样中,如按无关标志排列,可看作是简单随机抽样的特例,是更细致的简单随机抽样;如按有关标志排列,实质上是分类抽样的特例,是一种更细微的分类抽样,其抽样误差也接近于分类抽样。但机械抽样在排定顺序时,当确定第一个样本位置后,其余单位的位置也就随之确定了,因此容易产生因抽样间隔和现象本身的周期性节奏相重合而引起的系统性误差。

三、分类抽样

分类抽样又称类型抽样或分层抽样,它是先将全及总体按某个标志进行分组,然后从各组中按随机原则抽取样本单位的组织方式。这里的分组标志应是与调查标志有密切关系的标志。如进行星级宾馆入住情况调查时，可先将星级宾馆按星级标准分为五星、四星、三星、二星和一星五种类别，然后在各类宾馆中抽取若干个单位进行调查。

分类抽样是采用分组和随机抽样相结合的方法，先划分出性质不同的组，以减少组内标志值的差异程度，然后按随机原则再从各组中随机抽取调查单位。因此，在总体各类型中都有一定比例的单位被抽选，所抽取的样本代表性较高，抽样的误差较小，因而在实际应用中被广泛采用。但在进行分类抽样时，要求组内各单位差异尽量小，组间差异尽量大。分类抽样一般可分为两种方法：

（1）等比例抽样，即按各类型组的单位数占总体单位数的比重进行抽样。

（2）不等比例抽样，即各类型组之间按不同的比例分配样本单位数的方法，标志变异大的或单位数较多的组其抽样比例可高一些，多抽取一些单位；标志变异程度小或单位数较少的组其抽样比例可低些，少抽取一些单位。

例如，想要了解某大学毕业生中本科生、研究生和博士生就业薪酬期望值的情况，已知全校共有毕业生 10 000 人，三者所占比例为 6:3:1。如果按比例抽取一个 100 人的样本，则本科生抽取 60 人，研究生抽取 30 人，博士生抽取 10 人。如本科生的期望薪酬差异较小，博士生的期望薪酬差异较大，按不等比例抽样，可以本科生抽取 50 人，研究生抽取 30 人，博士生抽取 20 人。

四、整群抽样

整群抽样也称集团抽样、区域抽样或分群随机抽样，是指将总体各单位划分成若干群，然后以群为单位，按纯随机抽样或机械抽样方式从中抽取一些群，对所抽出的群的所有单位进行全面调查的抽样组织形式。例如，对某工业产品质量进行检查时，可每隔一段时间抽取一小时将该小时内生产的产品作为一群，把抽出的产品群组成样本总体，然后将抽选出的样本群中的产品一一检验。

整群抽样的优点是组织工作方便，而且能节约人力、物力和时间。一般适合于大量的连续生产的部门使用，是其他调查方式不可取代的，但样本总体的代表性较低，因此在抽取样本时要求群内差异尽量大，群间差异尽量小。

本项目小结

抽样推断是统计研究中的一种重要方法，是一种非全面调查。它是指按照随机原则，从总体中抽取一部分单位进行调查，并以其结果对总体某一数量特征做出具有一定概率保证程度的估计和推断的一种统计方法。

1. 在抽样推断中常用的概念有全及总体和样本总体、全及指标和样本指标、样本个数和样本容量、重复抽样和不重复抽样、抽样误差、抽样平均误差和抽样极限误差等。

2. 抽样误差是抽样推断中的一个重要概念，它是指由于随机抽样的偶然因素使样本各单位结构不足以代表总体各单位结构，而引起的样本指标与总体指标之间的绝对离差。影响抽样误差的主要因素包括全及总体各单位标志值的变异程度、样本单位数的多少（即样本容量的大小)、抽样的方法和抽样的组织形式。实际的抽样误差是不可知的,因此常常用抽样平均误差来表示。抽样平均误差是指所有可能的样本指标与总体指标之间离差平方的算术平均数的平方根,即所有样本指标的标准差,反映抽样误差的一般水平。抽样极限误差是指样本指标和总体指标之间抽样误差的可能范围,通常以抽样平均误差 $\mu_{\bar{x}}$ 或 μ_p 为标准单位来衡量。当抽样平均误差已知,概率度越大,抽样极限误差的范围越大,概率保证程度越大;反之,概率度越小,抽样极限误差的范围越小,概率保证程度越小。

3. 抽样调查的目的在于进行抽样估计和推断总体总量指标。抽样推断的方法有两种,分别为点估计和区间估计。

4. 抽样调查的组织形式有简单随机抽样、机械抽样、分类抽样和整群抽样等。

思考与训练

一、简答题

1. 什么是抽样推断?它有何特点?
2. 什么是抽样误差?影响抽样误差的主要因素有哪些?
3. 什么是样本容量?什么是样本个数?
4. 抽样调查的组织形式有哪几种?

二、单项选择题

1. 抽样调查所必须遵循的基本原则是(　　)。
   A. 准确性原则　　　　　　　　B. 随机性原则
   C. 可靠性原则　　　　　　　　D. 灵活性原则
2. 一个全及总体(　　)。
   A. 只能抽取一个样本　　　　　B. 可以抽取很多样本
   C. 只能计算一个指标　　　　　D. 只能抽取一个单位
3. 总体指标和样本指标(　　)。
   A. 都是随机变量
   B. 都是确定性变量
   C. 前者是唯一确定的,后者是随机变量
   D. 前者是随机变量,后者是唯一确定的
4. 在抽样推断中,抽样误差是(　　)。
   A. 可以避免的　　　　　　　　B. 可避免且可控制的
   C. 不可避免且无法控制的　　　D. 不可避免但可控制的
5. 抽样平均误差,确切地说是所有样本指标的(　　)。
   A. 平均差　　　B. 全距　　　C. 标准差　　　D. 离散系数
6. 抽样平均误差比抽样极限误差(　　)。
   A. 小　　　　　B. 大　　　　C. 相等　　　　D. 不一定

7. 在一定的抽样平均误差条件下（　　）。
   A. 扩大极限误差范围，可以提高推断的概率保证程度
   B. 扩大极限误差范围，会降低推断的概率保证程度
   C. 缩小极限误差范围，可以提高推断的概率保证程度
   D. 缩小极限误差范围，不改变推断的概率保证程度
8. 根据重复抽样的资料，甲单位工人工资方差为 25，乙单位的为 100，乙单位人数比甲单位多三倍，则抽样平均误差（　　）。
   A. 甲单位较大　　B. 无法判断　　C. 乙单位较大　　D. 相同
9. 某品牌袋装糖果重量的标准是（500±5）克。为了检验该产品的重量是否符合标准，现从某日生产的这种糖果中随机抽查 50 袋，测得平均每袋重量为 499 克。下列说法中错误的是（　　）。
   A. 样本容量为 50　　　　　　　B. 抽样误差为 1
   C. 样本平均每袋重量是估计量　　D. 499 克是估计值
10. 一般来说，使样本单位在总体中分布最不均匀的抽样组织方式为（　　）。
    A. 分类抽样　　　　　　　　B. 简单随机抽样
    C. 机械抽样　　　　　　　　D. 整群抽样

三、多项选择题

1. 下列说法中正确的有（　　）。
   A. 全及总体是唯一确定的　　B. 样本指标是随机变量
   C. 样本是唯一的　　　　　　D. 样本指标可有多个
   E. 总体指标只有一个
2. 重复抽样的特点是（　　）。
   A. 每次抽样时，总体单位数始终不变
   B. 每次抽样时，总体单位数逐渐减少
   C. 各单位被抽中的机会在各次抽样中相等
   D. 各单位被抽中的机会在各次抽样中不相等
   E. 各次抽样相互独立
3. 影响抽样误差的因素有（　　）。
   A. 总体标志变异程度　　　　B. 样本容量
   C. 抽样方法　　　　　　　　D. 抽样组织形式
   E. 样本指标值的大小
4. 抽样的组织形式有（　　）。
   A. 简单随机抽样　　　　　　B. 分类抽样
   C. 机械抽样　　　　　　　　D. 整群抽样
   E. 重复抽样
5. 影响必要样本单位数的主要因素有（　　）。
   A. 总体各单位标志变异程度　　B. 允许误差的大小
   C. 抽样方法　　　　　　　　　D. 抽样组织形式
   E. 推断的可靠程度

6. 抽样估计的抽样平均误差（　　　）。
   A．是不可避免要产生的　　　　　B．是可以通过改进调查方法消除的
   C．是可以事先计算的　　　　　　D．只有调查结束时才能计算
   E．其大小是可以控制的

四、判断题

1. 抽样推断是利用样本资料对总体的数量特征进行估计的一种统计分析方法，因此不可避免地会产生误差，这种误差的大小是不能进行控制的。　　　　　　　　　（　　）
2. 从全部总体单位中按照随机原则抽取部分单位组成样本，只可能组成一个样本。
   （　　）
3. 在总体方差一定的条件下，样本单位数越多，抽样平均误差越大。　（　　）
4. 抽样估计的可靠程度就是表明抽样指标和总体指标之间的误差不超过一定范围的概率保证程度。　　　　　　　　　　　　　　　　　　　　　　　　　　　　（　　）
5. 抽样误差包括代表性误差和登记性误差，这两种误差都是不可避免的。（　　）
6. 在其他条件不变的情况下，提高抽样估计的可靠程度可以提高抽样估计的精确度。
   （　　）
7. 在简单随机抽样中，如果重复抽样的抽样极限误差增加为原来的两倍，其他条件不变，则样本单位数只需要原来的一半左右。　　　　　　　　　　　　　　　（　　）
8. 根据点估计值、概率度就可以对总体平均数做出具有一定可靠程度的区间估计。
   （　　）

五、计算题

1. 大华公司生产一种节能型灯泡共 10 000 只，按随机原则抽取 100 只做耐用时间试验。测试结果：平均寿命为 3 500 小时，标准差 280 小时。请分别用重复抽样和不重复抽样两种方法，在 95.45% 概率保证程度下，估计这种节能灯泡平均寿命区间。
2. 为调查农民生活状况，在某地区 5 000 户农民中，按不重复简单随机抽样法抽取 400 户进行调查，得知这 400 户中拥有洗衣机的农户为 40 户。以 95% 的可靠程度估计该地区全部农户中拥有洗衣机的农户所占比例的区间。
3. 对大地公司生产的某型号电子元件进行耐用性能检查，抽查的资料分组列表见表 7-4，要求耐用时间的允许误差范围不大于 10.5 小时，试估计该批电子元件的平均耐用时间的区间范围。

表 7-4　大地公司某型号电子元件耐用性能抽查样表

耐用时间（小时）	元件数（个）
900 以下	1
900～950	2
950～1 000	6
1 000～1 050	35
1 050～1 100	43
1 100～1 150	9
1 150～1 200	3
1 200 及以上	1
合　计	100

4. 承上题，设该公司的产品质量检验标准规定，元件耐用时间达到 1 000 小时及以上即为合格品，要求产品合格率估计的误差范围不超过 2%，试估计该批电子元件的合格率的范围。

六、实训题

实训目的：通过实训操作，学生应掌握抽样平均误差的计算等，并在一定的概率保证程度下推算其估计区间，提高以样本指标推算总体指标的能力。

实训要求：对本院在校生的月生活费情况进行调查，以此了解大学生消费的主要状况，并以一定的概率保证程度推断生活费支出的区间范围，对同学们的消费习惯进行研讨，写出调查报告。

考核标准：

（1）设计调查问卷，注意问卷设计的合理性（30%）。
（2）确定调查人数和调查方法（10%）。
（3）对资料进行整理和分析（20%）。
（4）撰写调查报告（40%）。

实训成果：抽样调查的分析报告。

项目八

统计分析之相关分析法

学习目标

知识目标

- 掌握相关关系的基本概念和种类。
- 掌握相关系数 r 的性质，并能利用 r 对相关关系进行测定。
- 明确相关分析与回归分析的区别与联系。
- 掌握回归分析的基本理论与方法和一元线性回归方程的求解与应用。

技能目标

- 根据资料利用 Excel 编制相关图表。
- 能熟练使用 Excel 相关工具进行相关分析。
- 能利用最小二乘法进行简单的一元线性回归并进行预测。

素质目标

- 通过相关分析的学习，培养从事物和现象的相关关系中寻求创新的精神。
- 通过对数据的精细化分析，培养严谨务实的职业精神。

> **引导案例**
>
> 1947年，美国宝丽来公司创始人埃德温·兰德宣布，他们在研究即时显像的技术方面迈出了新的一步，这使得一分钟成像成为可能。随后的几年中，他们不断地在化学、光学和电子学方面进行试验和研究，生产出具有更高品质、更高可靠性和更为便利的摄影系统。
>
> 衡量摄影材料感光度的测光计可以提供许多有关于胶片特性的信息，如它的曝光时间范围、感光速率等。为了研发出更符合消费者需求的胶卷，宝丽来中心感光实验室的科学家们把即时显像胶片置于一定的温度和湿度下，使之近似于消费者购买后的保存条件，然后再对其进行系统的抽样检验和分析。他们选择专业彩色摄影胶卷，抽取了分别已保存1～13个月不等的胶卷，以便研究它们保存时间和感光速率之间的联系。调查数据显示，感光速率随保存时间的延长而下降，它们之间相应变动的关系可用一条直线即线性关系近似表示。
>
> 同时宝丽来公司的科学家们运用回归分析建立起一个能反映出胶卷保存时间长短对感光速率变动的影响的方程式：
>
> $$\hat{y} = a + bx$$
>
> 式中　$\hat{y}$——胶卷感光速率的变动值；
> 　　　x——胶卷保存时间（月）。
>
> 通过实验数据他们得出了如下的回归方程：
>
> $$\hat{y} = -19.8 - 7.6x$$
>
> 从这一方程式可以看出，胶卷的感光速率的变动幅度平均每月下降7.6个单位。该结果为宝丽来公司的生产决策提供了相关的信息，有助于其把消费者的购买和使用结合起来考虑，生产出更能满足消费者需求的胶卷，从而抢占更多的市场份额。

在本案例中，宝丽来公司的科学家们描绘出了胶卷保存时间与感光速率变动之间的关系，并建立起回归方程来说明两变量之间的相关关系。如何描绘两变量之间的关系？依据什么来建立回归方程进行测度？在本项目的学习中将为你一一解答。

子项目 8-1　相关关系认知

相关的意义和种类

一、相关的含义

在自然界和社会中存在着许多事物和现象，它们彼此之间是有机地相互联系、相互依赖和相互制约的。在社会经济领域中，现象之间具有一定的联系，一种现象的变化往往依赖于其他现象的变化。而所有这些现象之间的相互联系，都可以通过数量关系反映出来。这种客观现象之间确实存在的数量上的依存关系称为相关关系；对现象之间相关关系密切程度的研究则称为相关分析，它是从数量方面来分析研究现象与现象之间关系的一种统计分析方法，通过从数量上研究现象之间有无关系以及相关关系的密切程度来探讨某一变量（或某几个变量）对另一变量（或另外几个变量）的变动影响，为经济预测和决策、正确分析经济活动过程提供依据。

客观现象之间的数量依存关系可以区分为以下两种不同的类型。

1. 函数关系

函数关系指现象之间在数量上存在着严格的、确定性的依存关系，在这种关系中，对于某一变量的每一个数值都有另一个变量的确定值与之相对应，并且这种关系可以用一个数学表达式精确表示出来。例如，数学中圆的面积 S 和半径 r 之间存在着函数关系 $S=\pi r^2$，圆的半径确定以后，圆的面积也随之确定。又如，在价格一定的条件下，商品销售量与商品销售额之间就形成了一一对应的确定性的数量关系。自然界中广泛存在着这样的函数关系。

设有两个变量 x 和 y，变量 y 随变量 x 一起变化，并完全依赖于 x，当变量 x 取某个数值时，y 依确定的关系取相应的值，则称 y 是 x 的函数，记为 $y=f(x)$，其中 x 称为自变量，y 称为因变量。若两个变量 x 和 y 有严格的直线依存关系，则其函数关系如图 8-1 所示。

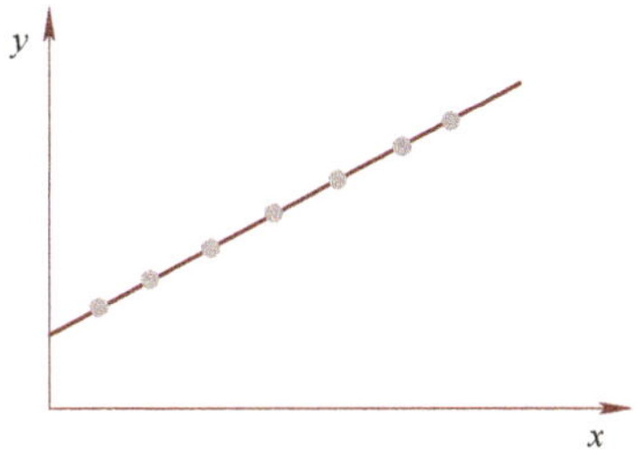

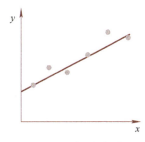

图 8-1　直线函数关系

2. 相关关系

相关关系是指存在于现象之间的一种非确定性的数量依存关系。这种关系可以用 $y=f(x)+\varepsilon$ 来表示，其中 ε 称为随机变量。若 $f(x)$ 为直线函数，则 x 与 y 的相关关系如图 8-2 所示。

理解相关关系要把握以下两个要点。

（1）相关关系是指现象之间确实存在数量上的相互依存关系。两个现象之间，一个现象发生数量上的变化，另一个现象也会相应地发生数量上的变化。例如，劳动生产率提高，相应地会使成本降低、利润增加等。

图 8-2　相关关系

（2）现象之间数量依存关系的具体关系值是不固定的。在相关关系中，对其中一个变量的某一数值，另一个变量可能有若干个数值与之相对应，这些数值之间表现出一定的波动性，但又总是围绕着它们的平均数并遵循一定的规律而波动。例如，生育率与人均 GDP 之间就属于典型的相关关系，人均 GDP 高的国家生育率往往较低，但二者没有唯一确定的关系，这是因为除了经济因素外，生育率还受教育水平、城市化水平以及不易测量的民族风俗、宗教和其他随机因素的共同影响。但即使如此，它们之间仍然存在一定的规律性，即在其他条件不变的情况下，生育率会随着人均 GDP 的提高而相应地降低。

相关关系与函数关系既有区别，也有联系。区别在于，函数关系反映确定性的数量关系，而相关关系表明的是非确定性的数量关系。联系在于，从广义上看，函数关系是相关关系的特例。但在实践中，由于有观察或测量误差等原因，函数关系在实际统计调查结果中往往表现为非确定性的相关关系；而在研究相关关系时，又常常将函数关系作为工具，以一定的函数关系表现相关关系的数量联系。因此，相关关系是相关分析的研究对象，而函数关系是相关分析的工具。

二、相关关系的分类

现象之间的相互关系是复杂的，它们以不同的方向、不同的程度相互作用着，并表现出不同的类型和形态。

1. 按相关的密切程度不同划分

按相关的密切程度不同划分,相关关系可分为完全相关、不完全相关和不相关。

(1)完全相关。两种现象中一个现象的数量变化随另一现象的数量变化而确定,这两种现象之间的依存关系就称为完全相关。例如 $S=\pi r^2$,在这种情况下相关关系就是函数关系。

(2)不完全相关。两个现象之间的关系介于完全相关和不相关之间,称为不完全相关。一般的相关现象都是指不完全相关,它是相关分析的研究对象。

(3)不相关。两种现象的数量表现各自独立、互不影响,称为不相关。例如,企业生产成本和工人年龄之间、证券市场上股票的价格和降雨量之间一般是不相关的。不相关也是相关关系的特例。

2. 按相关的表现形态不同划分

按相关的表现形态不同划分,相关关系可分为直线相关和曲线相关。

(1)直线相关。相关关系是一种数量上不严格的相互依存关系,如果这种关系近似地表现为一条直线,则称为直线相关,也称线性相关,如图 8-3 所示。

(2)曲线相关。如果相关关系近似地表现为一条曲线,则称为曲线相关,也称非线性相关,如图 8-4 所示。曲线相关又分为不同的种类,如抛物线、指数曲线和双曲线等。

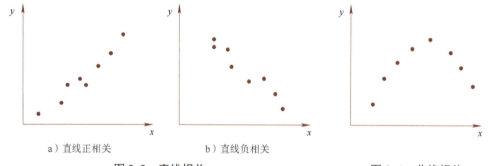

图 8-3　直线相关　　　　　　　　　　图 8-4　曲线相关

研究现象的相关关系究竟属于哪种形态,要对现象的性质做出理论分析,并根据实际经验,才能得到较好判断。

3. 按直线相关的方向不同划分

按直线相关的方向不同划分,相关关系可分为正相关和负相关。

(1)正相关。若自变量 x 的数值增加,因变量 y 的数值也相应地增加,则称为正相关。例如,施肥量增加,亩产量也随之增加;居民的收入增加,购买力也随之增加。

(2)负相关。若自变量 x 的数值增加(减少),因变量 y 的数值相应减少(增加),则称为负相关。例如,产量越高,生产成本就越低;商品价格越低,销售量就越高。

4. 按相关的影响因素多少划分

按相关的影响因素多少划分,相关关系可分为单相关和多元相关。

(1)单相关。只涉及两个现象(变量)之间的相关称为单相关,也称简单相关或一元相关,即研究时只涉及一个自变量和一个因变量。

(2)多元相关。涉及三个或三个以上现象(变量)之间的相关称为多元相关,即一个现象的数量变化是由其他两个或两个以上现象的数量变化的协同作用引起的。在多元相关中,若研究某一变量与其余全部变量之间的总相关程度，称为复相关；若研究其中两个变量的相关程度并假定其余变量是固定的，则称为偏相关。

三、相关分析的主要内容

相关分析是对客观现象具有的相关关系进行分析，其目的就是从现象的复杂关系中消除非本质的偶然影响，从而找出现象间相互依存的形式、密切程度以及依存关系变动的规律性，以便做出某种判断，并进行相关的推算和预测。相关分析的主要内容如下。

1．确定现象间有无关系及其表现形式

这是相关分析的出发点，是一个基础环节。有相互依存关系才能用相关方法进行分析，如果没有关系而当作有关系会使认识发生错误。一般通过一定的理论分析，结合相关图表的绘制来进行相关关系的判定。

2．确定相关关系的密切程度

相关分析的目的之一，就是从不严格的关系中判断其关系的密切程度。一般来讲，在简单一元线性相关下判断相关关系密切程度的方法主要是计算相关系数，在两变量间曲线相关下则是计算非线性相关系数，对多元相关则计算复相关系数和偏相关系数（本项目仅介绍相关系数的计算方法）。

3．选择合适的数学模型

确定了现象之间确实有相关关系及密切程度，就要选择合适的数学模型，对变量之间的联系给予近似的描述。它是相关分析的必然延伸。

如果现象之间的关系表现为直线相关，则采用配合直线的方法；如果现象之间的关系表现为各种曲线，则采用配合曲线的方法。根据确定的数学模型能找到现象之间相互依存关系和数量上的规律性。这是进行判断、推算的根据。

4．测定因变量估计值的准确程度

配合直线方程或曲线方程后，可反映现象之间的变化关系，即自变量变化时因变量有多大变化。根据这个数量关系，可测定因变量的估计值。把估计值与实际值对比，如果它们差别小，说明估计得较准确；反之就不够准确。这种因变量估计值的准确程度通常用估计标准差来衡量。

5．进行显著性检验

对现象之间变量关系的研究通常是从两方面进行的：①研究变量之间关系的密切程度，这种研究称为相关分析；②将自变量和因变量之间的变动关系用数学表达式表达，这种研究称为回归分析。回归分析要以现象之间存在相关关系为前提，然后对自变量和因变量的变动拟合适当的回归方程、确定其数学关系式，再对所拟合的回归方程进行显著性检验，最后利用所求得的关系式进行推算和预测。

子项目 8-2 简单线性相关分析

进行简单线性相关分析需要分为两个步骤：①利用相关表、相关图判断相关关系的有无；

②计算相关系数确定关系的密切程度。

一、相关表和相关图

在进行相关分析之前，首先要判断现象之间是否存在相关关系，是何种形式的相关关系。这种判断的方法有两种：定性分析和定量分析。最初是对研究对象进行定性分析，在初步确认有相关关系后，还要运用大量的实际观察资料编制相关表，绘制相关图。利用相关图表进一步判断相关关系的形式，为相关分析奠定基础。

1．相关表

相关表就是根据所掌握的有关变量一定数量的原始对应资料编制的统计表，该表可以直观地表明因变量和自变量的关系。根据给定资料是否分组，相关表分为简单相关表和分组相关表两种。

（1）简单相关表。简单相关表是指利用未分组的原始资料，将两个变量的值一一对应地填列在同一张表格上而形成的相关表。其编制程序是：首先确定自变量和因变量；其次，将两个变量的变量值一一对应，按自变量的变量值从小到大顺序排列。例如，为了研究固定资产和工业产值的关系，通过调查资料可编制相关表（为方便只列举10个企业有关的原始对应资料），见表8-1。

表8-1　10个企业固定资产和工业产值资料　　　　（单位：十万元）

企 业 编 号	固 定 资 产	工 业 产 值
1	30	50
2	40	60
3	50	80
4	60	95
5	80	105
6	90	120
7	100	130
8	105	130
9	120	145
10	125	150

从表8-1中可看出，随着固定资产的提高，工业产值有相应增加的趋势，尽管存在不同固定资产对应的工业产值表现相同的情况，但是两者之间仍然存在一定的依存关系。

简单相关表仅在总体单位数比较少的情况下适用。如果总体单位数比较多，则编制的简单相关表会很长，使用起来不方便，在这种情况下应编制分组相关表。

（2）分组相关表。分组相关表就是将原始资料进行分组而编制的相关表。根据分组的情况不同，分组相关表又分为以下两种：

1）单变量分组表。它是将自变量分组并计算频数，而对应的因变量不分组，只计算其平均值。其编制程序是：首先，将自变量分为若干组（资料情况可以是单项式，也可以是组距式）；其次，计算各组频数；最后，计算各组对应的因变量的平均值。例如，400名女大学生身高和体重相关表见表8-2。

表 8-2　400 名女大学生身高和体重相关表（一）

体重（千克）	学生数（人）	平均身高（厘米）
45 以下	1	151
45～47.5	24	154
47.5～50	91	155
50～52.5	129	158
52.5～55	87	160
55～57.5	38	162
57.5～60	25	163
60～62.5	3	167
62.5 及以上	2	170
合　计	400	—

这种单变量分组表是实际工作中使用最多的一种，它能使资料简化，更直接、更清晰地反映出两变量之间的相关关系。

2）双变量分组表。它是将自变量和因变量都进行分组而制成的相关表。这种表的形状如同棋盘，故又称棋盘式表。其编制程序是：首先，分别对自变量和因变量进行分组；其次，按两个变量的组数设计表格；最后，计算各组频数，并将其填入表格相应的位置。例如，根据表 8-2 资料编制的双变量分组表见表 8-3。

表 8-3　400 名女大学生身高和体重相关表（二）

体重（千克）	身高（厘米）							学生数（人）
	150 以下	150～154	154～158	158～162	162～166	166～170	170 及以上	合　计
62.5 及以上							2	2
60～62.5							3	3
57.5～60				4	6	7	8	25
55～57.5					16	14	8	38
52.5～55		2	8	20	28	25	4	87
50～52.5	3	3	24	42	45	12		129
47.5～50		3	30	28	20	10		91
45～47.5	2		12		10			24
45 以下		1						1
合　计	5	9	74	94	125	68	25	400

2．相关图

相关图又称散点图，是将相关表中的原始对应数值在平面直角坐标系用坐标点描绘出来。以横轴代表自变量，纵轴代表因变量，在坐标系中将相关表中两个变量的对应数值画出坐标点，每个坐标点在这里称为相关点，所有相关点组成的图形就叫相关图或散点图。通过相关图中所有点的分布情况，可以直观地、大致地看出两个现象间相关的形态和方向。例如，

散点图

根据表 8-1 中的资料绘制的相关图如图 8-5 所示。

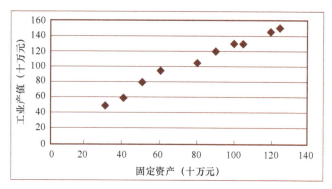

图 8-5　10 个企业固定资产和工业产值的散点图

从图 8-5 中可以看出，工业产值随着固定资产的增加而增加，并且散点图的分布近似地表现为一条直线，由此可判决固定资产与工业产值两个变量之间存在着直线正相关关系。

二、相关系数

1. 相关系数的意义

根据相关表和相关图可以直观判断两个现象是否相关及相关的形态，但不能准确判断相关的密切程度，因此还需运用数学解析方法，构建一个恰当的数学模型来显示现象之间相关关系及其密切程度。相关系数是在直线相关条件下，说明两个现象之间相关关系密切程度的统计分析指标，通常用字母"r"表示。

2. 相关系数的计算

计算相关系数的方法有多种，最简单的一种方法是积差法，这种方法直接来源于数理统计中相关系数的定义，其计算公式为

$$r = \frac{\sigma_{xy}^2}{\sigma_x \sigma_y} \qquad (8-1)$$

式中　r——相关系数；

σ_{xy}^2——自变量数列和因变量数列的协方差；

σ_x——变量 x 的标准差；

σ_y——变量 y 的标准差。

积差法相关系数在计算过程中要使用两个变量的平均值，计算比较烦琐，因此可以利用代数推算的方法形成如下的简明公式：

$$r = \frac{n\sum xy - \sum x \sum y}{\sqrt{n\sum x^2 - (\sum x)^2}\sqrt{n\sum y^2 - (\sum y)^2}} \qquad (8-2)$$

式中　n——样本单位数。

3. 相关系数的性质

（1）计算相关系数时，不需要区分自变量和因变量，两变量是对等关系。

（2）相关系数的数值范围在 -1 和 +1 之间，即 $-1 \leqslant r \leqslant 1$。

（3）相关系数有正负号，分别表示正相关和负相关。

（4）相关系数的值越接近于 -1 或 +1（即绝对值越接近于 1），表示相关关系越强；越接近于 0，表示相关关系越弱。若相关系数等于 ±1，则表示两个变量完全相关；若相关系数等于 0，则表示两个变量之间不存在线性相关关系（但并不意味着不存在非线性关系）。

（5）一般情况下，通过相关系数判断相关关系的密切程度的标准是：

当 $0 < |r| < 0.3$ 时为无关；

当 $0.3 \leqslant |r| < 0.5$ 时为低度相关；

当 $0.5 \leqslant |r| < 0.8$ 时为显著相关；

当 $0.8 \leqslant |r| \leqslant 1$ 时为高度相关。

需要指出的是，有时两变量之间并不存在相关关系，但却可能出现较高的相关系数，这就是虚假相关，导致这种现象发生的原因往往是存在另一个共同影响两变量的因素，如果利用该结果就会得出错误的结论。

例 8-1 根据表 8-1 的资料，计算固定资产和工业产值的相关系数。

解：先编制相关系数计算表，见表 8-4。

表 8-4 相关系数计算表

企业编号	固定资产（十万元）	工业产值（十万元）	x^2	y^2	xy
1	30	50	900	2 500	1 500
2	40	60	1 600	3 600	2 400
3	50	80	2 500	6 400	4 000
4	60	95	3 600	9 025	5 700
5	80	105	6 400	11 025	8 400
6	90	120	8 100	14 400	10 800
7	100	130	10 000	16 900	13 000
8	105	130	11 025	16 900	13 650
9	120	145	14 400	21 025	17 400
10	125	150	15 625	22 500	18 750
合计	800	1 065	74 150	124 275	95 600

根据式（8-2）可得

$$r = \frac{n\sum xy - \sum x \sum y}{\sqrt{n\sum x^2 - (\sum x)^2} \sqrt{n\sum y^2 - (\sum y)^2}}$$

$$= \frac{10 \times 95\,600 - 800 \times 1\,065}{\sqrt{10 \times 74\,150 - 800^2} \sqrt{10 \times 124\,275 - 1\,065^2}}$$

$$\approx 0.99$$

相关系数为 0.99，说明固定资产与工业产值之间有高度的线性正相关关系。

子项目 8-3　回归分析

一、回归分析的概念和特点

1. 回归分析的概念

相关关系是一种数量关系不严格的依存关系，相关系数能说明相关关系的方向和密切程度，但不能说明变量之间数量变动的因果关系。当给定自变量某一数值时，不能根据相关系数来估计或预测因变量可能发生的数值。回归分析就是对具有相关关系的两个或两个以上的变量之间数量变化的一般关系进行测定，确定一个相应的数学表达式，以便进行估计或预测的统计方法。其所建立的数学表达式称为回归方程，而代表现象之间一般数量关系的直线或曲线称为回归直线或回归曲线。"回归"一词是英国科学家弗朗西斯·高尔顿首先提出的。高尔顿通过测量父母亲和孩子的身高，发现了"向均数回归"这一现象，即身高特别高的父母所生的孩子其身高并非特别高，而身高特别矮的父母所生的孩子其身高并非特别矮，子辈身高有向父辈平均身高逼近的趋向。这也是近代回归分析的起源。现代回归分析虽然沿用了"回归"一词，但内容已有很大变化，现在往往用来泛指变量之间的一般数量关系。

2. 回归分析的特点

回归分析和相关分析比较，具有以下特点：

（1）在相关分析中，各变量之间是对等关系；而回归分析是通过建立回归方程来反映变量之间数值的变化关系，必须区分哪个是自变量，哪个是因变量。

（2）在两个变量互为根据的情况下，回归分析需要建立两个不同的回归方程，一个是以 x 为自变量，y 为因变量的"y 倚 x 的回归方程"；另一个是以 y 为自变量，x 为因变量的"x 倚 y 的回归方程"。当然，如果两个变量是单向因果关系，则回归分析就只能建立一个回归方程。

（3）在相关分析中，各变量都是随机变量；而回归分析中，因变量是随机变量，自变量不是随机变量，而是一系列给定的值。

（4）利用回归方程，可以根据自变量的数值估计和预测因变量的可能值，一个回归方程对同一自变量数值只能做一次推算。

回归方程

回归分析可按不同的标准分类，从变量间回归关系的表现形式看，可分为线性回归分析和非线性回归分析；按回归分析所涉及的自变量的多少又可分为一元回归分析和多元回归分析。如把两者结合起来，回归分析可分为一元线性回归分析和多元线性回归分析，一元非线性回归分析和多元非线性回归分析。这里只讨论线性回归分析的情况。

二、一元线性回归分析

回归分析的重要内容之一就是根据变量观测值构建回归直线方程，对现象间存在的一般数量关系进行描述。用直线方程来表示两个变量之间的变动关系，并进行估计推算的分析方法称为一元线性回归分析，或简单线性回归分析。一元线性回归分析是回归分析中最简单且应用最广泛的一种。

1. 构建回归方程应具备的条件

（1）现象间确实存在着相互依存关系。只有当两个变量存在着高度密切的相关关系时，所构建的回归模型才有意义，用以进行的分析预测才有价值。

（2）现象间存在着直线相关关系。一元线性回归方程在图形上表现为一条直线，因此，只有当两个变量的相关关系表现为直线关系时，所拟合的直线方程才是对客观现象的真实描述，才可以进行统计分析。如果现象之间的相关关系表现为曲线，却拟合为一条直线，则必然会得出错误的结论，实际中一般会先通过绘制散点图来判定现象之间是否呈直线相关。

（3）具备一定数量的变量观测值。回归方程是根据自变量和因变量的样本观测值来求得的，因此变量 x 和 y 两者应有一定数量的观测值，这是构建直线方程的依据。如果观测值过少，受随机因素的影响较大，就不易观测出现象之间的变动规律性，所拟合的直线回归方程也就没有多大意义了。

2. 一元线性回归模型

一元线性回归方程的基本形式为

$$\hat{y} = a + bx \qquad (8-3)$$

使用函数进行一元回归方程预测

式中　$\hat{y}$ ——因变量的估计值，它是根据回归方程推算出来的回归直线上的理论值；

　　　x ——自变量；

　　　a ——回归直线的起点值，数学上称之为 y 的截距；

　　　b ——回归直线的斜率，又称为回归系数，它表示自变量每增加一个单位时因变量的平均增加值。

公式中的 a、b 均为待定参数，是需要根据实际资料求解的数值，一旦解出 a 和 b，表明变量之间一般关系的具体回归直线也就确定下来了。

使用数学分析工具进行一元回归方程预测

估计这些参数可用不同的方法，统计中使用最多的是最小二乘法，用这种方法求出的回归线是原资料的最适合线，就 y 倚 x 的回归线来讲有：

$$\sum(y - \hat{y})^2 = 最小值 \qquad (8-4)$$

绘图进行一元回归方程预测

根据式（8-4）可得到两个标准方程：

$$\begin{cases} \sum y = na + b\sum x \\ \sum xy = a\sum x + b\sum x^2 \end{cases} \qquad (8-5)$$

从以上联立方程中可解出 a 和 b：

$$\begin{cases} b = \dfrac{n\sum xy - \sum x \sum y}{n\sum x^2 - (\sum x)^2} \\ a = \dfrac{\sum y - b\sum x}{n} \end{cases} \qquad (8-6)$$

我们可用这两个公式计算出 a 和 b，从而得出 y 倚 x 的回归方程 $\hat{y} = a + bx$。利用这个方程，每当给定一个 x 的值时，就可以求得相应的 y 的估计值。

例 8-2 根据表 8-1 的资料，建立固定资产对工业产值的回归方程。

解：设固定资产为自变量 x，工业产值为因变量 y，建立回归方程 $\hat{y}=a+bx$
根据公式计算，得

$$b=\frac{n\sum xy-\sum x\sum y}{n\sum x^2-(\sum x)^2}=\frac{10\times 95\,600-800\times 1\,065}{10\times 74\,150-800^2}=1.024\,6$$

$$a=\frac{\sum y-b\sum x}{n}=\frac{1\,065-1.024\,6\times 800}{10}=24.53$$

将计算的结果代入方程中，即得回归方程为

$$\hat{y}=24.53+1.024\,6x$$

上述方程表明的是 10 个企业的工业产值对固定资产的直线回归方程。式中的 $b=1.024\,6$，表示固定资产每增加 1 个单位（十万元），工业产值平均增加 1.024 6 个单位（十万元）。并且根据上述方程，将固定资产实际观察值逐一代入方程，就可相应求得一系列 $\hat{y}$ 值（即工业产值的估计值）。

建立回归方程后应注意以下几个问题。

（1）建立回归方程后，只能通过给定的自变量的值来计算因变量的估计值，而不能反过来计算。如上例中，只能通过给定的固定资产来估计工业产值，而不能反过来用工业产值估计固定资产。如果是两个互为因果的变量，既要由 x 估计 y，又需要由 y 估计 x，那就必须建立两个回归方程，即：一个是 $\hat{y}=a+bx$；另一个是 $\hat{x}=c+dy$（c、d 与 a、b 的含义相同，只是数值不同）。总之，不能只用一个回归方程求 x、y 两个变量的估计值。

（2）不要把根据直线回归方程求出的因变量估计值（$\hat{y}$）看作确定的变量值，它只是许多可能值的平均数，是把非确定性的数量关系一般化、平均化的结果。

（3）回归系数 b 的值有正负号，正回归系数表示两个变量为正相关关系，在图形上表现为一条上升直线；负回归系数表示负相关，在图形上表现为一条下降直线。另外，由于回归系数数值的大小与相关表中原数列使用的计量单位有关，所以它不能表明两个变量之间变化的密切程度，只能反映两个变量之间数值变化的比例关系，即只能表明自变量每变化一单位，因变量平均变化的量。

（4）对由样本数据求出的回归方程，应进行一系列的统计检验，以检查方程对资料的拟合是否有效，是否显著。

三、多元线性回归分析

一元线性回归方程只反映一个因变量受一个自变量影响的情况，现实中往往一个因变量会受多个自变量的影响。例如，前面所讲的粮食亩产量会受播种量、降雨量以及施肥量等因素的影响；又如，产品的利润会受产品销售额、产品成本等因素的影响。对于上述情况，如只用一个自变量来进行回归分析，分析的结果就会存在问题，因此应将影响因变量的多个因素综合起来进行分析，建立一个更符合实际的模型，来揭示现象内在的规律。统计中，涉及两个及两个以上自变量的线性回归分析称为多元线性回归分析。

多元线性回归分析研究自变量和多个因变量间的线性关系，这种关系可用数学模型来表示。

一般地,设有 n 个自变量 x_1、x_2、x_3、…、x_n 与一个因变量 y 呈线性相关,则可建立 n 元线性回归模型:

$$\hat{y} = a + b_1 x_1 + b_2 x_2 + \cdots + b_n x_n \tag{8-7}$$

以上模型中,a 为常数项;b_i 为 y 对 x_i 的回归系数($i=1$,2,…,n),表明在其他自变量不变的情况下,自变量 x_i 变动一个单位而引起因变量 y 的平均变动量。

二元线性回归方程是最典型的多元线性回归方程,通过观察求解二元线性回归方程参数的过程,就可了解其他类型的多元线性回归方程参数的求解方法。设有二元线性回归方程:

$$\hat{y} = a + b_1 x_1 + b_2 x_2 \tag{8-8}$$

要确定该回归方程,须先求解 a、b_1 和 b_2 三个参数。用最小二乘法求得方程组:

$$\begin{cases} \sum y = na + b_1 \sum x_1 + b_2 \sum x_2 \\ \sum x_1 y = a \sum x_1 + b_1 \sum x_1^2 + b_2 \sum x_1 x_2 \\ \sum x_2 y = a \sum x_2 + b_1 \sum x_1 x_2 + b_2 \sum x_2^2 \end{cases} \tag{8-9}$$

根据该方程组可求解出 a、b_1 和 b_2 三个参数,进而二元线性回归方程式 $\hat{y} = a + b_1 x_1 + b_2 x_2$ 就可确定了。给定 x_1、x_2 的值,即可估计推算出 $\hat{y}$ 的值。

例 8-3 2018~2024 年某公司在华东地区某种保健品的销售额、广告费和利润额的有关资料见表 8-5。

表 8-5 2018~2024 年某公司在华东地区某种保健品的销售资料

年份	销售额 x_1(万元)	广告费 x_2(万元)	利润额 y(万元)	$x_1 y$	$x_2 y$	$x_1 x_2$	x_1^2	x_2^2	$\hat{y}$
2018	40	3.0	8	320.0	24.0	120.0	1 600	9.00	7.884 6
2019	43	3.2	9	387.0	28.8	137.6	1 849	10.24	9.383 4
2020	48	3.5	11	528.0	38.5	168.0	2 304	12.25	11.739 8
2021	50	3.5	13	650.0	45.5	175.0	2 500	12.25	12.172 1
2022	55	3.7	15	825.0	55.5	203.5	3 025	13.69	14.103 2
2023	60	3.8	15	900.0	57.0	228.0	3 600	14.44	15.609 0
2024	63	4.0	17	1 071.0	68.0	252.0	3 969	16.00	17.107 9
合计	359	24.7	88	4 681.0	317.3	1 284.1	18 847	87.87	88.000 0

上述销售额、广告费和利润额间存在着线性关系,其中销售额、广告费是自变量,利润额是因变量。设二元线性回归方程为 $\hat{y} = a + b_1 x_1 + b_2 x_2$。

根据表 8-5 中资料整理出如下数据:

$\sum y = 88$　　$\sum x_1 = 359$　　$\sum x_2 = 24.7$　　$\sum x_1 x_2 = 1\,284.1$　　$n = 7$

$\sum x_1 y = 4\,681$　　$\sum x_2 y = 317.3$　　$\sum x_1^2 = 18\,847$　　$\sum x_2^2 = 87.87$

代入方程组(8-9)得

$$\begin{cases} 88 = 7a + 359 b_1 + 24.7 b_2 \\ 4\,681 = 359 a + 18\,847 b_1 + 1\,284.1 b_2 \\ 317.3 = 24.7 a + 1\,284.1 b_1 + 87.87 b_2 \end{cases}$$

解得:$a = -13.518\,1$　　$b_1 = 0.216\,1$　　$b_2 = 4.252\,6$

则二元线性回归方程为 $\hat{y} = -13.518\,1 + 0.216\,1 x_1 + 4.252\,6 x_2$。

四、估计标准误差

1. 估计标准误差的概念

根据前述回归方程可以由自变量的给定值推算因变量的数值。但是，推算出的因变量的数值并不是一个精确值，只是一个可能值、理论值或者说是一个平均值，因此它和实际数值之间必然会出现差异。而我们不仅要用回归方程推算已有实际值的估计值，还要推算未知的因变量值。这样就有了推算的数值与实际值相差多大的需求，这直接关系到推算估计的准确性。从另一方面讲，这种差别大小也反映着回归直线的代表性大小。

估计标准误差是用来说明回归方程推算结果准确程度的统计分析指标，或者说是反映回归直线代表性大小的统计分析指标。估计标准误差值越小，说明因变量的实际值与其估计值间的差异越小，即拟合的回归直线方程越精确，代表性越大；估计标准误差值越大，说明因变量的实际值与其估计值间的差异越大，即拟合的回归直线方程越不精确，代表性越小。

2. 简单直线回归估计标准误差的计算

简单直线回归估计标准误差的计算公式为

$$s_{yx} = \sqrt{\frac{\sum(y-\hat{y})^2}{n-m}} \quad (8-10)$$

式中 s_{yx}——估计标准误差，其下标 yx 代表变量 y 倚 x 的回归；

$n-m$——自由度，其中 n 为样本单位数，m 为变量个数。

由于在一元线性回归方程中有 a、b 两个参数，所以要由 n 减去 2 表示估计的回归线已失去了两个自由度。

从计算公式可以看出，计算的结果实际上也是一个平均误差，但不是简单平均，而是经过乘方、平均、再开方得到的平均误差，这和标准差的计算过程是一样的。它的作用是说明估计的准确程度，所以称为估计标准误差，又称估计标准差或回归标准差。上述计算估计标准误差的方法是用平均误差来表现的，但是计算比较麻烦，必须计算出所有的估计值。因此，在已有直线回归方程的情况下，可利用如下公式计算：

$$s_{yx} = \sqrt{\frac{\sum y^2 - a\sum y - b\sum xy}{n-2}} \quad (8-11)$$

例如，根据表 8-1 的资料得：

$\sum y = 1\,065$ $\quad \sum y^2 = 124\,275$ $\quad \sum xy = 95\,600$ $\quad a = 24.53$ $\quad b = 1.024\,6$

代入公式，得

$$s_{yx} = \sqrt{\frac{\sum y^2 - a\sum y - b\sum xy}{n-2}} = \sqrt{\frac{124\,275 - 24.53 \times 1\,065 - 1.024\,6 \times 95\,600}{10-2}} = 4.985$$

本项目小结

在自然界和社会中存在着许多事物和现象，其彼此之间有机地相互联系、相互依赖和相互制约。客观现象之间确实存在的数量上非确定性的依存关系称为相关关系。这种关系有别于函数关系，函数关系是现象之间确定的、唯一的数量关系，而相关关系则是现象之间非确定的、非唯一的数量关系。从广义上讲，函数关系是相关关系的特例，我们对相关关系的研究也常常要借助于函数关系的表达式。对现象之间相关关系密切程度的研究称为相关分析，它是从数量方面来分析研究现象与现象之间关系的一种统计分析方法。

1. 相关关系按照不同的标准可分为很多类：按相关的密切程度不同来分，可分为完全相关、不完全相关和不相关；按相关的表现形态不同来分，可分为直线相关和曲线相关；按直线相关的方向不同来分，可分为正相关和负相关；按相关的影响因素多少来分，可分为单相关和多元相关。

2. 现象之间的相关关系，我们可以用相关表、相关图为工具进行分析判断。相关系数是在线性相关的条件下，说明两个现象之间相关关系密切程度的统计分析指标，习惯上用 r 来表示。

3. 回归分析就是对具有相关关系的变量之间数量变化的一般关系进行测定，确定一个相应的数学表达式，以便于进行估计或预测的统计方法。相关分析是回归分析的基础和前提，回归分析是相关分析的继续和深入。用直线方程来表示两个变量之间的变动关系，并进行估计推算的分析方法称为一元线性回归分析。一元线性回归方程的基本形式是：$\hat{y} = a + bx$。利用最小二乘法可以求得 a、b 两个参数的值，从而确定一元直线回归方程，根据给定的 x 的值，即可求得 y 的估计值。

4. 估计标准误差是用来说明回归方程推算结果准确程度的统计分析指标，是反映回归直线代表性大小的统计分析指标。估计标准误差值小，说明因变量的实际值与其估计值间的差异小，回归直线的代表性就大；估计标准误差值大，说明因变量的实际值与其估计值间的差异大，回归直线的代表性就小。

思考与训练

一、简答题

1. 什么是相关关系？它与函数关系有何区别和联系？
2. 试述相关系数 r 值的意义。
3. 相关分析和回归分析有何区别和联系？
4. 什么是估计标准误差？它有何意义？

二、单项选择题

1. 相关关系是指变量之间（　　）。
   A. 严格的关系　　　　　　　　B. 不严格的关系
   C. 存在任意关系　　　　　　　D. 确实存在但并不严格的数量依存关系
2. 下面的关系中不是相关关系的是（　　）。
   A. 身高与体重之间的关系
   B. 工资水平和工龄之间的关系
   C. 农作物的单位面积产量与降雨量之间的关系
   D. 圆的面积与半径之间的关系

3. 在相关分析中，要求相关的两个变量（　　）。
   A．都是随机变量　　　　　　　　B．因变量是随机变量
   C．都不是随机变量　　　　　　　D．自变量是随机变量
4. 相关系数的取值范围为（　　）。
   A．$r=0$　　　　　　　　　　　　B．$-1 \leqslant r \leqslant 0$
   C．$0 \leqslant r \leqslant +1$　　　　　　　　　D．$-1 \leqslant r \leqslant +1$
5. 用最小二乘法估计回归线，必须满足的一个基本条件是（　　）。
   A．$\sum(y-\hat{y})^2 = $ 最小值　　　B．$\sum(y-\hat{y}) = $ 最小值
   C．$\sum(y-\hat{y}) = $ 最大值　　　D．$\sum(y-\hat{y})^2 = $ 最大值
6. 某产品的月销售额（万元）随广告投入（万元）变动的回归方程为 $\hat{y}=60+7x$，这意味着（　　）。
   A．广告投入每增加 1 万元，月销售额平均增加 67 万元
   B．广告投入每增加 1 万元，月销售额增加 7 万元
   C．广告投入每增加 1 万元，月销售额平均增加 7 万元
   D．广告投入每增加 1 万元，月销售额平均增加 60 万元
7. 说明回归方程拟合程度的统计量是（　　）。
   A．相关系数　　　B．回归系数　　　C．判定系数　　　D．估计标准误差
8. 回归的估计标准误是反映（　　）。
   A．平均数代表性的指标　　　　　B．序时平均数代表性的指标
   C．现象之间相关关系的指标　　　D．回归直线代表性的指标
9. 下面的相关系数取值错误的是（　　）。
   A．-0.87　　　B．0.91　　　C．1.20　　　D．0
10. 从变量之间相关的方向看，可分为（　　）
    A．正相关和负相关　　　　　　　B．直线相关和曲线相关
    C．单相关和多元相关　　　　　　D．完全相关和不相关

三、多项选择题

1. 判断现象之间有无相关关系的方法有（　　）。
   A．编制相关表　　B．绘制相关图　　C．计算估计标准误差
   D．计算相关系数　　E．对现象做定性分析
2. 进行相关分析时，按相关的程度可分为（　　）。
   A．完全相关　　B．不完全相关　　C．线性相关
   D．非线性相关　　E．不相关
3. 计算相关系数时（　　）。
   A．相关的两个变量都是随机的
   B．相关的两个变量是对等关系
   C．相关的两个变量，一个是随机的，一个是给定的数值
   D．可以计算出自变量和因变量两个相关系数
   E．相关系数有正负号

4．下列属于正相关的现象是（　　）。
　　A．家庭收入越多，其消费支出也越多
　　B．费用率随商品销售额的增加而减少
　　C．产品产量随着生产用固定资产价值的减少而减少
　　D．生产单位产品所耗工时随劳动生产率提高而减少
　　E．工人劳动生产率越高，则创造的产值就越多

5．当两个现象完全相关时，下列统计指标值可能为（　　）。
　　A．$r=1$　　　　B．$r=0$　　　　C．$r=-1$　　　　D．$s_{yx}=1$
　　E．$s_{yx}=0$

6．一元线性回归分析的特点是（　　）。
　　A．可以存在两个回归方程
　　B．回归系数有正负号
　　C．两个变量不是对等关系
　　D．因变量是随机的，自变量是给定的
　　E．利用一个回归方程，两个变量可以相互推算

四、判断题

1．完全相关关系即函数关系。　　　　　　　　　　　　　　　　　　　　（　　）
2．相关系数的取值范围为 $-1 \leqslant r \leqslant +1$。　　　　　　　　　　　　　（　　）
3．正相关是指两个变量之间的变化方向都是上升的趋势。　　　　　　　（　　）
4．相关系数数值越大，说明相关程度越高；相关系数数值越小，说明相关程度越低。
　　　　　　　　　　　　　　　　　　　　　　　　　　　　　　　　　（　　）
5．回归分析要确定变量中哪个是自变量，哪个是因变量，在这一点上它与相关分析相同。
　　　　　　　　　　　　　　　　　　　　　　　　　　　　　　　　　（　　）
6．若利润额（万元）依销售额（万元）的回归方程为 $\hat{y}=30+0.21x$，则表明销售额每增加 1 万元，利润额平均增加 0.21 万元。　　　　　　　　　　　　　　　　（　　）
7．相关系数为 0 表明两个变量之间不存在任何关系。　　　　　　　　　（　　）
8．负相关是指两个变量之间的变化方向都是下降的趋势。　　　　　　　（　　）

五、计算题

1．恒大机械公司业务量和维修费的有关资料见表 8-6。

表 8-6　恒大机械公司业务量和维修费资料

月　份	7月	8月	9月	10月	11月	12月
业务量（机器小时）	6	8	4	7	10	5
维修费（元）	110	115	85	105	120	100

要求：（1）计算两者的相关系数。
　　　（2）若为直线关系，试利用所给的资料建立回归直线方程。
　　　（3）若业务量为 12 机器小时，维修费为多少？

2. 2017～2024年某地区个人收入和消费支出资料见表8-7。

表8-7　2017～2024年某地区个人收入和消费支出资料　　　　（单位：万元）

年　份	2017	2018	2019	2020	2021	2022	2023	2024
个人收入	17.00	17.80	18.10	19.00	20.50	21.60	22.00	23.00
消费支出	16.00	16.70	17.00	17.60	18.80	20.00	20.60	21.70

要求：（1）试利用所给的资料建立回归直线方程，并说明回归系数的经济含义。
　　　（2）计算回归方程的估计标准误差。
　　　（3）若个人收入达到30万元，试估计个人消费支出额。

六、实训题

实训目的：通过实训操作，学生应熟悉散点图的绘制、相关系数的计算及进行简单的一元线性回归分析，提高对实际数据进行计量分析的能力。

实训要求：以本城市最近九年的居民可支配收入、消费、储蓄的数据为基础，绘制相关的散点分布图，计算其两两相关系数并对变量之间进行回归分析。

考核标准：
（1）利用相关资料搜集数据（30%）。
（2）绘制散点图（10%）。
（3）计算相关系数（30%）。
（4）对变量之间进行回归分析（30%）。

实训成果：散点图、相关系数数据及回归分析方程。

project 9

项目九

Excel 在统计中的应用

学习目标

知识目标

- 了解 Excel 的数据编辑与制图功能。
- 熟悉通过 Excel 进行数据收集与整理。
- 掌握电子表格软件的基本数据分析工具的使用。

技能目标

- 能使用 Excel 进行简单的绘制统计图。
- 能熟练掌握集中趋势和离散程度的相关指标的计算。
- 会基本使用电子表格软件进行时间序列分析。
- 能熟练使用 Excel 进行相关的指数分析。

素质目标

- 养成用数据说话、严谨务实的工作作风。
- 追求数据的真实性和客观性,培养诚实守信的职业素养。

> **引导案例**
>
> **2023 年浙江省规模以上文化及相关产业企业营业收入增长 10.8%**
>
> 2023 年以来，浙江省全省上下认真贯彻落实党中央、国务院和省委、省政府决策部署，推进文化产业持续向好发展，文化服务业支撑有力，休闲娱乐业快速恢复，文化企业经营效益持续提升。2023 年，全省 6 219 家规模以上文化及相关产业企业（以下简称文化企业）实现营业收入 15 655 亿元，比上年增长 10.8%，增速高于全国平均 2.6 个百分点，比一季度、上半年和前三季度分别提高 9.0、4.2 和 2.7 个百分点。分产业类型看，文化服务业支撑有力。2023 年，文化服务业企业营业收入 10 305 亿元，占全部文化企业的 65.8%，比上年提高 4.2 个百分点；营业收入比上年增长 18.4%，增速比前三季度提高 2.7 个百分点，拉动文化企业营业收入增长 11.4 个百分点，增长贡献率 104.8%，为文化企业营业收入增长提供有力支撑。文化制造业营业收入 3 220 亿元，下降 4.2%；文化批发和零售业 2 130 亿元，增长 3.3%。分行业类别看，九大行业营业收入"七升二降"。2023 年，九大文化行业中，7 个行业营业收入实现增长。其中，文化娱乐休闲服务、文化投资运营和新闻信息服务营业收入较快增长，比上年分别增长 85.9%、22.7% 和 18.6%。文化装备生产、文化消费终端生产营业收入分别下降 15.9% 和 0.2%。分领域看，文化核心领域营业收入增长明显。2023 年，文化核心领域营业收入 11 385 亿元，比上年增长 16.6%，拉动文化企业营业收入增长 11.5 个百分点，增长贡献率 105.6%；文化相关领域营业收入 4 269 亿元，下降 2.0%。从盈利情况看，文化企业利润保持较快增长。2023 年，文化企业实现利润总额 2 240 亿元，比上年增长 35.8%；营业收入利润率 14.3%，比上年提高 2.6 个百分点。
>
> （资料来源：浙江省统计局，2024 年 2 月 1 日）

以上浙江省的数据信息全部都是通过电子计算机汇总而来，统计电算化已得到基本普及。

统计学是一门应用性非常强的学科，统计工作的每一个环节可以通过相关计算机软件进行处理。目前典型的统计软件有 Excel、SPSS、SAS 等。其中 Excel 软件最为简单易用，因此本项目重点介绍 Excel 在统计中的应用及其正确的操作方法。

子项目 9-1　Excel 在统计资料收集和整理中的应用

一、数据收集

统计收集数据的方法有很多，如抽样调查、重点调查、典型调查、统计报表等，但其中抽样调查是实际工作中应用最广泛的一种专门调查方法。针对抽样调查，Excel 软件的数据分析工具中提供了专门的处理功能。

例9-1 假定对某公司50名工人工资进行调查。

注释：在使用Excel软件的数据分析之前，可以对总体单位进行编号，形成编号清单。对总体进行编号时应根据随机编号原则进行。将50名工人编号输入Excel软件中，如图9-1所示。

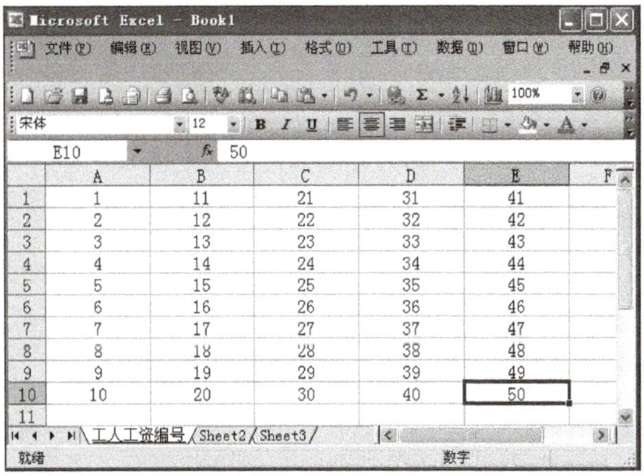

图9-1　50名工人编号输入

完成后，利用Excel来进行抽样的操作步骤为：

第一步：单击"工具"菜单下的"数据分析"选项，如图9-2所示。

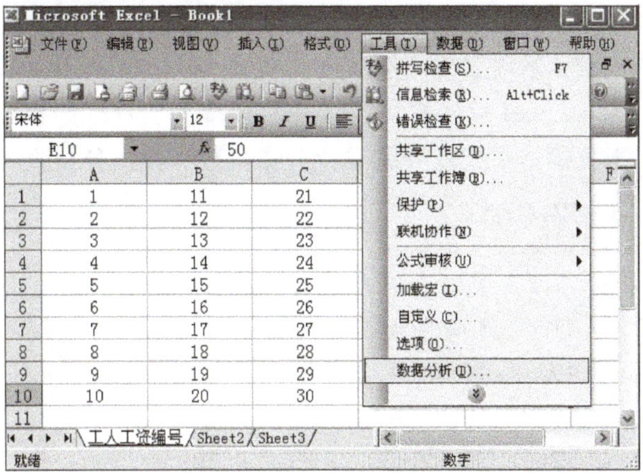

图9-2　工具—数据分析

第二步：打开"数据分析"对话框，从对话框给出的"分析工具"列表中选择"抽样"选项，如图9-3所示。

第三步：单击"确定"，打开"抽样"对话框，确定输入区域、抽样方法和输出区域，如图9-4所示。

图9-3　数据分析—抽样

本例题中输入区域为 $A$1:$E$10，表示抽取对象是A1～E10中所有的数据。系统从A列开始抽取，然后按顺序到B～E列。要抽取 10 个单位，那么根据机械抽样原理进行抽取的时候，间隔为 5。在输出区域里指定经分析处理后的数据去向。

第四步：单击"确定"按钮后，在指定位置上系统给出了抽样结果，如图 9-5 所示。

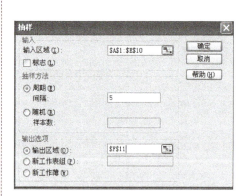

图 9-4　输入"抽样"对话框数据　　　　图 9-5　输出抽样结果

二、数据整理

通过调查得到的数据是杂乱无章的，因此，必须对搜集到的大量原始数据进行必要的整理，经过数据分析得出相应的结论。统计整理包括对数据进行分类汇总并计算各类指标及利用统计图（表）来表述统计结果。Excel 软件提供了多种数据整理工具，如频数分布函数、数据分析直方图、统计图等。限于篇幅，在此仅介绍频数分布函数、数据分析直方图的应用。

1. 频数分布函数（FREQUENCY）

> **例 9-2**　某公司 50 个工人某日生产节能灯的数量如下：
>
> | 30 | 26 | 42 | 41 | 36 | 44 | 40 | 37 | 36 | 25 | 45 | 29 | 43 |
> | 31 | 36 | 39 | 49 | 34 | 47 | 33 | 43 | 38 | 42 | 32 | 34 | 38 |
> | 46 | 43 | 35 | 35 | 38 | 42 | 45 | 46 | 36 | 45 | 48 | 45 | 35 |
> | 42 | 41 | 48 | 32 | 38 | 36 | 37 | 36 | 35 | 46 | 42 | | |
>
> 对其按 20～25、25～30、30～35、35～40、40～45、45～50 分为六组。
>
> Excel 软件提供了一个专门用于统计分组的频数分布函数（FREQUENCY），它是以一列垂直数组返回某个区域中数据的分布来描述数据分布状态。用频数分布函数进行统计分组的操作流程具体见以下步骤：
>
> 第一步：将样本数据排成一列，本例中为"B2:B51"。
>
> 第二步：按组距分组要求将各组上限值输入组距分组区域（D4:D9）。
>
> 第三步：将光标移到"E4"单元格，按住鼠标左键，拖拉光标至"E9"单元格，覆盖住"E4:E9"区域，然后单击"插入"菜单中的"函数"选项，在"统计"类函数中选择"FREQUENCY"函数，在"Data_array"中输入原始数据列"B2:B51"，在"Bins_array"中输入组距分组数列"D4:D9"，如图 9-6 所示。

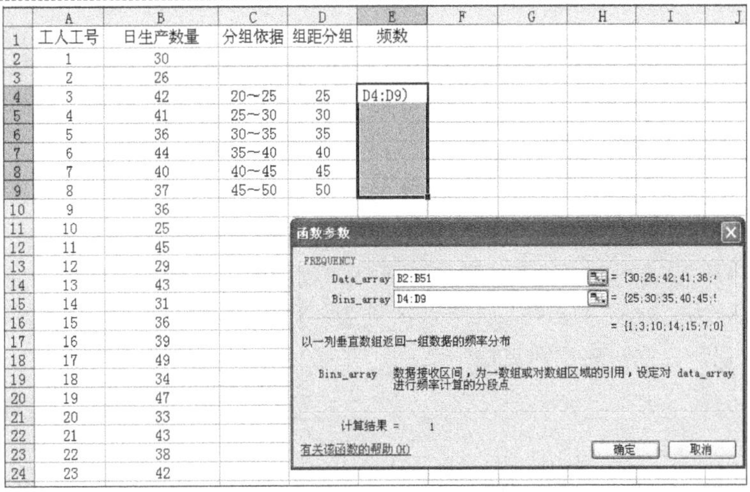

项目九　Excel 在统计中的应用

	A	B	C	D	E	F	G	H	I	J
1	工人工号	日生产数量	分组依据	组距分组	频数					
2	1	30								
3	2	26								
4	3	42	20～25	25	D4:D9					
5	4	41	25～30	30						
6	5	36	30～35	35						
7	6	44	35～40	40						
8	7	40	40～45	45						
9	8	37	45～50	50						
10	9	36								
11	10	25								
12	11	45								
13	12	29								
14	13	43								
15	14	31								
16	15	36								
17	16	39								
18	17	49								
19	18	34								
20	19	47								
21	20	33								
22	21	43								
23	22	38								
24	23	42								

函数参数对话框：FREQUENCY
Data_array B2:B51 = {30;26;42;41;36;
Bins_array D4:D9   = {25;30;35;40;45;
= {1;3;10;14;15;7;0}
以一列垂直数组返回一组数据的频率分布
Bins_array 数据接收区间，为一数组或对数组区域的引用，设定对 data_array 进行频率计算的分段点
计算结果 = 1

图 9-6　输入"函数参数"对话框数据

第四步：同时单击"Ctrl+Shift+Enter"键即可得到如图 9-7 所示的频数统计结果。

	A	B	C	D	E	F
1	工人工号	日生产数量	分组依据	组距分组	频数	
2	1	30				
3	2	26				
4	3	42	20～25	25	1	
5	4	41	25～30	30	3	
6	5	36	30～35	35	10	
7	6	44	35～40	40	14	
8	7	40	40～45	45	15	
9	8	37	45～50	50	7	
10	9	36				
11	10	25				
12	11	45				

图 9-7　频数统计结果

需要注意的是，此处不能单击"确定"按钮，否则只能得到一个单位的频数。"Ctrl+Shift+Enter"是 Excel 软件特别针对矩阵运算的回车符。

第五步：在频数分布函数统计分组获得频数的基础上，可用 Excel 列表计算频数分布表，如图 9-8 所示。方法是首先计算 E 列频数之和，可利用 SUM 求和函数，单击"E10"单元格，输入"=SUM（E4:E9）"，回车即可得到 E10 结果；其次计算 F 列频数，单击"F4"单元格，输入"=E4/50*100"，回车可得到 F4 结果，同理完成 F5～F9 的单元格操作，并对 F 列频率进行求和得到 F10 结果；最后完成频数和频率向上累积与向下累积，运用 Excel 的基本操作即可轻松完成。

	A	B	C	D	E	F	G	H	I	J	K
1	工人工号	日生产数量	分组依据	组距分组	频数	频率(%)	频数	频率(%)	频数	频率(%)	
2	1	30					向上累积		向下累积		
3	2	26									
4	3	42	20～25	25	1	2	1	2	50	100	
5	4	41	25～30	30	3	6	4	8	49	98	
6	5	36	30～35	35	10	20	14	28	46	92	
7	6	44	35～40	40	14	28	28	56	36	72	
8	7	40	40～45	45	15	30	43	86	22	44	
9	8	37	45～50	50	7	14	50	100	7	14	
10	9	36	合计		50	100	—	—	—	—	
11	10	25									
12	11	45									
13	12	29									
14	13	43									
15	14	31									
16	15	36									

图 9-8　利用 Excel 列表计算频数分布表结果

2. 数据分析直方图

与频数分布函数只能进行统计分组和频数计算相比，数据分析直方图工具可完成数据的分组、频数分布与累积频数的计算、绘制直方图和累积折线图等一系列操作。仍根据例 9-2 中的数据资料进行操作示范，相关操作步骤如下：

第一步：单击"工具"菜单，选择"数据分析"选项，从其对话框的"分析工具"列表中选择"直方图"选项，如图 9-9 所示。

第二步：打开"直方图"对话框，确定输入区域、接收区域和输出区域，如图 9-10 所示。本例中，输入区域为"$B$2:$B$51"，接收区域为"$C$4:$C$9"；输出区域选择"$D$1"，选择复选项"累积百分率"和"图表输出"。

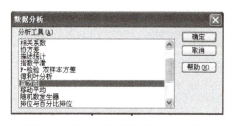

图 9-9 工具—数据分析—直方图

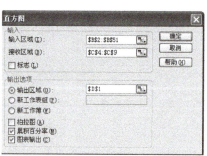

图 9-10 输入"直方图"对话框数据

第三步：单击"确定"按钮，在输出区域单元格可得到频数分布和条形图。此时，单击条形图的任一直条，再单击"右键"，在快捷菜单中选取"设置数据系列格式"，然后将分类间距宽度调为"0"，即可得到标准的直方图，如图 9-11 所示。

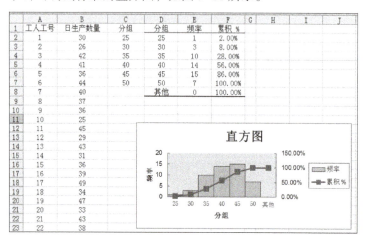

图 9-11 频数分布和直方图

三、绘制统计图

统计图显示资料有形象、生动的特点，通过图形可以方便地观察到数量之间的对比关系、总体结构以及变化发展趋势。Excel 提供了大量的图形工具，主要有柱形图、折线图、饼图、条形图、散点图、面积图、股价图、圆环图等。

例 9-3 根据 2017～2024 年某地区生产总值构成数据（单位：%）制作相应的统计图，其原始数据输入工作表，如图 9-12 所示。

年份	第一产业	第二产业	第三产业
2017	5.00	51.87	43.14
2018	4.94	51.26	43.80
2019	4.82	50.03	45.15
2020	4.75	49.10	46.15
2021	4.43	47.70	47.87
2022	4.27	45.95	49.77
2023	4.23	44.14	51.63
2024	3.90	43.41	52.70

图 9-12 原始数据输入工作表

第一步：单击"插入"菜单，选择"图表"选项，或者单击工具栏中的"图表向导"按钮，从"图表向导-4 步骤之 1-图表类型"中选择"柱形图"，如图 9-13 所示。

第二步：确定数据范围和设置相关选项，如图 9-14 所示。

图 9-13 "图表向导"对话框　　　图 9-14 输入"图表源数据"对话框数据

第三步：选择图表位置并显示结果，然后单击"完成"按钮即可得到柱形图，如图 9-15 所示。

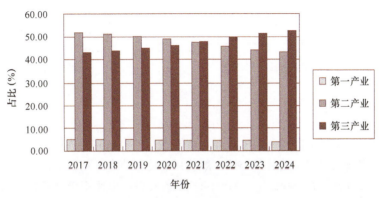

图 9-15 柱形图

子项目 9-2　Excel 在综合指标分析中的应用

描述统计工具

一、Excel 描述统计工具的具体操作

Excel 软件的描述统计工具可以同时给出平均数、中位数（中值）、众数、标准误差、样本标准差、方差、峰度、极差、总和、最小值、最大值和置信度（可靠程度）等十几个常用的统计指标用以描述数据的分布规律。

例 9-4　某公司有 300 名员工，从中随机抽取 30 名员工对其月工资（单位：元）进行统计，具体资料如下，使用描述统计工具对工资进行统计。

3569	3107	3013	2187	1848	1689	1368	1342	1256	1133
1157	1082	1088	2874	2310	1762	3172	1939	1851	1480
1424	1354	1700	1097	2003	3133	3176	1459	1097	1396

操作方法：

第一步：使用描述统计工具之前，将样本数据排成一列并排，本例中为"A1:A31"。

第二步：单击"工具"菜单，选择"数据分析"选项。打开"数据分析"对话框，选择列表中的"描述统计"选项，单击"确定"按钮，打开"描述统计"对话框。逐步完成输入区域和输出区域的设置。在本例中，输入区域为"$A$1:$A$31"。选中复选框"标志位于第一行"；输出区域选择"$C$4"，选中复选框"汇总统计"，设置"平均数置信度""第 K 大值""第 K 小值"，如图 9-16 所示。

第三步：单击"确定"按钮，在指定位置给出统计结果，如图 9-17 所示。

图 9-16　"描述统计"对话框　　　图 9-17　统计结果

二、集中趋势的描述

在统计研究中，经过统计整理，一般要对数据进行集中趋势的描述。因为一般情况下数据都有一定的分布规律。对集中趋势的描述一般使用的特征值有平均数、调和平均数、几何平均数、众数和中位数五种。在 Excel 中，对于未分组的资料可以使用统计函数来计算，对于已经分组的资料可以根据公式来计算。

1. 平均数

例9-5 我国股市中的10种股票某日收盘价见表9-1，求该10种股票价格当日的算术平均值。

表9-1　10种股票在20××年×月×日收盘价

股票代码	证券名称	价格（元）	股票代码	证券名称	价格（元）
600519	贵州茅台	165.21	300002	神州泰岳	123.59
002310	东方园林	116.50	002304	洋河股份	109.99
300026	红日药业	100.89	002294	信立泰	94.48
600547	山东黄金	79.02	600150	中国船舶	76.80
300024	机器人	76.38	300011	鼎汉技术	72.95

采用AVERAGE函数求算术平均值，操作步骤如下：

第一步：新建一个工作表，输入原始数据，表头设置为"股票价格算术平均值"。

第二步：单击"插入"菜单，选择"函数"命令，打开"插入函数"对话框，选择列表中的"AVERAGE"函数，单击"确定"按钮，如图9-18所示。

图9-18　"插入函数"对话框

第三步：设定AVERAGE函数的参数。本例中在Number1区域中输入"C3:C12"，如图9-19所示，单击"确定"按钮后，计算结果显示在指定的单元格中。

图9-19　设定AVERAGE函数的参数

如果资料已经进行分组，要计算其加权平均值。处理方法是，首先列出计算表，然后利用公式来计算。下面以实例来说明其操作方法。

例 9-6 将某公司员工工资数据资料输入工作表，如图 9-20 所示。

计算加权平均值的具体操作步骤如下。

第一步：求出每组的组中值 x。

第二步：计算各组的工资总额，即 xf 的值。单击“D2”单元格，输入“=B2*C2”，回车得到 D2 结果。然后，使用填充柄功能按住鼠标左键向下拖至“D6”单元格，松开鼠标，得到 D3 ～ D6 的结果。

第三步：全部工资之和可利用求和函数 SUM 函数进行计算，单击“D7”单元格，输入“=SUM（D2:D6）”，回车得到 D7 结果。

第四步：单击“F4”，输入“=D7/B7”，即可得到该公司员工工资的平均值为 1 767.5 元。

	A	B	C	D	E	F	G
1	工资（元）	频数 f	组中值 x	xf			
2	1600以下	4	1550	6200			
3	1600～1700	6	1650	9900			
4	1700～1800	12	1750	21000		1767.5	
5	1800～1900	15	1850	27750			
6	1900～2000	3	1950	5850			
7	合　计	40		70700			

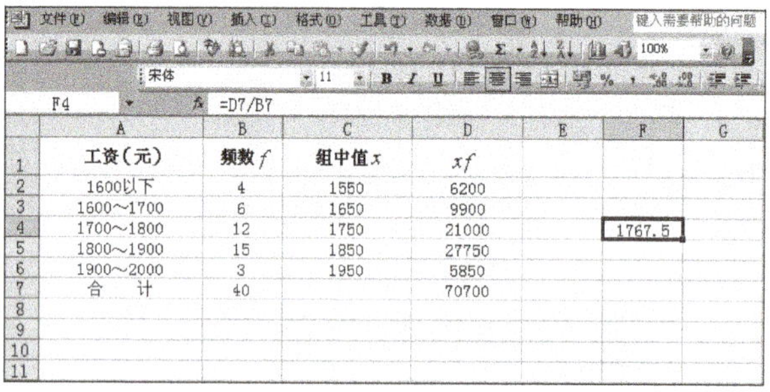

图 9-20　某公司员工工资数据资料表

2. 调和平均数

调和平均数可以使用 Excel 的 HARMEAN 函数计算。例如，杭州翠苑小区菜市场芹菜的单价，早上为 3.8 元 / 千克，中午为 3.5 元 / 千克，晚上为 2.9 元 / 千克。如果早、中、晚各买一元，求平均价格。单击任一单元格，输入“=HARMEAN（3.8，3.5，2.9）”，回车后即可得到芹菜一天的平均价格是 3.36 元。

3. 几何平均数

使用 Excel 统计函数中的 GEOMEAN 函数可求得几何平均数。

例 9-7 孙女士到中国银行存入一笔资金，按复利计算，10 年的年利率分别是 2.88% 有三年，2.79% 有两年，3.6% 有三年，5% 有两年。因此在 Excel 软件的任何一个单元格中，输入公式“=GEOMEAN（1.0288，1.0288，1.0288，1.0279，1.0279，1.036，1.036，1.036，1.05，1.05）”，回车后可得到结果为 1.035，表示这 10 年的平均年利率为 3.5%，如图 9-21 所示。

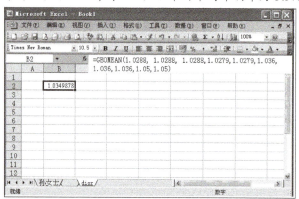

图 9-21　利用 GEOMEAN 函数计算几何平均数结果

4. 众数

要确定未分组的原始资料的众数，可以使用 Excel 中的 MODE 函数来计算。具体操作方法：新建一个工作表，输入原始数据。然后在"插入"菜单栏中选择"函数"，在弹出的对话框中"函数类型"里选择"统计"，在函数列表中选择"MODE"函数，即打开"MODE 函数"对话框，如图 9-22 所示。在"Number1"中选择所有要统计的数据，单击"确定"即可得到众数。

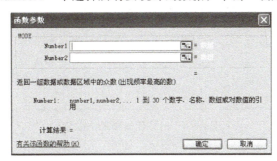

图 9-22 "MODE 函数"对话框

对于已分组资料，要利用公式来计算。

> **例 9-8** 以例 9-6 中提供的数据为依据，计算众数。具体操作方法：首先找出频数最高的一组即为众数所在组，本例中为 1 800～1 900 元组。然后，单击"C5"单元格，输入公式"=1800+（B5-B4）/（(B5-B4)+(B5-B6)）*100"，回车后得出众数为 1820 元，如图 9-23 所示。公式中，1800 是众数所在组的下限；(B5-B4) 为众数所在组的频数与前一组的频数之差；(B5-B6) 为众数所在组的频数与后一组的频数之差；100 为众数所在组组距。

图 9-23 已分组资料求众数

5. 中位数

中位数的计算比较简单，对于已分组资料，可利用公式计算中位数。仍以例 9-6 中提供的数据为例，具体操作方法为：

首先确定包含中位数的组。根据总频数的一半（即 40/2=20）以及累计频数，可得知中位数在 1700～1800 元组内。

然后单击"C4"单元格，输入公式"=1700+（B7/2-4-6）*100/B4"，回车后得到中位数为 1783.33 元，如图 9-24 所示。

公式中，1700 是中位数所在组的下限；B7 为总频数；10 为小于中位数所在组下限的累计频数；100 为中位数所在组的组距；B4 为中位数所在组的频数。

C5 | =1700+(B7/2-4-6)*100/B4

	A	B	C	D	E	F	G	H
1	工资（元）	频数 f						
2	1600以下	4						
3	1600～1700	6						
4	1700～1800	12	1783.33					
5	1800～1900	15						
6	1900～2000	3						
7	合　计	40						

图 9-24　已分组资料求中位数

三、离散程度的描述

平均指标描述了现象的共性，但是总体单位之间的差异性是客观存在的，因此必须对单位之间的差异程度进行测定。描述离散程度的特征值有：极差、平均差、标准差、方差和离散系数。在 Excel 软件中，离散程度各种特征值的计算与集中趋势特征值的计算类似，对于未分组资料离散程度的特征值可利用 Excel 提供的相应函数进行计算；对于已分组资料，则要借助于统计公式计算获得。

1. 极差

在 Excel 中求极差，有以下两种情况。

（1）资料未排序。对于未排序的资料可以利用 Excel 中的 MAX 和 MIN 函数求得最大值和最小值，将二者做差即可得到极差值。例如，景经理在 2019 年度工资月收入（单位：元）分别是 5280、6421、7345、4888、7243、6896、5889、7124、7586、9200、7854、8455。首先新建一个工作表，依次输入原始数据至单元格“A1:A12”，然后单击“A13”单元格，输入公式“=MAX（A1:A12）-MIN（A1:A12）”，回车后即可得到极差值。

（2）资料已排序。对于已排序的资料直接用最大值减去最小值即可得到极差。

2. 平均差

用 Excel 软件来求平均差，对于未分组资料，可以用 AVEDEV 函数；对已分组资料，可以利用公式来计算获得。

现通过例子来说明平均差的计算方法。

例 9-9　未分组情况。以某公司 10 名员工的工资（单位：元）为例，操作步骤如下。

第一步：新建一个工作表，输入原始数据。

第二步：单击“B3”单元格，输入公式“=AVEDEV（A2:A11）”，回车后得到结果 333.8，即该公司这 10 名员工工资的平均差是 333.8 元，如图 9-25 所示。

B3 | =AVEDEV(A2:A11)

	A	B	C	D
1	员工工资			
2	2569			
3	2807	333.8		
4	3018			
5	2587			
6	2848			
7	1989			
8	2368			
9	2345			
10	1956			
11	1833			
12				

图 9-25　未分组资料求平均差

例 9-10 已分组情况。仍以例 9-6 的资料来计算平均差。具体操作步骤如下。

第一步：分别计算出各组组中值，以及各组工资数据的平均值 1767.5 元。

第二步：计算出各组工资与平均值的离差的绝对值，即 |(x- 平均值)| 的值。

第三步：计算离差绝对值与频数的乘积，然后求出其乘积后的总和为 3570。

第四步：单击"G8"单元格，输入"=G7/B7"，回车后即可得到平均差为 89.25 元，如图 9-26 所示。

工资（元）	频数 f	组中值 x	xf	$x-$平均值	$\lvert(x-$平均值$)\rvert$	$\lvert(x-$平均值$)\rvert*f$
1600 以下	4	1550	6200	-217.5	217.5	870
1600~1700	6	1650	9900	-117.5	117.5	705
1700~1800	12	1750	21000	-17.5	17.5	210
1800~1900	15	1850	27750	82.5	82.5	1237.5
1900~2000	3	1950	5850	182.5	182.5	547.5
合　计	40	—	70700	—		3570
					平均差	89.25

图 9-26　已分组资料求平均差

3．标准差与方差

标准差和方差是描述数据离散程度最常用的特征值。方差是标准差的平方。在 Excel 中，对于未分组的资料，可以直接使用 STDEV 系列函数来进行计算；对于已分组的资料，通过公式可以计算出来。

例 9-11 未分组情况。以例 9-9 的资料来说明 Excel 标准差函数的使用。

Excel 软件提供了一组求标准差的函数，其中：

（1）STDEV.S 函数，基于样本估算标准差（忽略样本中的逻辑值和文本）。

（2）STDEVA 函数，根据样本（包括逻辑值和文本）估计标准差。

（3）STDEV.P 函数，计算基于以参数形式给出的整个样本总体的标准差（忽略样本中的逻辑值和文本）。

（4）STDEVPA 函数，根据作为参数（包括逻辑值和文本）给定的整个总体计算标准差。

但是无论是样本资料还是总体资料，利用函数来计算标准差和方差的方法一致。

在此仅介绍样本的标准差的计算。具体操作步骤如下。

第一种方法：输入原始数据后，单击其他任一单元格，然后输入"=STDEV.S（A2:A11）"，回车后得到结果 407.32。

第二种方法：输入数据后，在"插入"菜单中选择"函数"选项，在弹出的"函数类型"中选择"统计"，在函数列表中选择"STDEV.S"函数，弹出"函数参数"对话框，在"Number1"后侧的空白处输入"A2:A11"，单击"确定"后即得到 10 名员工工资的标准差为 407.32 元，与第一种结果一致，如图 9-27 所示。

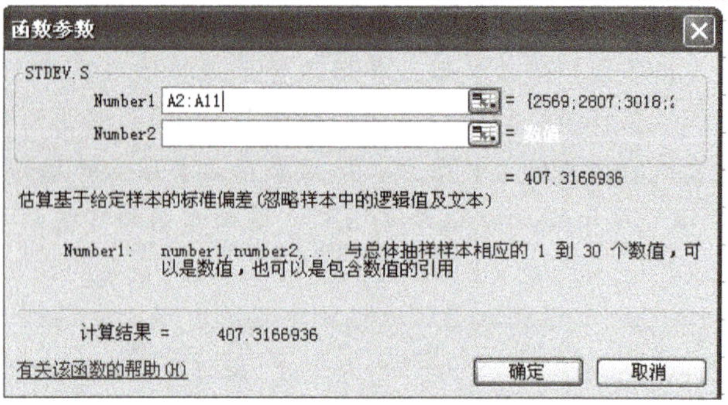

图 9-27 未分组资料求标准差

方差计算操作步骤与标准差类似，只需将函数换成 VAR 系列函数即可。

例 9-12 已分组情况。仍以例 9-6 的资料来计算标准差和方差。

具体操作步骤如下。

第一步：计算出平均值。见例 9-6 计算，得出平均值为 1 767.5 元。

第二步：计算各组工资与平均值的离差的平方。在本例中，单击"D2"单元格，输入"=C2-1767.5"，回车得到 D2 的结果。用填充柄功能按住鼠标左键向下拖至"D6"单元格，松开鼠标得到相关结果。然后求离差的平方，单击"E2"单元格，输入公式"=D2*D2"，回车得到 E2 结果，再使用填充柄功能按住鼠标左键向下拖至"E6"单元格，可得到 E2～E6 的结果。

第三步：计算离差的平方与频数的乘积。单击"F2"单元格，输入"=E2*B2"，回车得到 F2 的结果，再用填充柄功能按住鼠标左键向下拖至"F6"单元格，松开鼠标得到 F2～F6 的结果。单击"F7"单元格，利用 SUM 函数求和，输入"=SUM（F2:F6）"，得到结果 477750。

第四步：计算方差和标准差。在"G2"单元格输入公式"=F7/B7"，得到方差结果是 11 943.75；然后在"H2"单元格输入公式"=SQRT（G2）"，就可以得到标准差为 109.29 元，如图 9-28 所示。

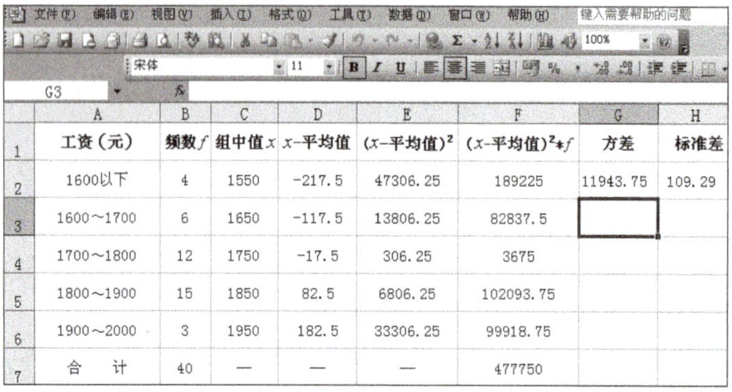

	A	B	C	D	E	F	G	H
1	工资（元）	频数 f	组中值 x	$x-$平均值	$(x-$平均值$)^2$	$(x-$平均值$)^2 * f$	方差	标准差
2	1600 以下	4	1550	-217.5	47306.25	189225	11943.75	109.29
3	1600～1700	6	1650	-117.5	13806.25	82837.5		
4	1700～1800	12	1750	-17.5	306.25	3675		
5	1800～1900	15	1850	82.5	6806.25	102093.75		
6	1900～2000	3	1950	182.5	33306.25	99918.75		
7	合　计	40	—	—	—	477750		

图 9-28 已分组资料求方差和标准差

4．变异系数

以例 9-12 资料为基础，计算标准差系数。

操作步骤：首先计算出平均值；然后计算出标准差；最后利用公式来计算出标准差系数。根据例 9-12 的数据，在任一空白单元格输入公式"=H2/1767.5"，回车即可以得到标准差系数为 0.618。

子项目 9-3　Excel 在时间数列分析中的应用

对时间数列的分析，既包括对时间数列的水平指标与速度指标的计算，还包括在这基础上进行的趋势分析和预测。利用 Excel 软件的公式和函数，均可以很方便地实现。

一、时间数列的水平分析

对时间数列的水平分析主要是计算动态平均数（即平均发展水平）、增长量和平均增长量。对时间数列的速度分析主要是计算发展速度、平均发展速度、增长速度和平均增长速度。下面分别以实例来介绍在 Excel 软件中时间数列分析的计算方法。

> **例 9-13**　根据 2017～2024 年某地区生产总值的数据（单位：亿元），计算该地区 GDP 的动态平均数、逐期增长量、累计增长量和平均增长量。
>
> 具体操作步骤如下。
>
> 第一步：计算该地区 GDP 的逐期增长量。单击"C3"单元格，输入公式"=B3-B2"，回车可得结果。然后使用填充柄功能向下拖至"C9"单元格，可得到 C4～C9 的结果，即得到相应的逐期增长量结果。
>
> 第二步：计算累计增长量。单击"D3"单元格，输入公式"=B3-27226.8"，回车后得到结果。然后使用填充柄功能向下拖至"D9"单元格，可得到 D4～D9 的结果，即得到相应的累积增长量结果。
>
> 第三步：计算该地区 GDP 的动态平均数。可直接利用 AVERAGE 函数进行计算。单击"E4"单元格，输入公式"=AVERAGE（B2:B9）"，回车后即可得到动态平均数为 39086.88 亿元。
>
> 第四步：计算平均增长量。单击"F4"单元格，输入公式"=D9/（8-1）"，回车后即可得到平均增长量 3505.93 亿元，如图 9-29 所示。

	A	B	C	D	E	F
1	年份	某地区 GDP	逐期增长量	累计增长量		
2	2017	27226.8	—	—		
3	2018	32000.1	4773.3	4773.3	动态平均数	平均增长量
4	2019	34606.3	2606.2	7379.5	39086.88	3505.93
5	2020	37568.5	2962.2	10341.7		
6	2021	40153.5	2585	12926.7		
7	2022	42886.5	2733	15659.7		
8	2023	46485.0	3598.5	19258.2		
9	2024	51768.3	5283.3	24541.5		

图 9-29　时间数列的水平分析结果

二、时间数列的速度分析

例 9-14 根据 2017～2024 年某地区生产总值的数据（单位：亿元），计算该地区 GDP 的发展速度和增长速度。

具体操作步骤如下。

第一步：计算该地区 GDP 的定基发展速度。单击"C4"单元格，输入公式"=ROUND（B4/27226.8*100,2）"，回车后可得结果。然后使用填充柄功能按住鼠标左键向下拖至"C10"单元格，可得到 C5～C10 的结果。

第二步：计算该地区 GDP 的环比发展速度。单击"D4"单元格，输入公式"=ROUND（B4/B3*100,2）"，回车后可得结果。然后使用填充柄功能按住鼠标左键向下拖至"D10"单元格，可得到 D5～D10 的结果。

第三步：计算该地区 GDP 的定基增长速度。单击"E4"单元格，输入公式"=C4-100"，回车后可得结果。然后使用填充柄功能按住鼠标左键向下拖至"E10"单元格，可得到 E5～E10 的结果。

第四步：计算该地区 GDP 的环比增长速度。单击"F4"单元格，输入公式"=D4-100"，回车后可得结果。然后使用填充柄功能按住鼠标左键向下拖至"F10"单元格，可得到 F5～F10 的结果，如图 9-30 所示。

	A	B	发展速度（%）		增长速度（%）	
1	年份	某地区GDP	定基	环比	定基	环比
3	2017	27226.8	—	—	—	—
4	2018	32000.1	117.53	117.53	17.53	17.53
5	2019	34606.3	127.1	108.14	27.1	8.14
6	2020	37568.5	137.98	108.56	37.98	8.56
7	2021	40153.5	147.48	106.88	47.48	6.88
8	2022	42886.5	157.52	106.81	57.52	6.81
9	2023	46485.0	170.73	108.39	70.73	8.39
10	2024	51768.3	190.14	111.37	90.14	11.37

图 9-30 时间数列的速度分析结果

三、时间数列变动的趋势分析

影响时间数列各项数值变动的因素有多种方面，但主要是受长期趋势、季节变动、循环变动和不规则变动的影响。在此，主要针对长期趋势与季节变动进行分析。测定时间数列变动趋势的方法主要有移动平均法和最小二乘法。

1. 移动平均法

移动平均法是将数列按照一定的间隔逐期移动，计算一系列动态平均数，从而形成一个由动态平均数组成的新的时间数列，以显示出其长期发展趋势。

在 Excel 软件中，可以使用 AVERAGE 函数或利用 Excel 提供的移动平均工具来完成。现仍以 2017～2024 年某地区生产总值为例。

例 9-15 根据 2017～2024 年某地区生产总值的数据（单位：亿元），说明移动平均法的计算。

具体操作步骤如下。

第一步：单击"工具"菜单，选择"数据分析"选项，在其列表中选择"移动平均"选项，单击确定，进入"移动平均"对话框。

第二步：确定输入区域和输出区域，如图9-31所示。在本例中输入区域为"$B$2:$B$9"，间隔为"3"，输出区域为"$C$2"，选中复选框"图表输出"，单击确定后即可得到结果，如图9-32所示。

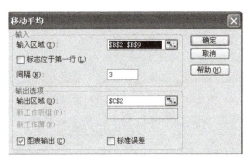

图 9-31　输入"移动平均"对话框数据

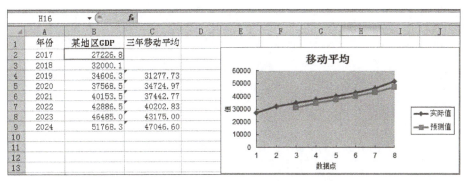

图 9-32　时间数列变动的趋势分析结果

2. 最小二乘法

Excel 软件提供了 LINEST、INTERCEPT 等函数，以及专门的数据分析工具——回归分析工具，可以利用最小二乘法进行时间数列的回归分析。利用最小二乘法可测定时间数列的直线趋势，首先为时间数列配合一条趋势直线，以时间为自变量，分析动态指标随时间变动而变动的规律。现仍以某地区生产总值为例来简单说明。

例 9-16　根据 2017～2024 年某地区生产总值的数据（单位：亿元），说明最小二乘法的计算。

具体操作步骤如下。

第一步：单击"工具"菜单，选择"数据分析"选项，在其列表中选择"回归"选项，单击"确定"按钮，进入"回归"对话框。

第二步：确定输入区域和输出区域，如图9-33所示。输入区域中，Y值输入区域为"$C$2:$C$9"，X值输入区域为"$B$2:$B$9"；输出区域为"$E$4"，选中复选框"残差"和"线性拟合图"，单击"确定"按钮后即可得到结果。

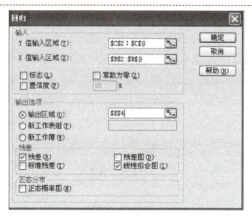

图 9-33　输入"回归"对话框数据

第三步：将残差表中的预测值复制到 D 列中，便于观察结果，如图 9-34 所示。

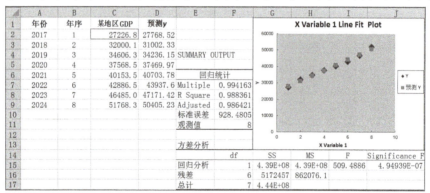

图 9-34　利用最小二乘法进行时间数列的回归分析结果

子项目 9-4　Excel 在指数分析中的应用

统计指数分析法是研究社会经济现象数量变动情况的一种统计分析方法，具有广泛的实用意义。Excel 没有专门用于指数分析的工具，但是通过一些公式和一般函数也能很方便地计算出来。

一、综合指数

综合指数分为数量指标综合指数和质量指标综合指数。现以实例加以介绍。

例 9-17　某超市有三种羽绒服商品的价格和销量，资料见表 9-2，试说明这两种指数的计算。

表 9-2　某超市三种羽绒服商品的价格和销量资料

商品名称	价格（元）		销售（件）	
	基期 p_0	报告期 p_1	基期 q_0	报告期 q_1
甲	300	420	100	80
乙	260	340	280	300
丙	220	280	200	210

具体操作步骤如下。

第一步：输入原始数据后，计算每种商品对应的"基期p_0q_0"。单击"G3"单元格，输入"=C3*E3"，回车得到结果；然后使用填充柄功能按住鼠标左键向下拖至"G5"单元格，松开鼠标，可得G4～G5的数据；然后单击"G6"单元格，输入"=SUM（G3:G5）"，可得出合计数为146 800元。

第二步：计算每种商品对应的"报告期p_1q_1"。单击"H3"单元格，输入"=D3*F3"，回车得到结果；然后使用填充柄功能按住鼠标左键向下拖至"H5"单元格，松开鼠标，可得H4～H5的数据；然后单击"H6"单元格，输入"=SUM（H3:H5）"，可得出合计数为194 400元。

第三步：计算每种商品对应的"假定p_0q_1"，单击"I3"单元格，输入"=C3*F3"，回车得到结果；然后使用填充柄功能按住鼠标左键向下拖至"I5"单元格，松开鼠标，可得I4～I5的数据；然后单击"I6"单元格，输入"=SUM（I3:I5）"，可得出合计数为148 200元。

第四步：计算每种商品对应的"假定p_1q_0"，单击"J3"单元格，输入"=D3*E3"，回车得到结果；然后使用填充柄功能按住鼠标左键向下拖至"J5"单元格，松开鼠标，可得J4～J5的数据；然后单击"J6"单元格，输入"=SUM（J3:J5）"，可得出合计数为193200元，如图9-35所示。

图9-35　Excel在综合指数分析中的应用

第五步：计算数量综合指数。单击任一空白单元格（数字格式设为"百分比"），输入"=I6/G6"，回车得100.95%，表示在同度量（价格）固定情况下报告期比基期的销量增加了0.95%；由于销量增长导致销售额增加了（I6-G6），即1400元。

第六步：计算质量综合指数。本例中是以商品销售量作为同度量因素编制价格指数，用来反映商品价格的变动情况。在表中单击任一空白单元格（数字格式设为"百分比"），输入"=H6/I6"，回车得131.17%，表示三种商品综合价格指数增长了31.17%；由于价格的上涨导致了销售额增加了（H6-I6），即46200元。

二、平均指数

平均指数包括加权算术平均指数和加权调和平均指数。二者的计算方法类似，现以加权调和平均指数为例，说明Excel在平均指数分析中的应用。

例9-18 某商店的三种商品价格见表9-3，试说明这种指数的计算。

表9-3 某商店的三种商品价格资料

商品		价格（元）	
名称	计量单位	基期p_0	报告期p_1
甲	件	240	280
乙	件	200	200
丙	件	140	150

具体操作步骤如下。

第一步：计算每种商品的个体指数。单击“F3”单元格，输入“=D3/C3”，回车后得到结果；然后使用填充柄功能按住鼠标左键向下拖至“F5”单元格，松开鼠标，可得F4～F5的数据。

第二步：计算每种商品（p_1q_1）/k的值。单击“G3”单元格，输入“=E3/F3”，回车后得到结果；然后使用填充柄功能按住鼠标左键向下拖至“G5”单元格，松开鼠标，可得G4～G5的数据；并运用SUM函数计算出G6的值为185680元。

第三步：计算单位成本指数。单击任一单元格，输入“=E6/G6”公式，回车得到结果，如图9-36所示。

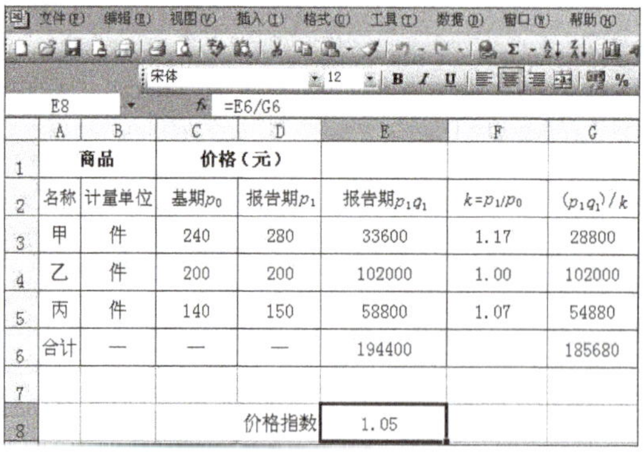

	A	B	C	D	E	F	G
1	商品		价格（元）				
2	名称	计量单位	基期p_0	报告期p_1	报告期p_1q_1	$k=p_1/p_0$	$(p_1q_1)/k$
3	甲	件	240	280	33600	1.17	28800
4	乙	件	200	200	102000	1.00	102000
5	丙	件	140	150	58800	1.07	54880
6	合计	—	—	—	194400		185680
7							
8				价格指数	1.05		

图9-36 Excel在平均指数分析中的应用

三、因素分析

指数的用途之一就是进行因素分析，用来说明现象总变动的所有因素的影响作用及其程度。因此可以利用Excel的基本公式来进行因素分析，现以实例来简单介绍其具体的操作。

例9-19 以例9-17的数据资料进行因素分析，具体操作步骤如下。

第一步：见例9-17的方法，分别计算出基期销售额、报告期销售额、假定p_0q_1和假定p_1q_0。

第二步：计算商品销售额指数、价格指数和销量指数。在本例中，计算商品销售额指数，单击“C8”单元格，输入“=H6/G6”，回车后得到结果1.324 25；计算价格指数，单击“C9”单元格，输入“=H6/I6”，回车后得到结果1.311 74；计算销量指数，单击“C10”单元格，输入“=I6/G6”，回车后得到结果1.009 54。

第三步：计算由于价格变动对销售额的影响数，单击“H8”单元格，输入“=H6-I6”

即可得到结果 46200 元；计算由于销量变动对销售额的影响数，单击"H9"单元格，输入"=I6-G6"即可得到数据 1400 元；计算销售额变动数，单击"H10"单元格，输入"=H6-G6"即可得到结果 47600 元，如图 9-37 所示。

	A	B	C	D	E	F	G	H	I	J
1	商品		价格(元)		销量		销售额(元)			
2	名称	计量单位	基期p_0	报告期p_1	基期q_0	报告期q_1	基期p_0q_0	报告期p_1q_1	假定p_0q_1	假定p_1q_0
3	甲	件	300	420	100	80	30000	33600	24000	42000
4	乙	件	260	340	280	300	72800	102000	78000	95200
5	丙	件	220	280	200	210	44000	58800	46200	56000
6	合计	—	—	—	—	—	146800	194400	148200	193200
7										
8	商品销售额指数	1.32425		由于价格变动对销售额的影响数			46200			
9	商品销售价格指数	1.31174		由于销量变动对销售额的影响数			1400			
10	商品销售量指数	1.00954		销售额变动数			47600			

图 9-37　Excel 在因素分析中的应用

子项目 9-5　Excel 在抽样推断中的应用

1. 区间估计的原理

区间估计是抽样推断的主要方法，其原理是利用样本统计量，根据抽样分布理论，推算总体参数可能落在某具体数值区间之内的概率保证程度。

2. 区间估计的应用

现在以总体平均数区间估计为例，说明利用 Excel 进行区间估计的基本方法。

例如，为了了解某企业员工的收入情况，随机重复抽取了 50 个员工进行调查，结果是月平均收入 1500 元，标准差为 450 元，试以 95% 的概率保证程度估计该企业员工的月平均收入的区间。

具体操作步骤如下。

第一步：单击任一单元格，单击常用工具栏的"fx"插入函数按钮，弹出"插入函数"对话框，如图 9-38 所示。

第二步：在对话框的"选择函数"列表中选择"CONFIDENCE"函数，单击"确定"按钮，弹出"函数参数"对话框。在本例中，在其对话框中的"Alpha"框中输入给定的显著性水平"0.05"（显著性水平 =1- 概率保证程度，即 1-95%=0.05），在"Standard_dev"框中输入标准差"450"，在"Size"框中输入样本容量"50"，单击"确定"按钮，得到计算结果 124.73，如图 9-39 所示。

第三步：单击任一单元格，输入公式"=1500-124.73"，回车后得到总体平均数的区间下限 1375.27。单击另一单元格，输入公式"=1500+124.73"，回车后得到总体平均数的区间上限 1624.73。

图 9-38　"插入函数"对话框　　　　图 9-39　Excel 在抽样推断中的应用

子项目 9-6　Excel 在相关与回归分析中的应用

一、相关系数的计算

1. 利用公式计算

利用 Excel 软件计算相关系数，可以直接按照相关系数公式来计算，也可以使用 CORREL 函数来计算，下面以 2015～2024 年某国国内生产总值和进出口总额资料为例进行说明。

首先，将国内生产总值和进出口总额的数据输入到 Excel 工作表中；其次计算相关系数所需要的各项合计数，如图 9-40 所示。

然后，按照统计公式计算相关系数。先计算分子，单击任一空白单元格，输入公式"=10*F12-B12*C12"，回车后得到结果 528 694 439 887.207。再计算分母，单击任一空白单元格，输入公式"=SQRT（（10*D12-B12*B12）*（10*E12-C12*C12））"，回车后得到结果 603143304096.466。然后单击另一空白单元格，输入公式"=528694439887.207/603143304096.466"，回车后得到结果 0.876 6。说明国内生产总值与进出口总额之间存在着高度的正相关关系。根据这个相关系数的计算也可以清楚地看出我国国内生产总值对进出口的依赖程度。

	A	B	C	D	E	F
1	年份	国内生产总值 x（亿元）	进出口总额 y（亿元）	x^2	y^2	xy
2	2015	270232.30	166863.70	73025495963.2900	27843494377.6900	45091961437.5100
3	2016	319515.50	179921.47	102090154740.2500	32371735366.9609	57487698447.7850
4	2017	349081.40	150648.06	121857823825.9600	22694837981.7636	52588435692.0840
5	2018	413030.30	201722.16	170594028718.0900	40691825800.6225	83317360131.1450
6	2019	489300.60	236401.95	239415077160.3600	55885881963.8025	115671615976.1700
7	2020	540367.40	244160.20	291996926982.7600	59614203264.0400	131936212457.4800
8	2021	595244.40	258168.90	354315895731.3600	66651180927.2100	153673591979.1600
9	2022	643974.00	264241.77	414702512676.0000	69823713012.7329	170164829593.9800
10	2023	689052.10	245502.93	474792796514.4100	60271688638.5849	169164309472.6530
11	2024	743585.50	243386.46	552919395810.2500	59236968911.3316	180978642552.3300
12	合计	5053383.50	2191017.59	2795710108122.7300	495085530244.7390	1160074657740.3000

图 9-40　输入原始数据并计算所需各项合计数

2. 利用 CORREL 函数计算

在 Excel 软件中，有一个专门计算相关系数的 CORREL 函数，使用这个函数来计算相关系数是比较简单的。

具体操作步骤如下。

第一步：将我国国内生产总值和进出口总额的数据输入到 Excel 工作表中。

第二步：单击"插入"菜单中的"函数"命令，选择函数列表中的"CORREL 函数"，打开其对话框，输入相关参数。在本例中，在 Array1 处输入"B2:B11"，在 Array2 处输入"C2:C11"，单击"确定"按钮后即可得到结果 0.876 6，如图 9-41 所示。

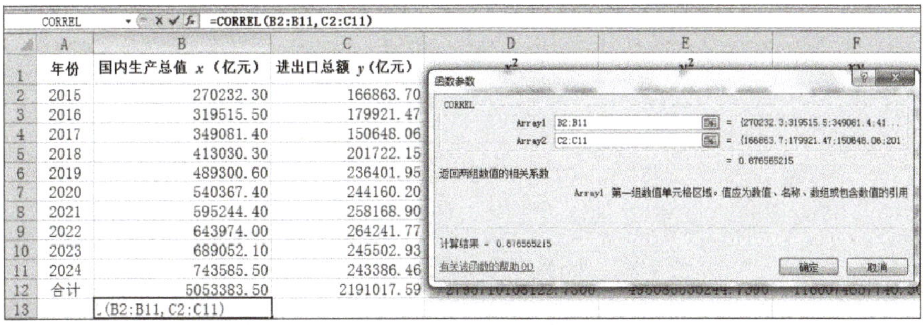

图 9-41　利用 CORREL 函数计算相关系数

上述两种操作方式有所不同，但结果都是一样的。

二、一元线性回归分析

在 Excel 中，计算一元线性回归有两种操作方法：①使用常规方法来建立回归直线方程；②利用回归函数来建立回归方程。现以实例来介绍其使用方法。

1. 使用常规方法建立回归直线方程

在一元线性回归分析中，最重要的是求出直线的斜率和截距，从而得出回归直线方程。即使用项目八中介绍的公式：

$$\begin{cases} b = \dfrac{n\sum xy - \sum x \sum y}{n\sum x^2 - (\sum x)^2} \\ a = \dfrac{\sum y - b\sum x}{n} \end{cases}$$

例 9-20　以某工人 2024 年前 11 个月的收入与支出（见表 9-4）为例，如果 x 与 y 之间具有线性相关关系，求回归直线方程。

表 9-4　某工人 2024 年前 11 个月的收入与支出表

月份	1	2	3	4	5	6	7	8	9	10	11
收入（元）	2 521	2 436	2 665	2 655	2 765	2 591	2 881	2 555	2 779	2 601	2 804
支出（元）	1 256	1 344	1 425	1 521	1 654	1 489	1 684	1 352	1 826	1 777	1 689

具体操作步骤如下。

第一步：新建一个工作表，在表中 B 列、C 列分别输入 2024 年 1～11 月份的收入、支出数据；然后在 D 列计算出 x^2 的值，在 E 列计算出 y^2 的值，在 F 列计算出 xy 的值，如图 9-42 所示。

月份	收入x(元)	支出y(元)	x^2	y^2	xy
1	2521	1256	6355441	1577536	3166376
2	2436	1344	5934096	1806336	3273984
3	2665	1425	7102225	2030625	3797625
4	2655	1521	7049025	2313441	4038255
5	2765	1654	7645225	2735716	4573310
6	2591	1489	6713281	2217121	3857999
7	2881	1684	8300161	2835856	4851604
8	2555	1352	6528025	1827904	3454360
9	2779	1826	7722841	3334276	5074454
10	2601	1777	6765201	3157729	4621977
11	2804	1689	7862416	2852721	4735956
合计	29253	17017	77977937	26689261	45445900

图 9-42　计算一元线性回归公式所需数据

第二步：单击"B14"单元格，输入公式"=（11*F13-B13*C13）/（11*D13-B13*B13）"，回车后得到结果 b 的值为 1.043。

第三步：单击"B15"单元格，输入公式"=C13/11-B14*B13/11"，回车后得到结果 a 的值为 -1227.34。这样，就建立起回归方程，即

$$y=a+bx=-1227.34+1.043x$$

2. 利用函数建立回归直线方程

Excel 软件提供了一个计算截距的 INTERCEPT 函数和一个计算斜率的 SLOPE 函数，用这两个函数也可以建立回归方程。现用上例数据来说明其操作步骤。

首先，在输入原始数据后，单击任一单元，单击"插入"选择"函数"，在函数列表中选择截距"INTERCEPT"函数，打开"函数参数"对话框，在"Known_y's"里输入因变量"C2:C12"；在"Known_x's"里输入自变量"B2:B12"；单击"确定"即可得到结果 -1 227.34。

单击任一单元，单击"插入"选择"函数"，在函数列表中选择斜率"SLOPE"函数，打开"函数参数"对话框，在"Known_y's"里输入因变量"C2:C12"；在"Known_x's"里输入自变量"B2:B12"；即可得到结果 1.043。与常规的计算方法相比较，利用函数计算简单得多。

以上述参数为基础，预测收入为 3000 元时的支出额，利用函数计算方法可以轻松计算：

$$y=-1227.34+1.043x=-1227.34+1.043\times3000=1901.66（元）$$

本项目小结

本项目针对如何借助 Excel 软件实现统计学基本内容进行了系统的介绍，并运用实际的案例说明其操作方法。

1. Excel 在统计资料整理中的应用主要是利用抽样工具进行抽样调查以及利用 Excel 提供

的多种数据整理工具进行数据整理和绘制统计图。

2．Excel 在数据集中趋势和离散程度描述中的应用主要是 Excel 中多种统计函数与描述统计工具的使用。

3．Excel 在时间数列分析、指数分析、抽样推断、相关与回归分析中的应用：一是利用统计函数进行样本推断总体的分析；二是利用 Excel 软件进行时间数列的变动分析，包括时间数列的水平分析、速度分析、趋势分析；三是利用 Excel 软件进行指数分析、因素分析以及相关与回归分析。

思考与训练

【实训一】

从浙江某高校财会系 500 名学生中随机抽取 50 名学生，其"统计学基础"课程的期末考试成绩（单位：分）如下所示：

87	80	74	77	97	82	78	67	87	99
100	85	68	88	90	91	86	75	74	79
90	95	78	73	94	96	82	85	77	94
88	69	75	88	83	90	94	96	87	84
79	88	90	93	65	68	97	92	61	88

根据以上资料：

（1）利用频数分布函数描述样本数据的分布状态，分成五组，计算频数和累积频数，绘制直方图。

（2）利用直方图工具进行数据分组，计算频数和频率。

实训目的：掌握利用计算机进行统计整理的技巧。

实训要求：利用计算机相关知识和统计学分配数列编制相关知识完成本次实训。

考核标准：

（1）利用频数分布函数描述数据分布状态，分成五组，计算频数和累积频数，绘制直方图（50%）。

（2）利用直方图工具进行数据分组，计算频数和频率（50%）。

考核成果：频数分布图、累计频数分布图、直方图。

【实训二】

利用第一题的数据进行以下统计分析：

（1）用 Excel 函数来计算平均数、众数、极差、平均差、标准差和方差。

（2）利用分组资料来计算平均数、众数、极差、平均差、标准差和方差。

实训目的：掌握利用计算机进行综合指标计算和处理的技巧。

实训要求：运用计算机相关知识，以及统计学中平均数、众数、极差、平均差、标准差和方差计算的相关知识完成本次实训。

考核标准：
（1）用 Excel 函数来计算平均数、众数、极差、平均差、标准差和方差（50%）。
（2）利用分组资料来计算平均数、众数、极差、平均差、标准差和方差（50%）。
实训成果： 运用计算机软件得到的平均数、众数、极差、平均差、标准差和方差等统计指标。

【实训三】

某地区 2020～2024 年地区生产总值数据见表 9-5。

表 9-5　某地区 2020～2024 年地区生产总值

年　份		2020	2021	2022	2023	2024
地区生产总值（亿元）		40.9	55.3	68.5	58	67
发展速度（%）	环比	—				
	定基	—				
增长速度（%）	环比	—				
	定基	—				

利用 Excel 软件计算出表格所缺的数据。

实训目的： 掌握利用计算机进行时间数列相关指标计算和处理的技巧。

实训要求： 运用计算机相关知识和统计学中时间数列相关指标计算的相关知识完成本次实训。

考核标准： 利用 Excel 软件计算出表格所缺的数据（100%）。

实训成果： 上表所有数据完整填写。

【实训四】

某公司商品的单价和销售量资料见表 9-6。

表 9-6　某公司商品的单价和销售量资料

商　品		单价（元）		销　售　量	
名称	单位	基期	报告期	基期	报告期
甲	件	23	45	45	48
乙	件	67	13	78	10
丙	个	33	22	34	22

根据上述资料：
（1）计算三种商品的价格指数和销售量指数。
（2）分析说明销售额总变动中各因素变动的影响程度和影响绝对额。

实训目的： 掌握利用计算机进行指数计算和处理的技巧。

实训要求： 运用计算机相关知识和统计学中指数计算的相关知识完成本次实训。

考核标准：
（1）利用 Excel 软件计算三种商品的价格指数和销售量指数（50%）。
（2）利用 Excel 软件分析说明销售额总变动中各因素变动的影响程度和影响绝对额（50%）。

实训成果： 计算出商品价格指数和销售量指数；简单的因素分析结果。

【实训五】

某商场 2024 年前八个月 A、B 两种产品的销售资料见表 9-7。

表 9-7　某商场 2024 年前八个月 A、B 两种产品的销售资料

月　份	A 产品销售额（万元）	B 产品销售额（万元）
1	280	3.4
2	320	3.5
3	400	3.9
4	420	4.3
5	550	6.0
6	700	7.1
7	870	8.9
8	1 080	9.7

根据上述资料：

（1）计算两种产品之间的相关系数。

（2）确定 B 产品销售额对 A 产品销售额的直线回归方程。

实训目的：掌握利用计算机进行相关系数和直线回归方程计算和处理的技巧。

实训要求：运用计算机相关知识，以及统计学中相关系数计算、直线回归方程的建立相关知识完成本次实训。

考核标准：

（1）利用 Excel 软件计算两种产品之间的相关系数（50%）。

（2）利用 Excel 软件确定 B 产品销售额对 A 产品销售额的直线回归方程（50%）。

实训成果：计算出相关系数，得到直线回归方程。

附录
标准正态分布表

$$\Phi(x) = \int_{-\infty}^{x} \frac{1}{\sqrt{2\pi}} e^{-\frac{t^2}{2}} dt = P(X \leq x)$$

x	0.00	0.01	0.02	0.03	0.04	0.05	0.06	0.07	0.08	0.09
0.0	0.500 0	0.504 0	0.508 0	0.512 0	0.516 0	0.519 9	0.523 9	0.527 9	0.531 9	0.535 9
0.1	0.539 8	0.543 8	0.547 8	0.551 7	0.555 7	0.559 6	0.563 6	0.567 5	0.571 4	0.575 3
0.2	0.579 3	0.583 2	0.587 1	0.591 0	0.594 8	0.598 7	0.602 6	0.606 4	0.610 3	0.614 1
0.3	0.617 9	0.621 7	0.625 5	0.629 3	0.633 1	0.636 8	0.640 4	0.644 3	0.648 0	0.651 7
0.4	0.655 4	0.659 1	0.662 8	0.666 4	0.670 0	0.673 6	0.677 2	0.680 8	0.684 4	0.687 9
0.5	0.691 5	0.695 0	0.698 5	0.701 9	0.705 4	0.708 8	0.712 3	0.715 7	0.719 0	0.722 4
0.6	0.725 7	0.729 1	0.732 4	0.735 7	0.738 9	0.742 2	0.745 4	0.748 6	0.751 7	0.754 9
0.7	0.758 0	0.761 1	0.764 2	0.767 3	0.770 3	0.773 4	0.776 4	0.779 4	0.782 3	0.785 2
0.8	0.788 1	0.791 0	0.793 9	0.796 7	0.799 5	0.802 3	0.805 1	0.807 8	0.810 6	0.813 3
0.9	0.815 9	0.818 6	0.821 2	0.823 8	0.826 4	0.828 9	0.835 5	0.834 0	0.836 5	0.838 9
1.0	0.841 3	0.843 8	0.846 1	0.848 5	0.850 8	0.853 1	0.855 4	0.857 7	0.859 9	0.862 1
1.1	0.864 3	0.866 5	0.868 6	0.870 8	0.872 9	0.874 9	0.877 0	0.879 0	0.881 0	0.883 0
1.2	0.884 9	0.886 9	0.888 8	0.890 7	0.892 5	0.894 4	0.896 2	0.898 0	0.899 7	0.901 5
1.3	0.903 2	0.904 9	0.906 6	0.908 2	0.909 9	0.911 5	0.913 1	0.914 7	0.916 2	0.917 7
1.4	0.919 2	0.920 7	0.922 2	0.923 6	0.925 1	0.926 5	0.927 9	0.929 2	0.930 6	0.931 9
1.5	0.933 2	0.934 5	0.935 7	0.937 0	0.938 2	0.939 4	0.940 6	0.941 8	0.943 0	0.944 1
1.6	0.945 2	0.946 3	0.947 4	0.948 4	0.949 5	0.950 5	0.951 5	0.952 5	0.953 5	0.953 5

（续）

x	0.00	0.01	0.02	0.03	0.04	0.05	0.06	0.07	0.08	0.09
1.7	0.955 4	0.956 4	0.957 3	0.958 2	0.959 1	0.959 9	0.960 8	0.961 6	0.962 5	0.963 3
1.8	0.964 1	0.964 8	0.965 6	0.966 4	0.967 2	0.967 8	0.968 6	0.969 3	0.970 0	0.970 6
1.9	0.971 3	0.971 9	0.972 6	0.973 2	0.973 8	0.974 4	0.975 0	0.975 6	0.976 2	0.976 7
2.0	0.977 2	0.977 8	0.978 3	0.978 8	0.979 3	0.979 8	0.980 3	0.980 8	0.981 2	0.981 7
2.1	0.982 1	0.982 6	0.983 0	0.983 4	0.983 8	0.984 2	0.984 6	0.985 0	0.985 4	0.985 7
2.2	0.986 1	0.986 4	0.986 8	0.987 1	0.987 4	0.987 8	0.988 1	0.988 4	0.988 7	0.989 0
2.3	0.989 3	0.989 6	0.989 8	0.990 1	0.990 4	0.990 6	0.990 9	0.991 1	0.991 3	0.991 6
2.4	0.991 8	0.992 0	0.992 2	0.992 5	0.992 7	0.992 9	0.993 1	0.993 2	0.993 4	0.993 6
2.5	0.993 8	0.994 0	0.994 1	0.994 3	0.994 5	0.994 6	0.994 8	0.994 9	0.995 1	0.995 2
2.6	0.995 3	0.995 5	0.995 6	0.995 7	0.995 9	0.996 0	0.996 1	0.996 2	0.996 3	0.996 4
2.7	0.996 5	0.996 6	0.996 7	0.996 8	0.996 9	0.997 0	0.997 1	0.997 2	0.997 3	0.997 4
2.8	0.997 4	0.997 5	0.997 6	0.997 7	0.997 7	0.997 8	0.997 9	0.997 9	0.998 0	0.998 1
2.9	0.998 1	0.998 2	0.998 2	0.998 3	0.998 4	0.998 4	0.998 5	0.998 5	0.998 6	0.998 6
x	0.0	0.1	0.2	0.3	0.4	0.5	0.6	0.7	0.8	0.9
3	0.998 7	0.999 0	0.999 3	0.999 5	0.999 7	0.999 8	0.999 8	0.999 9	0.999 9	1.000 0

参考文献

[1] 李金昌，苏为华. 统计学 [M]. 5 版. 北京：机械工业出版社，2023.
[2] 由建勋. 统计基础 [M]. 3 版. 北京：高等教育出版社，2023.
[3] 袁卫，庞皓，贾俊平，等. 统计学 [M]. 4 版. 北京：高等教育出版社，2014.
[4] 贾俊平，何晓群，金勇进. 统计学 [M]. 7 版. 北京：中国人民大学出版社，2018.
[5] 王瑞卿. 统计学基础 [M]. 3 版. 北京：北京大学出版社，2016.
[6] 黄书田，刘娟. 国民经济统计概论 [M]. 北京：中国人民大学出版社，2014.
[7] 李强，王吉利. 统计基础知识与统计实务 [M]. 2 版. 北京：中国统计出版社，2018.
[8] 栾文英，张伟. 统计学学习指导 [M]. 北京：科学出版社，2016.
[9] 卞毓宁. 统计学概论 [M]. 5 版. 北京：高等教育出版社，2014.
[10] 郑聪玲. 统计 [M]. 2 版. 杭州：浙江大学出版社，2009.
[11] 周恩荣. 应用统计学 [M]. 北京：北京交通大学出版社，2007.
[12] 沈萍. 统计学及统计实务 [M]. 北京：机械工业出版社，2007.